高等职业教育课改系列规划教材 （经管类）Economics and Management

货物储存与配送

范珍 ◎ 主编

管亚凤 谢佳佳 ◎ 副主编

Huowu Chucun
Yu Peisong

人民邮电出版社

北京

图书在版编目（CIP）数据

货物储存与配送 / 范珍主编. -- 北京 ：人民邮电
出版社，2012.2
世纪英才高等职业教育课改系列规划教材. 经管类
ISBN 978-7-115-26780-1

Ⅰ. ①货… Ⅱ. ①范… Ⅲ. ①物资储备－高等职业教
育－教材②物资配送－高等职业教育－教材 Ⅳ.
①F253.4②F252.2

中国版本图书馆CIP数据核字(2011)第267462号

内 容 提 要

本教材立足于高职学生的特点及未来从业的需要，注重培养学生实际操作的能力，内容以仓储配送的操作和管理岗位所应具备的操作技能与管理技能为基础，分为操作篇和管理篇，共设计了8个项目。操作篇以仓储配送工作过程为主线，设计了3个项目：商业企业的货物储存与配送、制造企业的货物储存与配送、快递包裹的配送；管理篇设计了5个项目：仓储合同的签订及履行、配送路线的选择、物流作业区域规划设计、仓储与配送成本控制、仓储与配送绩效评价。

本教材可作为高职高专院校物流管理专业教学用书，还可作为成人教育、中职物流管理专业教材及物流管理人员参考用书，也适用于物流、生产、商贸企业的一线操作和管理人员在职培训。

世纪英才高等职业教育课改系列规划教材（经管类）

货物储存与配送

◆ 主 编 范 珍
　副 主 编 管亚风 谢佳佳
　责任编辑 丁金炎
　执行编辑 郝彩红 严世圣

◆ 人民邮电出版社出版发行　北京市崇文区夕照寺街 14 号
　邮编 100061　电子邮件 315@ptpress.com.cn
　网址 http://www.ptpress.com.cn
　三河市海波印务有限公司印刷

◆ 开本：787×1092　1/16
　印张：14.25
　字数：350 千字　　　　　　2012 年 2 月第 1 版
　印数：1 - 2 500 册　　　　　2012 年 2 月河北第 1 次印刷

ISBN 978-7-115-26780-1

定价：28.00 元

读者服务热线：**(010)67132746**　印装质量热线：**(010)67129223**
反盗版热线：**(010)67171154**
广告经营许可证：京崇工商广字第 0021 号

世纪英才高等职业教育课改系列规划教材编委会（经管类）

丛书前言

随着我国社会经济的发展，近几年，我国高等职业教育规模快速增长，到 2008 年年底，全国独立设置的普通高职高专院校已经达到 1000 多所。应当说，基本适应社会主义现代化建设需要的高等职业教育体系已经初步形成。

高等职业教育依托经济发展，为经济发展提供适应需要的人力资源。同时，高等职业教育要适应经济和社会发展的需要，就必须提高自身创新能力，不断深化课程和教学改革，依靠传统的课程已经不能满足现代职业教育对职业能力培养的要求。围绕高等职业教育专业课程体系建设及课程开发，做好人才培养模式、课程体系、专业师资队伍、实践教学条件等方面的建设，已经成为高职高专院校教学改革的首要任务，同时也成为我国高等职业教育发展的当务之急。

随着高等职业教育改革形势向纵深发展，我国高等职业教育在课程体系建设的指导思想上逐渐汇流，"基于工作过程"的课程开发理念逐渐为广大高职院校师生所接受。

"基于工作过程"的课程开发设计导向遵循现代职业教育指导思想，赋予了职业能力更加丰富的内涵，它不仅打破了传统学科过于系统化的理论束缚，而且提升了职业教育课程的设计水平。这与高等职业教育的办学方向比较吻合，因此，得到了教育部有关部门的大力倡导。为了响应教育部的号召，我们于 2008 年组织了"基于工作过程"课程改革和教材建设研讨会，认真分析了当前我国高等职业教育课改现状，充分讨论了高等职业教育课改形势以及改革思路，并初步构建了面向 21 世纪的"世纪英才高等职业教育课改系列规划教材"体系。

我国高等职业教育以培养高级应用型人才为目标，承担着为我国社会主义新型工业化社会建设输送人才的重任，大力发展高等职业教育是我国经济社会发展的客观需要。自国家大力倡导高职高专院校积极研究探索课程改革思路以来，我国的高等职业教育就步入了一个追求内涵发展的新阶段。"世纪英才高等职业教育课改系列规划教材"是按照"基于工作过程"的课改思路，将科学发展观贯彻在高等职业教育的教材出版领域里，希望能为促进我国高等职业教育的发展贡献一份力量。

"世纪英才高等职业教育课改系列规划教材"汇聚了国内众多职业教育专家、高职高专院校一线教师的智慧和心血，以工作过程的发展展开教学过程，有区别地运用"结构模块化、技能系统化、内容弹性化、版面图表化"的呈现手段，内容结构层次简便，教材容量深度适当、厚度适合，并配以必要的辅助教学手段。相信本系列教材一定能成为广大高职高专院校师生的良师益友。

"世纪英才高等职业教育课改系列规划教材"是对高等职业教育课程改革的一次建设性的探索，期望得到广大读者的首肯和大力支持。如果您在阅读本系列教材的过程中有什么意见和建议，请发邮件至 wuhan@ptpress.com.cn 与我们进行交流，或进入本系列教材服务网站 www.ycbook.com.cn 留言。

世纪英才高等职业教育课改系列规划教材编委会

职业教育的课程开发必须打破传统学科系统化的束缚，将学习过程、工作过程与学生的能力和个性发展联系起来。工作过程系统化课程开发是当前课程开发的重要发展方向。本教材就是按照基于工作过程系统化课程设计理念来编写的。

"货物储存与配送"是物流管理专业的核心课程。教材内容主要针对制造企业和商贸企业服务的仓储配送一线操作和管理人员岗位所应具备的操作技能与管理技能而设定，充分考虑学生可持续发展能力的培养，使学生能够独立或与他人合作，完成单一或综合的仓储配送任务，并对完成任务的效果能进行科学合理的评价。

本教材的编写体例不按传统教材的篇、章、节结构，而是针对学生可能从事的职业岗位所需的职业能力（或职业技能），从职业岗位能力分析入手，以学生为主体、以工作任务为中心，做、学、教结合，理论与实践一体化，"做"中"学"、"学"中"教"。因此，每个学习单元设计了【学习任务】【学习目标】【学习引导】【任务实施】【案例与思考】【能力扩展】6个部分。

在教学中"通过行动来学习"，可采用项目教学法、任务驱动法、案例法、仿真教学法和角色扮演法等教学法。通过"做–学–教"的循环学习流程，立足真实或仿真环境组织理论实践一体化教学，将企业真实工作过程和真实职业岗位的知识与技能要求融入课程内容中。通过"学习过程实践化，实践训练职场化"，培养学生仓储配送管理的技能和素质。

本教材的编写充分体现高职教育培养"技能型"、"应用型"人才模式的特色，不求理论性和系统性，但求完成某项职业岗位任务的"适用性"、"完整性"、"准确性"。

本教材作为一种探索，突破了传统教材的编写体例，试图在职业教育教材的编写中有所突破，然而，这种尝试也给编写工作带来了不少的困难，使本书距离预定的编写目标还有一定的差距。在此，衷心地希望本书的使用者，提出宝贵的意见，以便及时修订。我们深信，通过编者与读者的沟通与合作，最终定能使本教材达到预期的目的。

本教材由重庆电子工程职业学院范珍任主编，负责总体框架设计、编写大纲、初稿的修改、统稿和定稿，由管亚风、谢佳佳任副主编。具体分工：项目一的任务一、任务三、任务五、任务六由管亚风编写，任务二、任务四由谢佳佳编写，任务七由谢佳佳、范珍编写；项目二的任务一、项目三的任务一和任务三由范珍编写，项目三的任务二由管亚风编写，项目三的任务四由万强编写；项目四由谢佳佳编写；项目五由管亚风编写；项目六由管亚风、范珍编写；项目七由万强编写；项目八由谢佳佳编写。

本教材在写作过程中参考了许多国内外最新研究成果，作者尽可能地在参考文献中列出，在此对本书编写过程中所参考的相关文献资料的作者表示感谢！

编者

目录

Contents

操作篇

项目一　商业企业的货物储存与配送

任务一　订单处理

➤ 学习任务

某连锁经营企业配送中心客户订单处理。

➤ 学习目标

（1）能识别各种类型订单。
（2）对所搜集订单进行整理合并，处理网上订单，熟悉与客户的各种沟通方式。
（3）能及时处理客户的问题，能有效地与客户沟通。
（4）学会填写订单表格，对处理的订单资料进行管理。

➤ 学习引导

订单处理是指配送中心从接到客户订货开始到准备出货之间的作业。通常包括接受客户订单、存货查询、存货分配、订单处理资料输出、订单异常变动处理等各项作业内容。配送中心订单处理作业流程如图 1-1-1 所示。

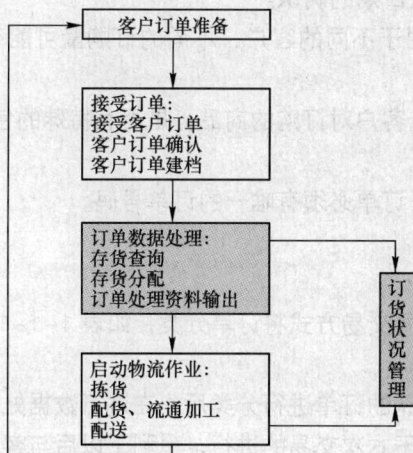

图 1-1-1　配送中心订单处理作业流程

一、接受订单

1. 接受客户订单

订货的方式有以下几种。

① 传统订货方式，主要有电话口头订货、传真订货、邮寄订单、业务员跑单接单、厂商巡货、隔日送货、厂商补货等。

② 电子订货方式，即将订货资料转为标准电子资料形式，通过通信网络传送的订货方式，主要有订货簿与终端机配合订货、POS 系统订货、订货应用系统。

a. 订货簿与终端机配合订货

订货簿与终端机配合订货是由订货人员手持订货簿配合手持终端机以及扫描仪巡视货架，若发现商品缺货则用扫描仪扫描订货簿或货架上的商品卷标，再输入订货数量，当所有订货资料都输入完毕后，再通过 EDI 转换软件将订货资料转换为标准形式，经由通信网络将订货资料传给配送中心。

b. POS（Point of Sale）系统订货

配送中心的服务对象是零售店、连锁店。零售商利用 POS 收银系统售货，可在零售商 POS 系统商品库存里设定安全库存量。当库存低于安全库存量时，即自动产生订货资料，将此订货资料确认、转换后，再传给配送中心。也可由零售商先将每日的 POS 资料传给总公司，然后总公司将 POS 销售资料与库存资料对比后，再根据采购计划向配送中心下单。

c. 订货应用系统

客户资讯系统里若有订单处理系统，就可将应用系统产生的订货资料经转换软件转成与供应商约定的共同格式，再在约定的时间将资料传送出去。

2. 客户订单确认

（1）客户信用确认

订单确认的第一项内容是对客户的信用进行确认，看其应收账款是否已经超过信用额度。如果在本次订货以前其应收账款余额已经超过信用额度，系统提出警示。

（2）其他基本内容的确认

① 需求品种、数量以及日期的确认。

② 订单价格的确认：由于不同的客户、不同的订购量可能有不同的售价，因此输入价格时系统应加以核实。

③ 加工包装确认：检查客户对订购的商品，是否有特殊的包装、分装或贴标签等要求，或是有关赠品的包装等资料。

④ 设定订单号码。每一订单必须有唯一的订单号码。

3. 客户订单建档

（1）订单分类

配送中心首先要根据不同交易方式将订单分类，如表 1-1-1 所示。

（2）订单档案设计

配送中心对已经通过确认的订单进行分类后，在进行数据处理前，还需要建立一个完整的客户订单档案，这样既便于本次交易的进行，也利于以后与客户的长期合作。一般将订单档案分为订单表头资料及订单明细资料，如表 1-1-2 所示。

表 1-1-1 订单分类

订单类型	内　容	订单处理方式
一般交易订单	正常的、一般的交易订单，是接单后按正常的工作程序拣货、出货、配送、收款的订单	接单后，将资料输入处理系统，按正常的订单处理程序处理，数据处理完成后进行拣货、出货、配送、收款等作业
现销式交易订单	客户当场直接交易、直接给货的交易订单。如业务员至客户处巡货、现销所取得的交易订单或客户直接至配送中心取货的交易订单	订单资料输入后，因货物已交予客户，故订单资料不需要参与拣货、出货、配送等作业，只需记录交易资料，以便收取应收款项
间接交易订单	客户向配送中心订货，但配送中心不负责配送，直接由生产商进行配送的交易订单	接单后，将客户的出货资料传给生产商由其代配，需要将配送中心出货单与生产商的送货单核对
合约式交易订单	与客户签订配送合同的订单，如签订合同并约定某期间内定时配送某数量商品的订单	在约定的送货日，需将该配送的资料输入系统处理以便出货配送；或一开始便输入合约内容的订货资料并设定各批次送货时间，以便在约定日期到时系统自动产生需送货的订单资料

表 1-1-2 订单档案的基本形式

订单表头/标题性资料	订单明细资料
① 订单单号 ② 订货日期 ③ 付款方式 ④ 客户代号 ⑤ 业务员代号 ⑥ 客户名称 ⑦ 配送要求 ⑧ 客户采购单号 ⑨ 订单状态 ⑩ 送货日期 ⑪ 送货地址 ⑫ 备注	① 商品代号 ② 商品名称 ③ 商品规格 ④ 商品单价 ⑤ 订购数量 ⑥ 订购单位 ⑦ 金额 ⑧ 折扣 ⑨ 交易类别

二、订单数据处理

1. 存货查询和分配

（1）存货查询

存货查询是指确定有效库存是否能够满足客户需求，查看商品是否缺货。若缺货，则生成相应的采购订单。

（2）存货分配模式

存货的分配调拨，可分为单一订单分配及批次分配。

① 单一订单分配

单一订单分配多为线上实时分配，在输入订单资料时，就将存货分配给该订单。

② 批次分配

批次分配是指累积汇总数笔已输入订单资料后，再一次分配库存。

配送中心因订单数量多、客户类型等级多，多采用每天固定次数进行配送，因此，通常实行批次分配以确保库存能做最佳的分配。

（3）批次划分方法

① 按接单顺序。将整个接单时间划分成几个时段，将订单按接单先后顺序分为几个批次处理。

② 按配送区域/路线。将同一配送区域/路线的订单汇总处理。

③ 按流通加工需求。将有加工需求订单汇总处理。

④ 按车辆需求。若配送商品需特殊配送车辆，可汇总合并处理。

（4）库存分配原则

① 特殊优先权者先分配。如前次分配的缺货补送订单、延迟交货订单、紧急订单或远期订单，具有优先分配权。

② 依客户等级。重要程度高的优先分配。

③ 依交易量/交易金额。对公司贡献大的订单优先处理。

④ 依客户信用状况。信用较好的客户订单做优先处理。

（5）计算拣取的标准时间

① 计算每一单元的拣取标准时间。

② 计算每品项拣取的标准时间。

③ 计算整张或整批订单的拣取标准时间。

④ 依订单排定出货流程及拣货顺序。

（6）分配后存货不足情况处理

① 重新调拨。对于客户不允许过期交货，公司也不愿失去此客户时，有必要重新调拨分配订单。

② 补送。客户若允许缺货配送，且同意缺货的商品等待有货时予以补送或纳入下一次订单处理程序予以补送，则需将这些缺货品项资料记录成文件。

③ 延迟交货。客户若不允许缺货配送，但同意将整张订单延后配送，则需将这些顺延的订单记录成文件。

④ 删除不足额订单。客户允许不足额订单可等待有货时再予以补送，但公司政策并不希望分批出货；客户不允许过期交货，而公司也无法重新调拨，应删除不足额订单。

⑤ 取消订单。客户不允许过期交货，而又无法重新调拨时，将订单取消。

2. 订单处理资料输出

（1）拣货单

拣货单据的产生，在于提供商品出库指示资料，作为拣货的依据。拣货资料的形式需配合配送中心的拣货策略及拣货作业方式来加以设计，通过提供详细且有效率的拣货信息，便于拣货的进行。

① 按用户分类的单一用户拣货单，如表1-1-3所示。

② 按商品品种分类的批量拣货单，如表1-1-4所示。

表1-1-3 单一用户拣货单

拣货单号			用户订单编号				
用户名称							
出货时间			出货货位号				
拣货时间	年 月 日至 年 月 日		拣货人				
核查时间	年 月 日至 年 月 日		核查人				
序号	储位号码	商品号码	规格型号	商品编码	包装单位	数量	备注
					箱 | 整托盘 | 单件		

表1-1-4 批量拣货单

拣货单号			包装单位			储位号码	
商品名称		数 量	箱	整托盘	单件		
规格型号							
商品编码							
生产厂家							
拣货时间	年 月 日至 年 月 日					拣货人	
核查时间	年 月 日至 年 月 日					核查人	
序号	订单编号	用户名称	包装单位			数量	
			箱	整托盘	单件		

（2）送货单

送货单是客户签收和确认出货资料的凭证。在配送中，货物交货时通常需附上送货单据给客户清点签收。送货单据上的资料除基本出货资料外，还应附上一些订单的异常情况资料，如缺货项目和数量等。

为保证送货单资料与实际出货资料一致，最好在出车前完成一切清点工作，不相符的资料要在计算机上修改完成，再打印出货单。

（3）缺货资料

库存分配后，对于缺货的商品或缺货的订单资料，系统应提供查询或报表打印功能。提供按商品或供应商的名称查询缺货商品资料，提醒采购人员及时采购。

三、订货状况管理

1. 订单进度跟踪

订单进入配送中心后，其状态随着作业流程的进行，相应地发生变动。订单进度跟踪示意如图 1-1-2 所示。

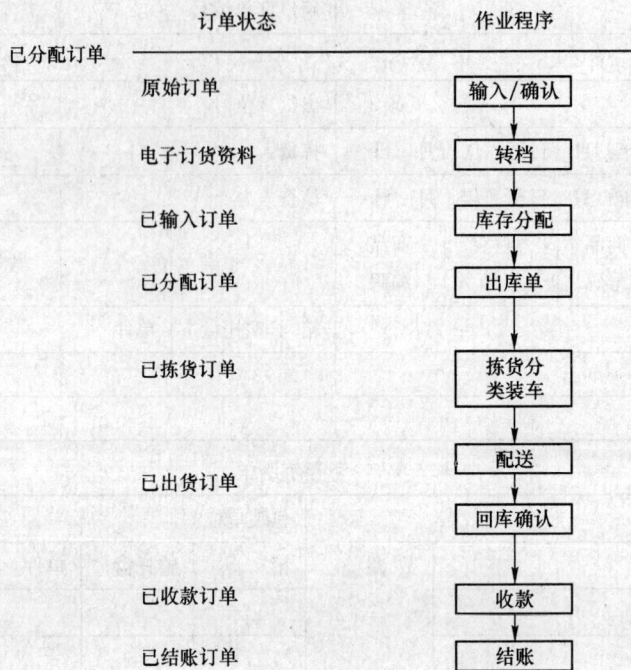

图 1-1-2　订单进度跟踪示意图

（1）已输入及已确认订单

订单上的订货资料已经输入系统，而且所有需要确认的条件都已经核查处理完毕，则此订货资料即为配送中心已接受的客户出货资料，其中包括物品项目、数量、单价、交易配送条件等，配送中心以此资料作为出货依据，并尽可能按照约定的条件完成出货。

（2）已分配订单

经过输入确认的订单资料，即可进行库存的分配，以确认订单是否能如数出货，以及发生缺货时应如何处理。经过库存分配的已输入及已确认订单，即转为已分配订单。

（3）已拣货订单

经过库存分配，生成出货指示资料的订单，即可进行实际的拣货作业，而已打印拣货单进行拣货作业的已分配订单，就转为已拣货订单。

（4）已出货订单

已拣货订单经过分类、装车、出货后，转为已出货订单。

（5）已收款订单

已出货订单经由客户确认签收后，即为实际的出货资料，该资料为应收账款的依据。根据这些资料的记录，制作取款发票向客户收取货款。取得账款的出货订单，即转为已收款订单。

（6）已结账订单

已收款订单经由内部确认结账后，即转为已结账订单。已结账订单为历史交易资料，在系统里可用于经营管理分析，不再涉及任何实际的事务性操作。

上述几种订单状态为配送中心一般订单的基本处理状态，配送中心可针对本身作业特性、作业需求加以延伸补充。

2．相关档案设计

要掌握订单状态，可以针对每种状态设计相对的档案，但较有效的做法是在订单数据文件（预计销售资料文件）中增设一种状态记录字段，每当订单改变其状态时，同步更改状态区位的状态记录。

（1）预计销售资料及不合格资料

客户的原始订单资料或电子订货接收的电子订货资料进入订单处理系统经过确认核实后，将正确的订单资料记录为预计销售资料文件；而不合格的订单资料记录为不合格资料文件。

（2）已分配未出库的销售资料及缺货资料、转录资料、补送资料

预计销售资料经过库存分配后，转为已分配未出库销售资料；而分配后缺货的物品资料记录为缺货资料文件；缺货的订单若要合并到下一张订单则记录为合并订单文件；若有库存时予以补送则记录为补送资料文件。

（3）已拣货未出库销售资料

已分配未出库销售资料经过打印拣货单后转为已拣货未出库销售资料，如果拣货后发现缺货的物品资料记录为缺货资料文件；缺货的订单若要合并到下一张订单则记录为合并订单文件，若有库存时予以补送则记录为补送资料文件。

（4）在途销售资料

已拣货未出库资料，出货配送后即转为在途销售资料。

（5）销售资料

在途销售资料，经过回库确认修改后即转为销售资料，此为实际的销售资料，为应收账款系统的收款资料来源。

（6）历史销售资料

销售资料，经过结账后即为历史销售资料。

当订单的状态及相关档案记录完毕后，就可以随时查询并打印订单的状况资料，如订单状态明细表、未出货订单明细表、缺货订单明细表、未取款订单、未结账订单。

3．订单异常变动处理

（1）客户取消订单

若目前订单处于已分配未出库状态，应从已分配未出库销售资料里找出此订单，将其删除，并恢复相关品项的库存资料（库存量/出库量）；若此订单处于已拣货状态，则应从已拣货未出库销售资料里找出此订单，将其删除，并恢复相关品项的库存资料（库存量/出库量），且将已拣取的物品按拣货的相反顺序放回拣货区。

（2）客户增订

如果客户在出货前临时打电话增加订购某物品项目，则涉及几个问题：是否可以增加？时间是否允许？如果可以，如何将此增订项目加入原订单？作业人员要先查询客户的订单目前处于何种状态，是否还未出货，是否还有时间再去拣货。如果接受增订，则应追加此笔增订资料。若客户订单处于已分配状态，则应修改已分配未出库销售资料文件里的这笔订单资料，并更改物品库存档案资料（库存量/出库量）。

（3）拣货时发生缺货

拣货时发现缺货，则应从已拣货未出库销售资料里找出这笔缺货订单资料，加以修改。若出货单据已打印，必须重新打印。

（4）配送前发生缺货

当配送前装车清点时发现缺货，则应从已拣货未出库销售资料里找出此笔缺货订单资料，加以修改。若出货单据已打印，必须重新打印。

（5）送货时客户拒收/短缺

配送人员送货时，若客户对送货品项、数目有异议予以拒收，或是发生少送或多送等情况，则回库时应从在途销售资料里找出此客户的订单资料加以修改，以反映实际出货资料。

订单资料分析通过建立订单资料档案，并进行整理、分析，配送中心可以获得大量的商业信息。这些信息对客户而言也是极其重要的。例如，物品销售量、每种物品的市场销售情况、客户等级、每位客户的订货特点、订单处理过程中每个环节的情况。

【相关链接】

1. 连锁经营的特点

连锁经营是一种商业组织形式和管理模式，是由在同一经营字号的总部统一领导下的若干个店铺或分支企业构成的联合体所进行的商业经营活动。

连锁经营的特征主要是总部负责采购、配送，店铺负责销售，并通过企业形象的标准化、经营活动的专业化、管理方式的规范化及管理手段的现代化，使复杂的商业活动在职能分工的基础上，实现相对简单化，从而实现规模效益。连锁经营企业的实质是5个统一，即统一采购、统一配送、统一核算、统一标识、统一管理。而统一配送是连锁企业核心竞争力的一个重要部分，既提高了连锁企业的规模效益，也降低了流通费用。

连锁经营是一整套零售商业运作技术的集成。连锁经营作为一种先进的商业组织形式，其先进性体现在它是一整套商业运作的集成。这一技术集成至少包括5项核心技术：计算机管理技术、中央采购技术、物流配送技术、营销创新技术、人力资源管理技术。其中，物流配送技术是连锁经营顺利运转的关键环节。没有成功的物流配送技术，就没有成功的连锁经营。物流配送技术包括：数据导入、条码编制、配送体系、品种控制、退货处理、仓储运输等。

连锁经营是一种较新型的商业运作形式，它代表着一整套先进的管理思想，它是依靠科技信息和规范标准的管理，进行低成本的复制和扩张，进而实现规模效益，是企业发展到一定程度后，企业自身发展的必然要求，是企业成熟发展的一种表现。

2. 连锁商业企业物流配送的特点

与工业及其他领域的物流配送相比较，连锁商业企业的物流配送主要有以下几方面特点。

（1）变价快，即商品的进货价格变动快。连锁超市经营的快速消费品价格随着市场供需的变化会经常有所变化，同时生产商或零售商的促销频繁也引起经常变价。

（2）订单频繁。连锁零售的店铺多，订单频率高且有时间要求，有些小型便利店甚至要求一天送货两次。

（3）需要拆零。供应商大包装供货，配送中心需要按照店铺的订货量进行拆零、分拣。

（4）退货。配送中心还要处理诸如赠品、退货（正品、残次品）等问题。

（5）更换。商品淘汰的频率也很高，增加新品，淘汰滞销品。

（6）保质期要求。消费品通常有不同的保质期，需要有针对性的保质期管理。

这些特点使得连锁零售企业的物流需要更快的反应速度，必须借助完备的信息系统和较复杂的技术支持。

3．连锁商业企业的配送模式

（1）自营物流

大型零售企业独自出资建立自己的物流配送系统，对本企业所销售的商品进行配送活动。此模式适用于已达到一定规模的连锁企业。在国际上，以大型零售商为主导建立物流配送中心的代表企业是沃尔玛。我国部分大型连锁企业也建立有自己的物流配送中心，这些企业自身拥有场地、设施、设备、人员等建立配送中心的资源和基础。但从总体看，这些配送中心的信息化和机械化程度比较低，配送效率也不高。

（2）供应商代理配送

供应商代理配送由供应商直接进行商品配送。这种配送方式主要适用于店铺规模大、经营品种较多、采购规模大且供应商配送能力较强的连锁企业。如家乐福，进行全国乃至于全球采购，由总部确定统一的供应商，由供应商直接配送到店。这种方式大大降低了连锁企业的成本，但供应商代理配送的缺点是将成本转嫁给供应商，容易造成两者矛盾，特别是在供应商的利润不足以弥补自己的物流成本时，此种链条可能会发生破裂。另外，各店要分别建立一套完善的与供应商及时沟通和传递信息的系统，实现供应商管理库存，并配备相应人员。

（3）第三方物流

随着竞争越来越激烈，一些大型零售商逐步尝试立足主业经营，走专业化发展的道路，逐步将本企业的物流配送业务委托给专业化的物流配送企业，这种发展趋势越来越明显。第三方物流可以实现对物流配送环节的专业化管理，可以节约连锁企业的经营成本。例如，北京某商业集团委托和黄天百对其店铺进行物流配送。该集团在北京有便利店300多家，而和黄天百是一家专业第三方物流公司。配送中心库房面积1万平方米，年配送能力500万箱，配送金额10亿元，可以满足200家便利店两天一次的配送要求。

第三方物流可以实现对物流配送环节的专业化管理，节约连锁企业的经营成本。但这对连锁企业的信息化水平要求很高，要建立电子数据交换系统（EDI）、自动订货系统（EOS）、销售以及库存的统计管理系统等，否则很难高效率地与物流企业沟通。同时，对于第三方物流公司而言，产品越单一，效率会越高。而连锁企业经营的品种少的几千种，多的上万种，对于物流公司而言，对其管理能力也是一种挑战。

（4）共同配送

共同配送是两个或两个以上有配送业务的企业相互合作，对多个用户共同开展配送活动的一种物流模式。这种配送方式是由7-11便利店创立和发展的。

共同配送的运作形式有两种：一是由一个配送企业对多家用户进行配送，即由一个配送企业综合某一地区内多个用户要求，统筹安排配送时间、次数、路线和货物数量，全面进行配送；二是仅在送货环节上将多家用户待运送货物混载于同一辆车上，然后按照用户要求分别将货物运送到各个接货点，或运到多家用户联合设立的配送货物接收点。

在连锁企业配送中，当本企业配送数量较小，车辆不能满载或难以确定最佳送货路线时，就可与其他企业联合开展共同配送。在货源上相互补充，提高配送设施设备利用率，降低配送成本。从国外情况看，连锁经营必然走向共同配送，一方面是由于连锁经营发展导致各种业态流通企业竞争加剧，企业联合符合互利原则，企业可借势增强竞争力。另一方面，无论是连锁企业自身配送中心还是专业性社会化配送中心都面临设施设备利用问题。更为直接的原因是大量配送车辆集中在城市商业区，导致严重交通阻塞。各国城市交通管理部门多采取措施减少城市商业交通流量，迫使连锁企业、配送中心重新构造其送货系统，规划配送方案，而共同配送则成为解决以上诸多问题的有效途径。

➤ 任务实施

1. 任务描述

弘毅配送中心，接到了来自C市弘毅3个不同门店的订单，订单的具体内容如表1-1-5、表1-1-6、表1-1-7所示。假如你是弘毅配送中心的订单处理人员，请及时处理这3个门店的订单，包括以下任务。

（1）接受订单，完成订单分类合并工作。

（2）订单建档，建立客户资料。

（3）查询存货，给订单分配存货。

（4）输出拣货单、送货单。

（5）跟踪、跟催订单。

表1-1-5　　　　　　　　门店一

货品代码	货品名称	单位	规格	数量	条码
31031101	山城啤酒 500mL	瓶	1×12	3	6926027711061
31030708	雪花啤酒 500mL	瓶	1×12	4	6926026526461
03091705	缙云山纯净水 18.9L	桶	1×12	3	6926026535261
03010302	可口可乐 600mL	瓶	1×12	2	6926026535311
13010380	来一桶酸菜牛肉火锅面 137g	碗	1×12	7	6925303773038

表1-1-6　　　　　　　　门店二

货品代码	货品名称	单位	规格	数量	条码
03091705	缙云山纯净水 18.9L	桶	1×12	7	6926026535261
03010302	可口可乐 600mL	瓶	1×12	5	6926026535311
13010380	来一桶酸菜牛肉火锅面 137g	碗	1×12	4	6925303773038
13070709	百家粉丝香辣排骨 63g	碗	1×12	2	6928537100045
53171101	心心相印卷纸 500g	卷	1×10	1	6925623107845

表1-1-7　　　　　　　　门店三

货品代码	货品名称	单位	规格	数量	条码
31031101	山城啤酒 500mL	瓶	1×12	5	6926027711061
31030708	雪花啤酒 500mL	瓶	1×12	3	6926026526461
03010302	可口可乐 600mL	瓶	1×12	5	6926026535311
13010380	来一桶酸菜牛肉火锅面 137g	碗	1×12	4	6925303773038
13070708	龙口粉丝香辣排骨 63g	碗	1×12	2	6928537100045

2. 准备工作

（1）以小组为单位，将学生分成6人1个小组，1名为小组长，负责小组人员分工，完成订单处理任务。

（2）准备订购单（如表1-1-8所示）和处理订单工具，如订单管理系统、订货簿和人工手持终端。

表 1-1-8　　　　　　　　　　订购单

订货日期:					订单编号:			
订货单位名称			订购单位编号:				电话、传真:	
序号	料号	品名规格	单位	数量	单价	金额	交货数量及日期	
合计		仟　佰　拾　万　仟　佰　拾　元　角　分						
交货方式:					交货地点:			

交易条款

1．交货期与数量：供应商必须遵循本订购单之交货期或本公司之采购部电话及书面通知调整之交货期，货物发出时需电话通知。数量：交货数量不得超过 5%

2．品质

（1）检验方法：按 GB 标准抽样检验

（2）工艺按工程图纸要求

（3）品质保证期限 3 个月

3．不良品处理

（1）检验后如发现品质不良，供应商接到通知后 1 天内负责换货，逾期造成损失责任由供应商方承担

（2）若急用需从其他渠道紧急采购，由此产生的额外费用承制厂商负责

4．送货单、发票

5．交货时需在送货单上注明本订购单号，并附上开立金额统一的发票，发票上也需注明订单号，并按料号注明数量、单价及金额

	总经理	采购主管	采购主管	采购员

3．完成情况评价

完成任务的过程记录与自我评价

（1）为完成这个任务，我们做了（按工作顺序列出）：

（2）经过努力后，我们完成了下列任务：

（3）在完成任务过程中，我们遇到了下面的障碍：

（4）通过完成任务，我们得到的经验和教训

任务完成状况的自我评价（在对应等级上划圈）

A．未完成　　　B．基本完成　　　C．完成

➤ 案例与思考

康达公司的订单处理

康达公司是滨海市一家专业从事医药产品批发、零售的大型医药公司。其服务对象为滨海市及周边地区近千家医院、药品零售店。同时，公司拥有注册会员 10 余万人。公司经营范围覆盖全国 600 家医药厂商，近 6000 种医药产品。

公司大胆创新，采用国际先进的配送方式进行产品销售，并为此建立了统一的客户订单处理和仓储配送系统，以达到快速准确处理客户订单、快速配送的服务目标。

对于各类订单，公司采用统一的订单处理流程，将来自各地的购买订单，集中到订单中心进行处理，并由公司配送中心统一进行配送。公司建有一大型药品配送中心，是一个 4 层的建筑物，每层 2000m^2。在配送中心一层，分别设有收货平台和发货平台，以及订单处理中心、管理部等。二层以上为药品储存区。配送中心在一层设有发货组，在储存区分别有仓库保管员及拣货员。配送中心使用一部货运电梯完成各楼层间货物的转运、传递工作。

公司的订单处理流程是：客户订单生成以后，由订单中心统一进行处理，在订单系统中生成发货单；配送中心接收到系统中的客户发货单后，在仓储系统中生成拣货单；拣货员按照拣货单在各楼层进行拣货，拣货完成后，将拣货单及拣货后的药品，送到一楼的发货组，进行包装发货；拣货员穿梭在各个楼层货位，平均每张订单的拣货时间为 10 ~ 20 分钟，工作量较大。

由于公司销售规模的快速扩大，这种订单处理方式也暴露出越来越多的缺点。拣货人员面对大量的客户订单，要一次次穿梭于各层的储存区；由于工作量大，出错的订单增加不少，电梯这时也成为一个制约拣货效率的瓶颈，拣货员和发货组不得不靠加班来满足日益增长的订单。面对困境，公司的物流管理部门在经过多次考察分析以后，决定采取相应的改进措施，提高拣货效率，减少差错和工作量。

【思考】

（1）该案例中订单处理流程是怎样的？

（2）请结合案例背景，描述并分析案例中配送中心所面临的问题，针对问题提出解决方案。

➤ 能力扩展

1. 选择题

（1）电子数据交换的英文缩写为（　　）。

A. EOS　　　　B. EDI　　　　C. VMI　　　　D. GPS

（2）下列适用于提高紧急订单响应率的措施有（　　）。

A. 找出作业瓶颈，加以解决　　　B. 制定快速作业处理流程及操作规程

C. 制定快速送货计费标准　　　　D. 掌握库存情况，防止缺货

E. 合理安排配送时间

（3）检查客户的信用状况属于配送中心哪个作业阶段的重要内容（　　）。

A. 订单处理作业　B. 采购入库作业　C. 复核出库作业　D. 盘点检查作业

（4）在配送中心每天的营运作业里，（　　）是一切作业的开始。

A. 商品入库　　　B. 订单处理　　　C. 配货　　　　D. 分拣

2.判断题（正确为√，错误为×）

（1）缺货率是指用户在一段时期内多次订货中缺货的次数，缺货频率越高，说明配送系统对用户生产经营或生活影响越频繁，给用户造成的损失越大。（　　　）

（2）作业的灵活性反映系统应付用户异常需求变化的能力，如增减数量、改变到货地点等。（　　　）

（3）配送中心主要根据接单时间来安排处理订单的顺序。（　　　）

（4）订单的接受主要是通过打电话和当面下订单两种途径。（　　　）

任务二　商品入库

➤ 学习任务

某连锁经营企业配送中心商品的入库作业。

➤ 学习目标

（1）能够描述商品入库的基本流程。

（2）能够做好商品入库的准备，包括货位安排、设备（如叉车、搬运车、托盘等）的准备等。

（3）能够使用合适的方法核对入库凭证、验收商品。

（4）能够熟练制作条码。

（5）能够熟练进行货物入库登记，建立货物档案。

（6）能够填写货物验收单、入库登记卡、商品入库日报表等。

➤ 学习引导

入库作业是仓储业务的头道工序，抓好这一环节能区分货损责任。做好储存计划，为在库储存打下良好的基础。入库作业是指货物进入仓库储存时所进行的检验和接收等一系列技术作业过程，包括货物的接收、装卸、验收、搬运、堆码和办理入仓手续等作业。商品入库作业基本流程如图1-2-1所示。

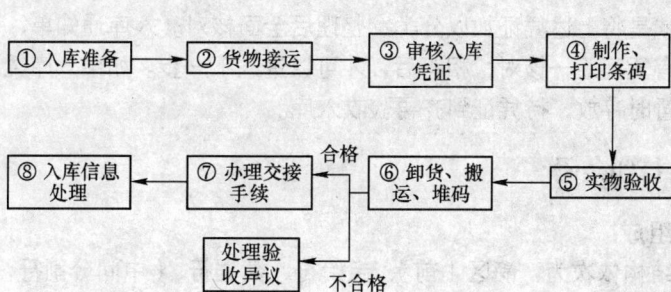

图 1-2-1　商品入库作业基本流程

一、入库准备

在接到上级主管或供货方发出的到货信息后要做好货物入库前的准备。常见的到货信息有到货通知单、入库通知单等。入库作业事先准备充分与否，决定着入库作业进行的顺利程度。入库前的准备工作包括以下内容。

（1）熟悉入库商品。认真查阅入库商品的资料，掌握入库商品的品种、规格、数量、包装状态、单件体积、到库确切时间、商品存期、物理化学性质、保管要求等，根据这些信息做好库场安排和准备。

（2）准备货位。根据商品的性能、数量、类别，结合仓库分区分类储存的要求，核算货位大小，根据货位使用原则，妥善安排货位。彻底清洁货位，清除残留物，清理排水管道，必要时要消毒、除虫、铺地。

（3）准备好作业工具、苫盖材料。提前准备叉车、手持终端等入库所需的工具，以便能及时使用；准备验收所需的点数、称量、测试、开箱、装箱、丈量、移动照明等工具。根据商品的属性、保管条件，可准备帆布、席、塑料膜等苫盖材料。

（4）准备相关的表单。仓库保管人员对商品入库所需的各种报表、单证、记录表等预填妥善，以便使用。

二、货物接运

货物接运主要有 4 种方式：① 到车站、码头提货；② 到货主单位提取货物；③ 托运单位送货到库接货；④ 铁路专用线到货接运。

由于货物到达仓库的形式不同，除了一小部分由供货单位直接运到仓库交货外，大部分要经过铁路、公路、水运、空运和短途运输等运输工具转运。凡经过交通运输部门转运的商品，都必须经过仓库接运后，才能进行入库验收。

三、审核入库凭证

入库商品应具备下列凭证。

（1）货主提供的入库通知单和订货合同副本等，这是仓库接收商品的凭证。

（2）供货单位提供的验收凭证，包括材质证明书、装箱单、磅码单、发货明细表、说明书、保修卡及合格证等。

（3）承运单位提供的运输单证，包括提货通知单和登记货物残损情况的货运记录、普通记录以及公路运输交接单等，作为向责任方进行交涉的依据。

审核凭证，就是将上述凭证加以分类、整理后全面核对。入库通知单、订货合同要与供货单位提供的所有凭证逐一核对，相符后，才可以进入下一步。如果入库凭证不齐或不符，仓库有权拒收或暂时存放，待凭证到齐再验收入库。

四、制作、打印条码

1. 条码的组成
完整的条码结构依次为：静区（前）、起始符、数据符、（中间分割符，主要用于 EAN 码）、（校验符）、终止符、静区（后），如图 1-2-2 所示。
2. 常用的物流条码
常用的物流条码有通用商品条码（EAN 码）、储运单元条码（ITF-14 码）、贸易单元 128 条码。
3. 条码的制作与打印
条码一般用软件制作出来再通过条码打印机打印。条码的制作软件有 Label mx、

Codesoft、Coreldraw、Photoshop、Illustrator。Label mx 属于专业条码生成与打印软件，集条码生成、画图设计、标签制作、批量打印于一体，可打印固定与可变数据。Codesoft 是一款功能强大，使用便捷的条码打印软件，可在任何 Windows 的环境下打印。Codesoft 软件可实现文字、条码和图像混排；可同时显示多个标签文件，方便相互复制和粘贴。它支持超过 45 种的图片格式，包括 GIF、JPEG、BMP、EPS、IMG、MAC、PCX、TIFF、WPG 等。Coreldraw、Photoshop、Illustrator 属于专业的画图设计软件。

图 1-2-2 条码的组成

条码打印机和普通打印机的最大的区别是，条码打印机的打印是以热为基础，以碳带为打印介质（或直接使用热敏纸）完成打印，配合不同材质的碳带可以实现高质量的打印效果和在无人看管的情况下实现连续高速打印。

条码制作软件种类繁多，但其条码制作步骤却很相似。这里以 Codesoft 6 软件为例介绍条码的制作。

步骤 1：进入主界面，如图 1-2-3 所示。

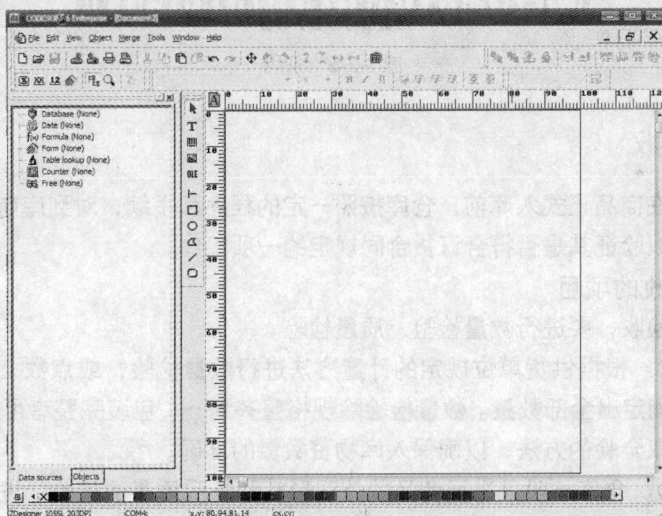

图 1-2-3 主界面

步骤 2：设置纸张大小。

点击"File"下的"Page setup"，进入图 1-2-4 所示界面，此处建议将纸张宽、高都设置为 100。

步骤 3：设计条码。

完成设置返回主界面后，设计条码可点击该按键▥，然后在设计区任意处单击鼠标左键，可进入设计界面，如图 1-2-5 所示。

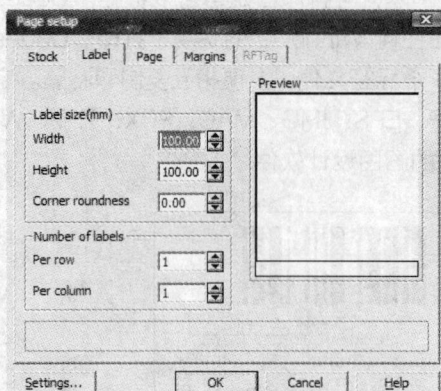

图 1-2-4 Page setup（纸张设置）

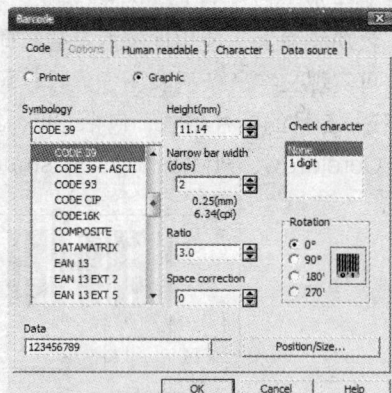

图 1-2-5 设计界面

"Symbology"下方可以选取不同码制，"Data"处输入条码的数字或字母，其他设置按系统默认即可。确认后即可在打印区显示条码，如图 1-2-6 所示。

图 1-2-6 条码

五、实物验收

实物验收是在商品正式入库前，仓库按照一定的程序和手续，对到库商品进行数量和外观质量的检查，以验证其是否符合订货合同规定的一项工作。

1. 实物验收的项目

商品的入库验收，要进行数量检验、质量检验。

① 数量检验。根据供货单位规定的计量方法进行数量检验，或点数、或过磅、或检尺换算，以准确的测定出全部数量。数量检验除规格整齐划一、包装完整者可抽验 10%～20% 以外，其他应采取全验的方法，以确保入库物资数量的准确。

② 质量检验。仓库一般只进行商品的外观形状和外观质量的检验。进口商品或国内产品需要进行物理、化学、机械性能等内在质量检验时，应请专业检验部门进行化验和测定，并做好记录。

2. 实物验收的方式

入库验收有全检和抽验两种方式。对大批量到货一般进行抽验。若采用抽验的方式，则需要根据商品的特点、价值高低、供货单位的信誉等综合考虑，确定合理的抽验比例。实物验收抽验比例举例如表 1-2-1 所示。

表1-2-1 实物验收抽验比例举例

验收项目	抽验比例规定
质量检验	① 带包装的金属材料，抽验 5%～10%，无包装的金属材料全部目测查验 ② 仪器仪表外观质量缺陷查验率为 100% ③ 运输、起重设备 100%查验 ④ 10 台以内的机电设备，验收率为 100%，100 台以内验收不少于 10% ⑤ 外包装有质量缺陷的货物检验率为 100% ⑥ 易于发霉、变质、受潮、变色、污染、虫蛀、机械性损伤的货物，抽验率为 5%～10% ⑦ 对于供货稳定、质量与信誉较好的厂家产品，特大批量货物可以通过抽查进行检验 ⑧ 进口货物原则上逐件检验
数量检验	① 不带包装的（散装）货物的检斤率为 100%，不清点件数；有包装的毛检斤率为 100%，件数清点率为 100% ② 定尺钢材检尺率为 10%～20%，非定尺钢材检尺率为 100% ③ 贵重金属材料 100%过净重 ④ 有标量或者标准定量的化工产品，按标量计算，核定总重量 ⑤ 同一包装、大批量、规格整齐的货物以及包装严密、符合国家标准且有合格证的货物，可以采取抽查的方式验量，抽查率为 10%～20%

3. 实物验收的方法

① 目检。在充足的光线下，观察商品的表面状况是否变形、破损、脱落、变色、结块等，检查标签标识的情况。

② 听觉、触觉、嗅觉、味觉检验。通过抚摸、摇动、敲击、利用手感等来鉴定。

③ 仪器检测。利用各种专用测试仪器鉴定货物品质。如测定含水量、密度、黏度、成分等的测试。

4. 使用手持终端完成商品入库验收

使用仓储管理系统、手持设备的单位，可利用手持终端完成入库理货。仓库收货员接到送货方的货物后，利用手持终端扫描将入库货品的条码，扫描完成后保存数据，利用局域网络将这些数据实时传送到仓储管理系统中。

手持终端种类繁多，但步骤却很相似。下面以 MC3090 R-LC2MSBAGER 无线手持终端（操作系统为 Windows CE 系统）为例进行介绍。

步骤 1：打开设备，输入用户名和密码进入主界面，如图 1-2-7 所示。

步骤 2：入库理货。点击图 1-2-8 列表上的"理货"，转到下一界面，如图 1-2-9 所示。

① 扫描理货的货品条码，系统提示此货品应该存放到相应的储存功能区。

② 扫描托盘标签号，录入相应的批次号。

③ 点击"保存结果"。

循环①到③直到把所有的货品理完（注：如果操作时误将托盘扫描成货品条码点击文字货品条码或托盘标签即可清除录入域）。

步骤 3：理货完成后，从主界面点击"入库上架"，进入图 1-2-10 所示的界面。

① 扫描待上架的托盘标签，系统读出该托盘上的货品名称，扫描储位编码。

② 点击"确认上架"完成该托盘的上架工作。

循环①到②操作，直至上完所有的待工作托盘，完成入库上架操作。

步骤 4：上架操作完成后，再次点击图 1-2-7 所示的"入库理货"，点击列表中的"完成"，结束该作业任务。

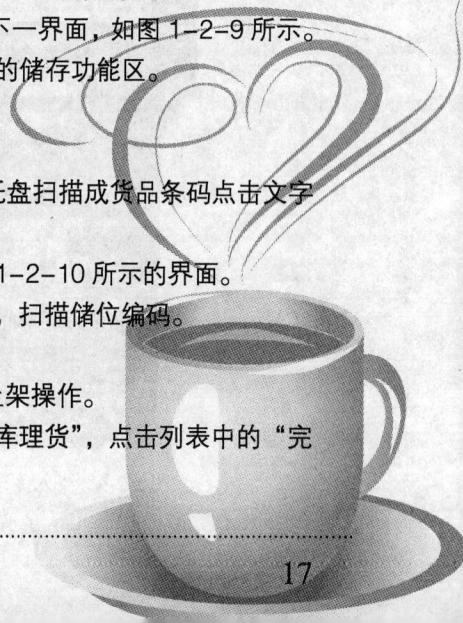

图 1-2-7　主界面

图 1-2-8　"理货"

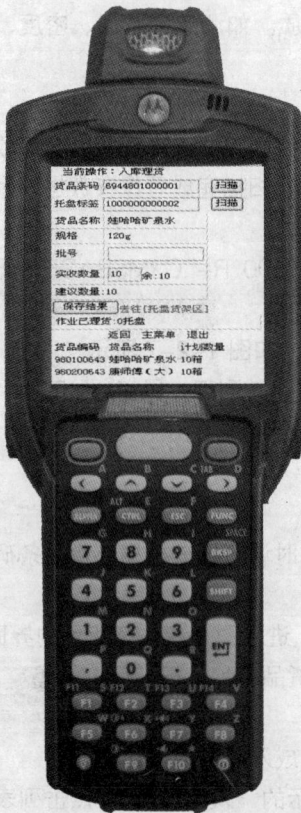

图 1-2-9　"入库理货"

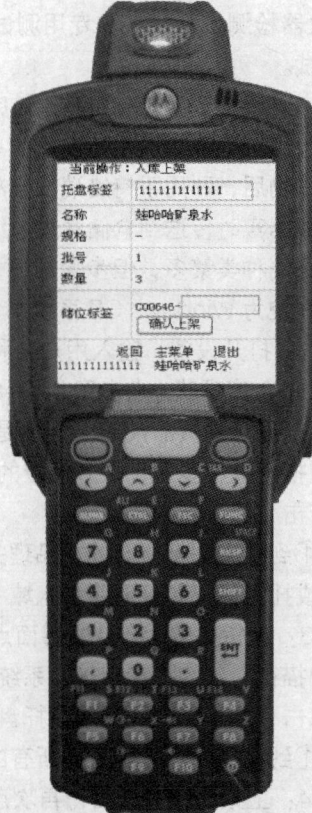

图 1-2-10　"入库上架"

六、卸货、搬运、堆码

仓库管理员组织相关人员对检验合格的货物进行卸货、搬运、堆码。有关商品装卸搬运将在本项目"任务三"中讨论；有关商品堆码将在本项目"任务四"中讨论。

七、办理交接手续，处理验收异议

1. 办理交接手续

对于验收合格的商品，仓库管理员和送货方就货物交接情况在相关单证（送货单或仓单）上签字，明确双方责任。签字后接收商品及文件。

2. 处理验收异议

商品入库验收过程出现的异议常有：数量不符、质量不符、包装不符、资料不齐全。

（1）数量方面的问题

数量短缺在误差规定的范围内，可按原数入账；数量短缺超过误差规定的范围，应做好验收记录，填写磅码单，交主管部门会同货主向供货单位交涉；实际数多于原发料量的，可由主管部门向供货单位退回多发数或补发货款。例如，A 配送中心规定：发生数量差异时，及时通知采购负责人，送错或数量不足，要及时补充订货不要耽误生产销售等经营活动，办理拒收、寄存、入库等手续；超过采购数量时，超出部分原则上要拒收，避免增加仓储管理费用，如果采购同意接受，要求补充一笔采购订单，严禁库管员私自收人情货、关系货。

（2）质量方面的问题

凡商品质量不符合规定要求时，应及时向供货单位办理退货、换货；商品规格不符或错发时，应将情况做成验收记录交给主管部门办理退货。

（3）包装方面的问题

包装异常时，如污损、破损、变形，要会同送货人员一起，开包验收，发现数量减少或质量变异时，要及时登记索赔拒绝入库，单独存放，与正品隔离，等待处理；能当场更换包装的在条件允许的情况下，立即处理，避免在运输途中丢失。

（4）单证方面的问题

凡单证未到或资料不齐的，应及时向供货单位索取。该商品则作为待验商品堆放在待验区，待与商品相关的资料到齐后再验收。

八、入库信息处理

1. 入库登记

仓库管理员对货物进行入库登记，建立货物明细账。登记的信息有：商品名称、规格、单位、数量、累计数或结存数、批次、入库时间、保质期、金额、注明货位号，接（发）货经办人等。

2. 立卡

仓库管理员将货物名称、数量、规格、出入状态等内容填在货卡上，将货卡放在货架上、货物下方的货架支架上或摆放在货垛正面明显位置。

3. 建立档案

（1）档案的资料范围：商品到达仓库前的各种凭证、运输资料；商品入库验收时的各种凭证、资料；商品保管期间的各种业务技术资料；商品出库和托运时的各种业务凭证、资料。

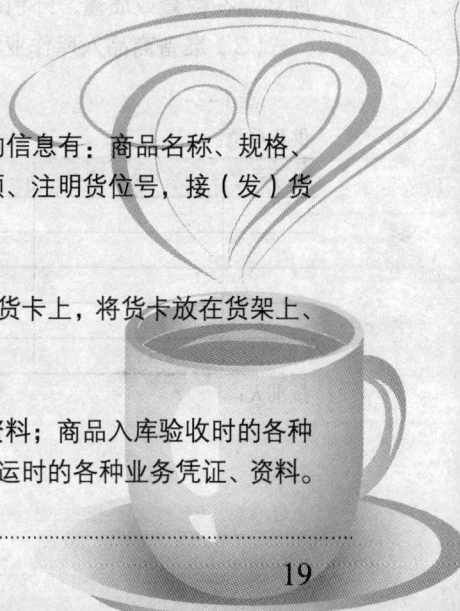

（2）建档工作的具体要求：一物一档，建立商品档案应该是一物（一票）一档；统一编号，商品档案应进行统一编号，并在档案上注明货位号，同时，在实物保管明细账上注明档案号，以便查阅；妥善保管，商品档案应存放在专用的柜子里，由专人负责保管。

➤ **任务实施**

1. 任务描述

在本周内，弘毅配送中心接到几家供货单位的入库通知，各种商品都将在下周入库，详情如表1-2-2所示。

表1-2-2 商品入库信息

货品代码	货品名称	单位	规格	数量	预计入库时间
13070709	百家粉丝香辣排骨 63g	箱	1×12	20	星期一上午
03091705	缙云山纯净水 18.9L	桶	1×12	40	星期二下午
03010302	可口可乐 600mL	箱	1×12	60	星期一上午
13010380	来一桶酸菜牛肉火锅面 137g	箱	1×12	50	星期一下午
13070708	龙口粉丝香辣排骨 63g	箱	1×12	50	星期三上午

请完成以下任务。

（1）设计合理的入库作业流程。

（2）入库的准备工作。

（3）商品验收。

（4）验收异议的处理。

（5）入库表格的填写。

2. 准备工作

（1）以小组为单位，将学生分成6人1组，分别扮演仓储主管、仓库管理员、仓储管理系统处理员、装卸搬运工、供应方、承运司机。仓储主管兼任小组长，负责小组人员分工，督促完成商品入库任务。

（2）创建一个商业配送中心模拟场景，准备商品入库作业所需设备、软件，如叉车、搬运车、托盘、手持终端、条码打印机、条码制作软件、仓储管理系统、纸箱等。建议：对入库商品在数量或质量、外包装上设置一些问题。

（3）准备商品入库作业所需的表格，如表1-2-3～表1-2-8所示。

表1-2-3 入库通知单

供货单位： 供货人： 年 月 日 NO：

序号	商品名称	规格型号	数量	单位	单价	金额	备注

批准人： 经办人：

表 1-2-4 到货交接单

编号： 日期： 年 月 日

收货人	发站	发货人	货物名称	标志标记	单位	件数	重量	货物存放处	车号	运单号
备注										

提货人： 经办人： 接收人：

表 1-2-5 货物验收单

订购单编号： 编号： 填写日期： 年 月 日

编号	名称	订购数量	规格符合		单位	实收数量	单价	总价
			是	否				

是否分批交货	☐ 是 ☐ 否	会计科目		厂商供应		合计	
检查方式	抽样（ %不合格）全数（ 个不合格）	验收结果		检查主管		检查员	
总经理	财务部		仓储部		采购部		
	财务主管	核算员	仓储主管	验收专员	采购主管	制单员	

表 1-2-6 入库验收报告单

编号： 填写日期： 年 月 日

入库名称		数量	
验收部门		验收人员	
验收记录		验收结果	☐ 合 格 ☐ 不合格
入库记录	入库单位	入库部门	
	主管经办	验收主管	验收专员

表 1-2-7　　　　　　入库登记卡（仓储记录卡）

包装破损　　　　　　重庆××国际物流有限公司 / 仓储记录卡 / Storage Record　　　　残次品

货物名称		货物型号		单位	
货物编号		库位			
年 月 日	单号	来源/去向	收	发	结存/盘	操作人	库龄（月）

表 1-2-8　　　　　　商品入库日报表

编号：　　　　　　　入库日期：　年　月　日

接货员		检验员		入库专员		送货人	
品名	规格	颜色	入库数量	现有存量	单价	生产厂家	仓库位置

相关负责人签字确认：

日期：　年　月　日

备注	

编制：　　　　　　　填表人：

3. 完成情况评价

完成任务的过程记录与自我评价

（1）为完成这个任务，我做了（按工作顺序列出）：

（2）经过努力后，我完成了下列任务：

（3）在完成任务过程中，我遇到了下面的障碍：

（4）通过完成任务，我得到的经验和教训

任务完成状况的自我评价（在对应等级上划圈）

A. 未完成　　　B. 基本完成　　　C. 完成

▶ 案例与思考

ZY 配送中心的进货流程

1．ZY 集团简介

ZY 集团是一家跨区域、多业态的大型连锁商业零售企业。ZY 集团自 1996 年在济南开设第一家商场，截至目前，公司已拥有 90 多家大型现代化商场、160 多家便民连锁超市，经营面积 200 多万平方米，从业人员 11 万多人，经营方式涉及现代百货、大型综合超市、家居、便利店、购物中心等多种业态，经营网络主要分布在山东省，近两年开始开拓河北和河南市场。

ZY 集团多年以来一直保持着稳健的发展态势，每年都以 30% 以上的速度递增，2009 年公司实现销售额 200 亿元，企业规模和效益水平一直稳居省内同行业的龙头地位，连续多年位列全国百货业"十强"。

2．ZY 配送中心发展历程

ZY 配送中心成立于 2006 年 8 月，主要负责超市直供商品货源组织、储存和配送工作，早期配送中心为老式仓库，无论在作业设备还是物流管理系统上都比较落后，经过 5 年多的发展，配送中心已发展成为拥有高位叉车 12 辆，电动托盘车 30 辆，日吞吐量为 10 万箱，仓库库存容量能达到 60 万箱的现代化大型物流中心。

配送中心目前负责 ZY 山东省内及河南、河北等地 70 多家大型超市的商品配送业务，辐射范围达到 400km。

3．ZY 配送中心进货作业流程（如图 1-2-11 所示）

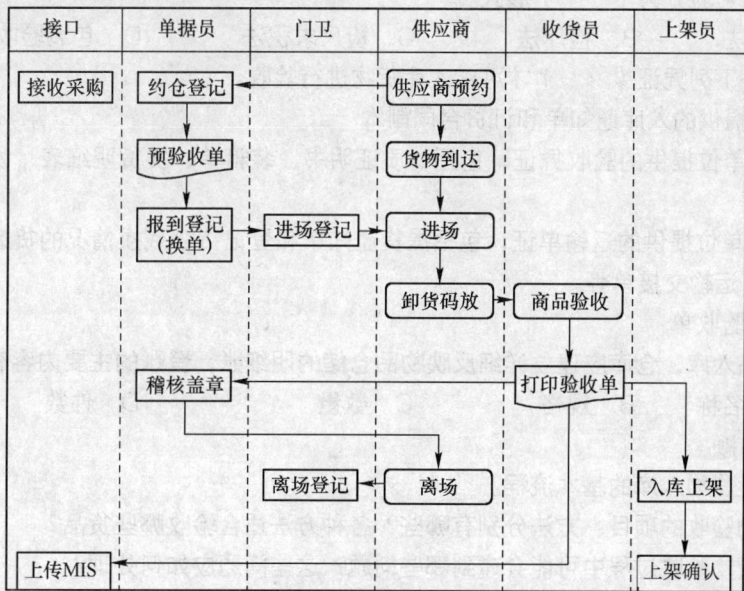

图 1-2-11 ZY 配送中心进货作业流程

【思考】

（1）ZY 配送中心进货作业涉及哪些岗位及相关人员？其进货作业包括哪些环节？涉及

哪些入库单据?

（2）实地调查你所在地区某商业企业的仓库（或配送中心），获取其货物入库方面的资料。请画出该仓库（或配送中心）入库作业流程图。比较该仓库（或配送中心）与 ZY 配送中心进货作业有无共同或相似的作业环节?

▶ 能力扩展

1. 单选题

（1）（   ）是按件数供货或以件数为计量单位的商品，在做数量验收时清点件数。

A. 计件法　　　B. 检斤法　　　C. 检尺求积法　　　D. 其他

（2）货物验收时，如遇单证不齐全，应如何处理?（   ）

A. 通知供货方核实后再做决定。

B. 存入暂存库通知相关部门及时解决。

C. 解决方案领导审批后，填写退料单或调货单。

D. 转交采购部相关人员执行解决方案。

（3）（   ）是仓库管理员将货物名称、数量、规格、出入状态等内容填在货卡上，将货卡放在货架上、货物下方的货架支架上或摆放在货垛正面明显位置，涉及填写货物资料卡或仓储记录卡。

A. 入库登记　　　B. 办理交接手续　　C. 立卡　　　D. 商品编码

2. 多选题

（1）商品验收有哪些要求（   ）?

A. 及时　　　B. 准备　　　C. 严格　　　D. 经济

（2）数量检验分为（   ）形式。

A. 计件法　　　B. 检斤法　　　C. 检尺求积法　　　D. 包装验收

（3）具备下列凭证（   ）才可对入库货物进行验收。

A. 货主提供的入库通知单和订货合同副本

B. 供货单位提供的验收凭证，包括材质证明书、装箱单、发货明细表、说明书、保修卡及合格证等

C. 承运单位提供的运输单证，包括提货通知单和登记货物残损情况的货运记录、普通记录以及公路运输交接单等

D. 货物验收单

（4）物品入库，仓库应建立详细反映物品仓储的明细账，登账的主要内容有（   ）。

A. 物品名称　　　B. 规格　　　C. 数量　　　D. 件数

3. 思考题

（1）简述货物入库的基本流程。

（2）货物验收的项目、方法分别有哪些?各种方法适合验收哪些货品?

（3）在货物验收过程中可能会碰到哪些问题?这些问题应如何处理?

（4）货物入库过程涉及哪些表单文件?如何填写和使用?

4. 技能训练

（1）请制作并打印条码，包括 EAN 码、ITF-14 码、128 码等常用的物流条码。

（2）请使用手持终端扫描一批生活物资的条码，进行入仓验货。

（3）某供应商于 2010 年 2 月 8 日送来一车旺旺食品，送货单上标明旺旺雪饼数量 50 箱，规格 1X20 袋（500 克），单价 22 元/袋，金额 440 元/箱，生产日期 2009 年 12 月 6 日；旺旺烧米饼 80 箱，规格 1X20 袋（500 克），单价 32 元/袋，金额 640 元/箱，生产日期 2009 年 12 月 10 日。这两种食品的保质期都为 9 个月，在收货时，发现其中有 4 件旺旺雪饼外包装破损，3 件旺旺烧米饼外包装有水渍，你作为某配送中心的收货员打算怎样处理这批有问题的货物？

（4）某供应商于 2010 年 1 月 20 日送来一车娃哈哈纯净水，送货单上数量为 600 箱，规格为 1X24（500mL），单价 0.8 元/瓶，金额 19.2 元/箱，生产日期是 2010 年 1 月 10 日，保质期为 12 个月，你作为某配送中心的收货员，你打算怎样验收这批货物？

任务三　商品装卸搬运

➤ 学习任务

对某连锁经营企业配送中心的货物进行装卸搬运。

➤ 学习目标

（1）能识别各种装卸搬运设备，如各种托盘、液压叉车。
（2）能熟练操作装卸搬运设备。
（3）会针对不同货物选择不同的装卸搬运设备。

➤ 学习引导

装卸搬运是指在同一地域范围内进行的，以改变物的存放状态和空间位置为主要内容和目的的活动。装卸主要指垂直方向改变物的存放状态和位置，搬运主要指水平方向改变物的存放状态和位置，在同一场所内，对物品进行水平移动为主的作业，两者全称装卸搬运。装卸搬运是连接各个物流环节的桥梁。

装卸搬运合理化是指以尽可能少的人力和物力消耗，高质量、高效率地完成装卸搬运任务。

一、装卸搬运合理化的原则

1. 利用重力原则

在货物装卸搬运时，应尽可能利用货物本身的重量和落差原理，设法利用重力移动物品。如利用地形差进行装货，采用重力式货架堆货等，能往下则不往上；能直行则不拐弯；能用机械则不用人力；能水平则不要上坡；能连续则不间断；能集装则不分散。

2. 搬运的活性原则

在货物流动过程中，物品时时处于运动状态中，物品放置的状态要有利于下次搬运，这种状态称之为搬运活性。衡量物品堆存形态的"搬运灵活性"，用灵活性指数表示。

货物装卸搬运的灵活性，根据货物所处的状态，即货物装卸、搬运的难易程度，可分为不同的级别。如果很容易转变为下一步的装卸搬运而不需过多做装卸搬运前的准备工作，则活性就高；如果难于转变为下一步的装卸搬运，则活性低。

为了对活性有所区别，使每一步装卸搬运都能按一定活性要求进行操作，对于不同放置状态的物品做了不同的活性规定，这就是"活性指数"。活性指数越高，物品越容易进入装卸搬运状态。一般将灵活性指数分为 0~4 共 5 个等级。

① 散堆于地面上为 0 级。

② 装入箱内为 1 级。

③ 装在货盘或垫板上为 2 级。

④ 装在车台上为 3 级。

⑤ 装在输送带上为 4 级。

移动货物时的灵活性大小反映出物流的合理化程度。从物流的合理化角度看，应尽可能使货物处于活性指数高的状态。

3. 合理利用机械原则

对于劳动强度大、工作条件差、搬运装卸频繁、动作重复的环节，应尽可能采用有效的机械化作业方式。如采用自动化立体仓库可以将人力作业降低到最低程度，而机械化、自动化水平得到很大提高。

4. 消除无效搬运原则

无效搬运具体表现为装卸次数过多、装卸过大的包装以及装卸无效物质。装卸搬运的次数多，不仅浪费人力、物力，还增加物品损坏的可能性，因此尽量减少装卸搬运的次数；包装过大、过重，在装卸搬运时反复在包装上消耗较大的劳动，形成无效搬运，因此要避免过度包装，在保证货物搬运装卸安全的前提下，应尽可能减少附加工器具的自重和包装物的重量。要提高搬运的纯度，对于货物中没有使用价值的掺杂物，如煤炭中的石，应该清除后再搬运更合理一些。

5. 集装单元化原则

为了提高搬运、装卸和堆存效率，提高机械化、自动化程度和管理水平，应根据设备能力，尽可能扩大货物的物流单元，如采用托盘、货箱等。目前广泛使用的集装箱单元就是一种标准化的大单元装载货物的容器。

6. 各环节均衡、协调的原则

装卸搬运作业是由各作业环节的有机组成，只有各环节相互协调，才能使整条作业线产生预期的效果。应使装卸搬运各环节协调一致，能力相互适应。由于个别薄弱环节的生产能力决定了整个装卸搬运作业的综合能力，因此，要针对薄弱环节，采取措施，提高装卸搬运系统的综合效率。

7. 系统效率最大化原则

在货物的流通过程中，应力求提高包装、装卸、运输、保管等各物流要素的效率。由于各物流要素间存在着效益背反的关系，如果分别独自进行，则物流系统总体效率不一定能够提高，因此，要从物流全局的观点来研究问题。

二、装卸搬运方法

1. 单件作业

单件作业是将货物逐个进行装卸搬运操作的作业方法，主要采用人工方法，并依作业环境和条件适当辅以机械化和半机械化的作业方法。单件作业适用于贵重、易脆货物；体积过大，形状特殊，不宜集装或难以行包的货物；没有或难以设置装卸搬运机械的场所。

2. 集装作业

集装作业是把许多单件货物集中起来作为一个运送单位（集装单位），然后再进行装卸搬运的方法。集装作业有以下几种。

（1）托盘作业法，将多个单件物品集中在托盘上进行装卸搬运。

（2）集装箱作业法，把一定数量的单件物品集装在一个特定的箱子内进行装卸搬运。

3．散装作业

散装作业是对大批量粉状、颗粒状的货物进行无包装散装、散卸的装卸方法，如煤炭、矿石、建材、水泥、原盐、粮食等进行的搬运，可以采用连续和间断的装卸方式。散装作业有以下几种。

（1）重力装卸，利用货物的位能来完成装卸作业的方法。

（2）气力输送装卸，利用管道和气力输送设备，以气流运动裹携粉状、颗粒状物沿管道运动而到达装卸、搬运的目的。

（3）机械装卸，利用能承载粉粒货物的各种机械进行装卸。主要有两种方式：利用吊车、叉车改换不同机具或专用装载机，进行舀、抓、铲等作业方式装卸货物；利用皮带、刮板等各种输送设备，进行一定距离的搬运卸货作业。

➤ 任务实施

1．任务描述

弘毅配送中心因储存的干货太多，定期需要翻晒，现需要把经过重新整理的干货重新入库上架，请你完成以下任务。

（1）货物就地堆码整齐，等待搬运。

（2）选择合适的工具实施搬运作业。

（3）完成货物上架工作。

2．准备工作

（1）以小组为单位，将学生分成6人1个小组，1名为小组长，负责小组人员分工，完成装卸搬运任务。

（2）准备装卸搬运工具，如液压叉车、手动搬运车等。

3．完成情况评价

完成任务的过程记录与自我评价
（1）为完成这个任务，我做了（按工作顺序列出）：
（2）经过努力后，我完成了下列任务：
（3）在完成任务过程中，我遇到了下面的障碍：
（4）通过完成任务，我得到的经验和教训
任务完成状况的自我评价（在对应等级上划圈）
A．未完成　　B．基本完成　　C．完成

➤ 案例与思考

云南双鹤医药的装卸搬运环节分析

云南双鹤医药有限公司是北京双鹤这艘医药"航母"部署在西南战区的一艘"战舰"，是一个以市场为核心、现代医药科技为先导，金融支持为框架的新型公司，是西南地区经营药品品种较多、较全的医药专业公司。

虽然云南双鹤已形成规模化的产品生产和网络化的市场销售，但其流通过程中物流管理严重滞后，造成物流成本居高不下，不能形成价格优势。这严重阻碍了物流服务的开拓与发展，成为公司业务发展的"瓶颈"。

装卸搬运活动是衔接物流各环节活动正常进行的关键，而云南双鹤恰好忽视了这一点，由于搬运设备的现代化程度低，只有几个小型货架和手推车，大多数作业仍处于人工操作为主的原始状态，工作效率低，且易损坏物品。另外仓库设计不合理，造成长距离搬运，并且库内作业流程混乱，形成重复搬运，大约有 70%的无效搬运，这种过多的搬运次数，损坏了商品，也浪费了时间。

【思考】

（1）分析装卸搬运环节对企业发展的作用。

（2）针对医药企业的特点，请对该企业的搬运系统的改造提出建议。

➤ 能力扩展

1．选择题

（1）物品放置时要有利于下次搬运、在装上时要考虑便于卸下，这体现了搬运装卸作业的（   ）原则。

A．利用重力　　　　　　　　　　　　B．消除无效搬运

C．提高搬运活性　　　　　　　　　　D．合理利用机械

（2）为加速出入库而采用的托盘堆叠储存时，一般用（   ）存取。

A．人工　　　　　　B．叉车　　　　　　C．吊车　　　　　　D．堆垛机

（3）为便于叉车、货架、仓库的标准化，联运用托盘都采用（   ）。

A．平托盘　　　　　B．柱式托盘　　　　C．箱式托盘　　　　D．货架式托盘

（4）在同一地域范围内进行的，以改变物的存放状态和空间位置为主要内容和目的的活动称为（   ）。

A．运输　　　　　　B．装卸搬运　　　　C．配送　　　　　　D．流通加工

（5）适宜在仓库内使用的叉车是（   ）。

A．电瓶叉车　　　　B．柴油叉车　　　　C．汽油叉车　　　　D．液化石油气叉车

2．多选题

（1）装卸搬运作业特点包括（   ）。

A．装卸搬运作业量大　　　　　　　　B．装卸搬运对象复杂

C．装卸搬运作业不均衡　　　　　　　D．装卸搬运费用高

（2）装卸搬运合理化的目标是（   ）。

A．距离要短　　　　B．时间要少　　　　C．质量要高　　　　D．费用要省

（3）防止和消除无效作业的途径是（　　　）。

A. 尽量减少装卸次数　　　　　　　　B. 提高被装卸物品的纯度

C. 包装要适宜　　　　　　　　　　　D. 减少装卸作业的距离

（4）下列活动中，属于装卸搬运作业的是（　　　）。

A. 运输配送　　　　B. 堆放拆垛　　　　C. 分拣配货

D. 包装加工　　　　E. 保管保养

（5）提高物流系统效率的主要方法有（　　　）。

A. 减少运输次数　　　B. 减少路线交叉　　　C. 降低运输成本

D. 确定最优的运输速度　　　　　　　E. 增加人员

3. 思考题

（1）装卸搬运合理化的原则有哪些？

（2）装卸搬运的活性指数是指什么？

4. 技能训练

某配送中心有一批货物准备验收入库（有以托盘为单位的计算机零件，有 10 公斤袋装大米，还有零散的桶装食用油），入库手续已经办理完毕，只需装卸搬运入库。请你选择合适的装卸搬运工具完成货物的入库上架作业。

任务四　商品储存

➤ 学习任务

某连锁经营企业配送中心商品的储存作业。

➤ 学习目标

（1）能够对货位进行编号。

（2）能够选择合适的商品储存策略。

（3）熟悉物品垫垛的要求、苫盖的方法。

（4）能够测定仓库的温湿度，能选择恰当的方法控制仓库温湿度。

（5）能够进行商品的养护处理。

（6）能够做好库区的安全维护。

➤ 学习引导

商品储存是指商品在生产、流通领域中的暂时停泊和存放过程。它是以保证商品流通和再生产过程的需要为限度。商品储存通过自身的不断循环，充分发挥协调商品产、销矛盾的功能，从而成为促进商品流通以至整个社会再生产的不可缺少的重要条件。

一、商品货位管理

1. 商品分区分类

分区分类保管是一种科学的仓储管理方法。在给仓储商品分区分类时，应严格遵守 4 个"一致"，即："属性一致、养护方法一致、作业手段一致、消防方法一致"。在商品分区分类

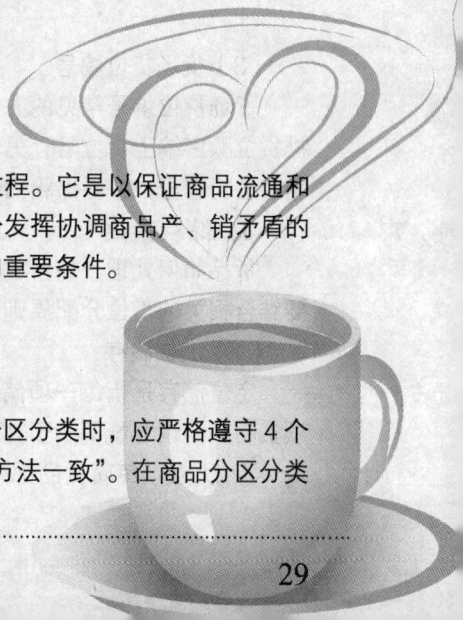

前，要对入库的商品情况有所了解和研究，主要有如下情况：一是经营的品种、数量与每年各季度的大致流向和周转期；二是商品性能及所需的储存条件；三是商品收、发所需的设备条件，收、发的方式。综合起来考虑，商品的分区分类方法主要有以下5种。

（1）按商品种类和性质分区分类。

（2）按不同货主分区分类。

（3）按商品发往地区分区分类。

（4）按商品必要的储存条件分区分类。

（5）按方便作业和安全作业来分区分类。

2. 货位编号

货位编号是商品保管作业中重要的管理措施，是储存定位管理的前提。它是按照一定的排列规则，采用统一标记的方式对库场货位编排相应号码，并做出明显标志。货位编号所用的代号和连接符号必须一致；每种代号可以是数字也可以是字母，其先后顺序必须固定；每个货位编号必须代表特定的货位。

（1）库房内货位编号

综合考虑库房内的业务量及作业通道分布情况，将仓库划分为若干货区、货位。每个货区、货位按顺序以各种简明符号、数字编制号码，并将号码标于明显处。

（2）货架上货位编号

常采用"四号定位"法，即库号、货架号、层号、位号。货架上的单元格号码由上至下列出层号，然后从左至右标明位号。如图1-4-1所示，货位编号A-04-02-03，表示A号仓库，4号货架，第2层，第3号货位。

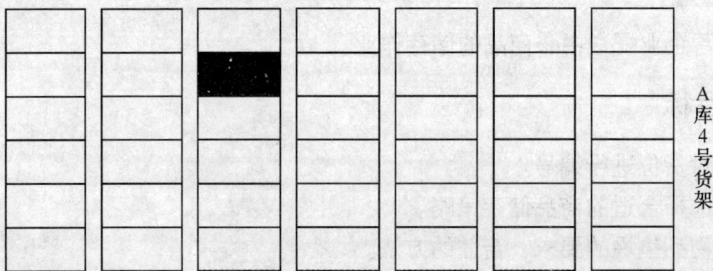

图1-4-1 "四号定位"

（3）货场货位编号

货场货位编号常见的方法有两种：一种是在整个货场内先按各排编上排号，然后再按各排货位顺序编上货位号；另一种是不分排号，直接按货位顺序编号。集装箱堆场，应对每个箱位进行编号，并画出箱门和四角位置标记。

3. 储存策略

货品如何处理、如何放置，主要由所采取的储存策略决定，而货品具体的存放位置，则要结合相关的货位分配原则来决定。

（1）定位储存

定位储存是指每一项储存货品都有固定的储位，货品不能互用储位，因此，必须使每一项货品的储位容量不小于其可能的最大在库量。

① 优点：每项货品都有固定的储放位置，拣货人员容易熟悉货品储位；货品的储位可

按周转率大小（畅销程度）安排，以缩短出入库搬运距离；可针对各种货品的特性调整储位，将不同货品特性间的相互影响减至最小。

② 缺点：储位必须按各项货品的最大在库量设计，因此，储区空间平时的使用效率较低。

总体来说，定位储存容易管理，总搬运时间较少，但却较多地占用储存空间。定位储存适用于厂房空间大、多种少量商品的储放。

（2）随机储存

随机储存是指每一项货品被指派的储存位置都是随机产生的，而且可经常改变；也就是说，任何货品可以被存放在任何可利用的位置。随机原则一般是由储存人员按习惯来存放，且通常按货品入库的时间顺序储放于靠近出入口的货位。

① 优点：由于储位可公用，因此只需按所有库存货品最大在库量来设计，储区空间的使用效率高。

② 缺点：货品的出入库管理及盘点工作难度较大。周转率高的货品可能被储放在离出入口较远的位置，增加了出入库的搬运距离；具有相互影响特性的货品可能相邻存放，易造成货品的伤害或发生危险。

随机储存适用于厂房空间有限，种类少或体积较大货品的存放。

（3）分类储存

分类储存是指所有的储存货品按照一定特性加以分类，每一类货品都有固定的存放位置，而同属一类的不同货品又按一定的法则来指派储位。分类储存通常按产品相关性、流动性、产品尺寸、重量、产品特性等来分类。

① 优点：便于畅销品的存取，具有定位储存的各项优点；各分类的储存区域可根据货品特性再作设计，有助于货品的储存管理。

② 缺点：储位必须按各项货品最大在库量设计，因此，储区空间平均使用效率低。分类储存较定位储存具有弹性，但也有与定位储存同样的缺点。

分类储存适用的场合：产品相关性大者，经常被同时订购；周转率差别大者；产品尺寸相差大者。

（4）分类随机储存

分类随机储存是指每一类货品有固定存放的储区，但在各类储区内，每个储位的指派是随机的。

① 优点：既具有分类储存的部分优点，又可节省储位数量，提高储区利用率。

② 缺点：分类随机储存兼具分类储存及随机储存的特色，需要的储存空间介于两者之间。货品出入库管理及盘点工作难度较大。

（5）共同储存

如果确切知道各货品的进出仓库时间时，不同的货品可共用相同的储位的方式，称为共同储存。共同储存在管理上虽然较复杂，但是有助于减少货位空间，缩短搬运时间。

4. 货位分配的原则

（1）保证先进先出、缓不围急

"先进先出"是仓储保管的重要原则，能避免货物超期变质。在货位安排时要避免后进货物围堵先进货物；存期较长的货物，不能围堵存期短的货物。

（2）考虑货物的保管要求、尺寸、数量、特性

货位的通风、光照、温度、排水、刮风、雨雪等条件要满足货物保管的需要；货位尺寸

与货物尺寸匹配，特别是大件、长件货物要能存入所选货位；货位的容量与货物的数量接近；选择货位时要考虑相近货物的情况，防止与相近货物相忌而互相影响；对需要经常检查的货物，存放在方便经常检查的货位。

（3）符合出入库频率高低和储存期的长短的要求

对于持续入库或者持续出库的货物，应安排在靠近出口的货位，方便出入。流动性差的货物，可以离出入口较远；同样道理，储存期短的货物安排在出入口附近。

（4）小票集中、大不围小、重近轻远

多种小批量货物，应合用一个货位或者集中在一个货位区，避免夹存在大批量货物的货位中，以便查找。重货应离装卸作业区最近，以减少搬运作业量或者可以直接用装卸设备进行堆垛作业。重货放在货架下层，需要人力搬运的重货，存放在腰部高度的货位。

（5）操作的方便性

所安排的货位能保证搬运、堆垛、上架等作业的方便，有足够的机动作业场地，能使用机械进行直达作业。

（6）作业量分布均匀

所安排的货位尽可能避免同条作业线路上多项作业同时进行，以免相互妨碍。尽量实现各货位的同时并行装卸作业，以提高效率。

5．货位分配的方式

货位分配的方式有人工分配、计算机辅助分配和计算机自动分配3种。

（1）人工分配

以人工分配货位，所凭借的是管理者的知识和经验，其效率会因人而异。人工分配货位的优点是比计算机等设备投入费用少。但是其缺点是分配效率低，出错率高。

（2）计算机辅助分配

这种货位分配方式是利用图形监控系统，收集货位信息并显示货位的使用情况，为货位分配者提供实时查询及参考，最终还是由人工下达货位分配指示。

（3）计算机自动分配

这是利用图形监控储位管理系统和各种现代化信息技术，收集货位有关信息，通过计算机分析后直接完成货位分配工作，整个作业过程不需要人工分配作业。

6．商品的堆码

商品堆码，是将商品整齐、规则地摆放成货垛的作业。堆码应符合合理、牢固、定量、整齐、节约、先进先出的原则。堆码形式要根据商品的种类性能、数量和包装情况以及库房高度、储存季节等条件决定。不同的商品，堆码的方法也有所不同。一般普通商品的堆码方式有以下几种。

（1）散堆方式

散堆方式是直接用堆场机或者铲车在确定的货位后端起，直接将物品堆高，在达到预定的货垛高度时，逐步后推堆货，后端先形成立体梯形，最后成垛。散堆货物具有流动、散落性，因此，堆货时不能堆到太近垛位四边，以免散落使物品超出预定的货位。此方式适用于露天存放的没有包装的大宗物品，如煤炭、矿石等，也可适用于库内少量存放的谷物、碎料等散装物品。

（2）货架方式

货架方式是采用通用或专用的货架进行商品堆码的方式。通过货架能够提高仓容的利用率，减少存取时的差错。此方式适合于存放小件货物、怕压或不宜堆高的货物。

（3）成组堆码方式

成组堆码方式是采用成组工具（如托盘、集装袋等）先将货物组成一组，使其堆存单元扩大，从而用装卸机械搬运、装卸、堆码的方式。此方式适用于小件不宜单独采用机械装卸的货物。

（4）堆垛方式

堆垛方式是直接利用物品或其包装外型进行堆码的方式。对于有包装（如箱、桶）的物品，包括裸装的计件物品，常采取堆垛的方式储存。常见的堆码方式有重叠式、纵横交错式、栽柱式、压缝式、通风式、仰伏相间式、衬垫式等。

① 重叠式

重叠式也称直堆法，是逐件、逐层向上重叠堆码，一件压一件的堆码方式。为了保证货垛稳定性，在一定层数后改变方向继续向上，或者长宽各减少一件继续向上堆放，如图1-4-2所示。该方法方便作业、计数，但稳定性较差。此方式适用于袋装、箱装、箩筐装物品，以及平板、片式物品等。

② 纵横交错式

纵横交错式是指每层物品都改变方向向上堆放，如图1-4-3所示。此方式适用于管材、捆装、长箱装物品等。该方法较为稳定，但操作不便。

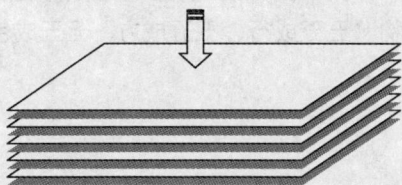

图1-4-2 重叠式堆码

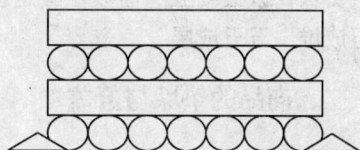

图1-4-3 纵横交错式堆码

③ 栽柱式

栽柱式是指码放物品前先在堆垛两侧栽上木桩或者铁棒，然后将物品平码在桩柱之间，几层后用铁丝将相对两边的柱拴连，再往上摆放物品，如图1-4-4所示。此法适用于管材、棒材等长条状物品。

④ 压缝式

压缝式是指将底层并排摆放，上层放在下层的两件物品之间，如图1-4-5所示。

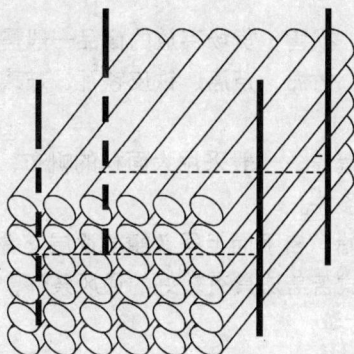

图1-4-4 栽柱式堆码

图1-4-5 压缝式堆码

⑤ 通风式

通风式是指商品在堆码时，任意两件相邻的商品之间都留有空隙，以便通风。层与层之间采用压缝式或者纵横交错式，如图 1-4-6 所示。通风式堆码可用于所有箱装、桶装以及裸装商品堆码，起到通风防潮、散湿散热的作用。

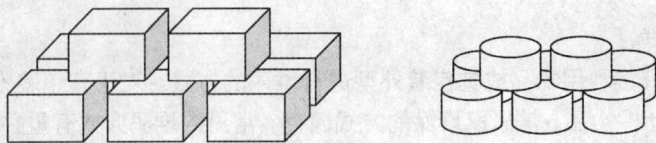

图 1-4-6　通风式堆码

⑥ 仰伏相间式

仰伏相间式是指对上下两面有大小差别或凹凸的商品，如槽钢、钢轨等，将物品仰放一层，在反一面伏放一层，仰伏相向相扣。该垛极为稳定，但操作不便。

⑦ 衬垫式

衬垫式是指码垛时，隔层或隔几层铺放衬垫物，衬垫物平整牢靠后，再往上码。此方式适用于不规则且较重的商品，如无包装电动机、水泵等。

（5）"五五化"堆码

为了便于货物的数量控制、清点盘存，以五为基本计算单位，堆码成各种总数为五的倍数的货垛，以五或五的倍数在固定区域内堆放，使货物"五五成行、五五成方、五五成包、五五成堆、五五成层"。

二、商品的垫垛与苫盖

1．垫垛

垫垛是在商品码垛前，在预定的货位地面位置，使用衬垫材料进行铺垫。常见的衬垫物有：枕木、废钢轨、木板、货板架、帆布、钢板、芦席等。垫垛的基本要求如下。

（1）地面要平整坚实、衬垫物要摆平放正，并保持同一方向。

（2）所使用的衬垫物不能对货物造成影响，具有足够的抗压强度。

（3）衬垫物间保持一定间距，直接接触货物的衬垫面积应与货垛底面积相同，垫物不超过货垛范围。

（4）要有足够的厚度，露天堆场要达到 0.3～0.5m，库房内 0.2m 即可。

2．苫盖

为减少阳光、雨雪、刮风、尘土等对商品的侵蚀、损害，货场存放的商品一般需要采用苫盖材料进行遮盖。常用的苫盖材料有帆布、塑料膜、竹席、芦席、铁皮铁瓦、玻璃钢瓦、塑料瓦等。苫盖方法一般有以下几种。

（1）就垛苫盖法。将苫盖材料直接覆盖在货垛上遮盖，一般采用大面积的帆布、油布、塑料膜等。就地苫盖法操作便利，但基本不具备通风条件。

（2）鱼鳞式苫盖法。将苫盖材料从货垛的底部开始，自下而上呈鱼鳞式逐层交叠围盖。该方法一般采用面积较小的瓦、席等材料苫盖。鱼鳞式苫盖法具有较好的通风条件，但每件苫盖材料都需要固定，操作比较烦琐复杂。

（3）固定与活动棚架苫盖法。固定棚架苫盖法，是用预制的苫盖骨架与苫叶合装而成的简易棚架苫盖，不需要基础工程，可随时拆卸和移动。活动棚架苫盖法是将苫盖物料制作成一定形状的棚架，在物品堆垛完毕后，移动棚架到货垛加以遮盖，或者采用即时安装活动棚架的方式苫盖。活动棚架苫盖法较为快捷，具有良好的通风条件，但活动棚架本身需要占用仓库空间，也需要较高的购置成本。

（4）隔离苫盖法。此方法与就垛苫盖法的区别在于苫盖材料不直接接触货垛，而是采用隔离物使苫盖物与货垛间留有一定空隙。常用的隔离物有木条、隔离板、钢筋、钢管等。

三、商品的保管与养护

1. 仓库温湿度的测定与控制

（1）仓库温湿度的测定

测定空气温湿度通常使用干湿球温度表（简称干湿表）。在库外设置干湿表，为避免阳光、雨水、灰尘的侵袭，应将干湿表放在百叶箱内。百叶箱中干湿表的球部离地面高度为2m，百叶箱的门应朝北安放，以防观察时受阳光直接照射。箱内应保持清洁，不放杂物，以免造成空气不流通。在库内，干湿表应安置在空气流通、不受阳光照射的地方，挂置高度与人眼平，约1.5m。每日必须定时对库内的温湿度进行观测记录，一般在上午8~10点、下午2~4点各观测一次。记录资料要妥善保存、定期分析、摸出规律，以便掌握商品保管的主动权。

（2）控制和调节仓库温湿度

为了维护仓储商品的质量完好，创造适宜于商品储存的环境，当库内温湿度适宜商品储存时，就要设法防止库外气候对库内的不利影响；当库内温湿度不适宜商品储存时，就要及时采取有效措施调节库内的温湿度。实践证明，采用密封、通风与吸潮相结合的方法，是控制和调节库内温湿度行之有效的办法。

① 密封。密封就是把商品尽可能严密封闭起来，减少外界不良气候条件的影响，以达到安全保管的目的。采用密封方法，要和通风、吸潮结合运用，如运用得当，可以收到防潮、防霉、防热、防溶化、防干裂、防冻、防锈蚀、防虫等多方面的效果。密封保管应注意的事项有：在密封前要检查商品质量、温度和含水量是否正常，如发现生霉、生虫、发热、水凇等现象就不能进行密封；发现商品含水量超过安全范围或包装材料过潮，也不宜密封，要根据商品的性能和气候情况来决定密封的时间；怕潮、怕溶化、怕霉的商品，应选择在相对湿度较低的时节进行密封。常用的密封材料有塑料薄膜、防潮纸、油毡、芦席等。这些密封材料必须干燥、清洁、无异味。密封常用的方法有整库密封、小室密封、按垛密封以及按货架或按件密封等。

② 通风。通风是利用库内外空气温度不同而形成的气压差，使库内外空气形成对流，来达到调节库内温湿度的目的。库内外温度差距越大，空气流动就越快；若库外有风，借风的压力更能加速库内外空气的对流。但风力也不能过大（风力超过5级，灰尘较多），正确地进行通风，不仅可以调节与改善库内的温湿度，还能及时散发商品及包装物的多余水分。按通风的目的不同，可分为利用通风降温（或增温）和利用通风散潮两种。

③ 吸潮。在梅雨季节或阴雨天，当库内湿度过高，不适宜商品保管，而库外湿度也过大，不宜进行通风散潮时，可以在密封库内用吸潮的办法降低库内湿度。用吸湿剂或除湿机吸潮是降低仓库内空气湿度的有效方法。仓库常用的吸湿剂有生石灰、氯化钙、木炭、炉灰、硅胶等。除湿机一般适宜于储存棉布、针棉织品、贵重百货、医药、仪器、电工器材和烟糖类的仓库吸湿散潮。

2. 商品霉腐的防治

（1）常见的易霉腐商品

商品发生霉腐会造成商品的使用价值降低甚至丧失使用价值，造成重大损失。常见的易霉腐商品如表1-4-1所示。

表1-4-1 常见的易霉腐商品

分　类	商　品
食品	饼干、糕点、食糖、罐头、酱、醋、鲜蛋、肉类、鱼类等
药品	各种糖浆、蜜丸、以葡萄糖等溶液为主的针剂、以动物胶为主的骨药、以淀粉为主的片剂和粉剂等
纺织品	棉、毛、麻、丝等天然纤维及其各种制品
工艺品	竹、木、麻、草制品，绢画、绢花、绒绣和核雕等
皮革及其制品	各种皮鞋、皮靴、皮包、皮衣、皮箱、皮带等
日用品	各种化妆品等

（资料来源：人力资源和社会保障部职业技能鉴定中心. 仓储管理. 北京：科学出版社，2010.9。）

（2）霉腐防治方法

① 化学药剂防霉腐。有些货物可采用药剂防霉，在生产过程中把防霉剂加入到货物中，或把防霉剂喷洒在货物体和包装物上，或喷散在仓库内，可达到防霉的目的。

② 气调防腐。有些货物还可以采用气调防腐方法，即在密封条件下，采用缺氧的方法，抑制霉腐微生物的生命活动，从而达到防腐的目的。

③ 低温冷藏防霉腐。利用各种制冷剂降低温度，以保持仓库中所需的一定低温，来抑制微生物的生理活动，达到防霉腐目的。

④ 干燥防霉腐。通过降低仓库环境中的水分和货物本身的水分，达到防霉腐的目的。

3. 金属制品的防锈除锈

金属制品在保管时常见的受损现象是锈蚀。金属制品锈蚀是指金属制品表面在环境介质的作用下，发生化学与电化学作用，从而发生质量的变化。锈蚀不仅破坏了金属的外形，而且能够造成金属的内部缺陷，影响其使用价值，因此，及时有效地进行金属制品防锈和除锈工作是仓库商品保管与养护的主要工作之一。

金属制品的防锈，主要是针对影响金属锈蚀的外界因素进行的。防锈措施有控制和改善储存条件、涂油防锈、涂漆防锈、防锈水防锈、气相防锈、可剥性塑料防锈。

金属制品的除锈方法大体有手工除锈、机械除锈、化学除锈和电化学除锈4种。

4. 仓库虫害、鼠害的防治

防治仓库害虫的方法有驱虫剂驱虫法、灯光诱杀除虫法、高温或低温除虫法、熏蒸除虫法、触杀和胃毒除虫法、密闭法等。防治老鼠的方法有器械捕鼠法、毒饵诱杀法和粘鼠胶法等。当然，保持仓库的清洁卫生对于防治虫害、鼠害也是有帮助的。

5. 搞好仓库清洁卫生

垃圾、尘土、杂草为霉菌、害虫提供了生存空间，而霉菌、害虫的繁殖直接导致了仓储货物霉腐、虫蛀、变质等。因此，要保管好货物，必须经常清除这些杂物，保持库房环境的整洁。做到库区"5S"，即整理、整顿、清扫、清洁、素养。

四、库区安全维护

仓库一旦发生安全事故，可能造成人员伤亡和财产的重大损失。因此，加强仓库安全管理，及时发现和消除仓库中的安全隐患，杜绝各类安全事故的发生就显得尤为重要。

1. 防火

防范火灾应做到以下几点。

（1）保护仓库免受火灾危害，必须贯彻"预防为主、防消结合"的方针，实行谁主管谁负责的原则。

（2）仓库的配电线路的设计、施工、维护、使用、修理均要严格执行国家的相关防火安全规定。

（3）仓库内禁止吸烟、使用明火。在仓库内外墙明显处贴上"严禁吸烟"的标志。施工维修需要使用明火时，必须严格执行动火制度，在动火前清理动火区域的可燃物，准备好灭火器材，安排看火人员，在确保安全时方可动火施工。

（4）仓库应配备足够的灭火器。灭火器应放在明显易取位置，并指定专人负责保管和维护。干粉灭火器更换粉剂、充装气体的周期为一年。

2. 防盗

防盗应做到以下几点。

（1）仓库重地，闲人免进。进出仓库的外来人员，必须在保安处登记，无正当理由一律不得进入。

（2）仓库发货，车辆必须出示放行联，由保安登记车牌、提货人、出入库时间。车辆出库，保安收回放行联后才予以放行。

（3）定期检查围墙、门窗有无损坏，围墙、门窗损坏及时通知维修人员修理。

（4）加强治安保卫工作，仓库实行24小时值班制度。

3. 防雷

仓库一旦受到雷击，就会造成重大损失。因此，必须采取相应的防雷措施，保护仓库的安全。防雷措施如下。

（1）安装防雷装置。常见的防雷装置有避雷针、避雷线、避雷网、避雷带及避雷器等。一般应在仓库易受雷击部位安装避雷装置，使被保护的仓库和库房内的物体，均处于接闪器的保护范围内。

（2）仓库内的金属物应接到防雷电感应的接地装置上。

（3）低压架空线宜用长度不小于50m的金属铠装电缆直接埋地引入，入户端电缆的金属外皮应与防雷接地装置相连，电缆与架空线连接处还应装置阀型避雷器。

4. 防汛

洪水和雨水虽然是一种自然现象，但时常会对货物的安全仓储带来不利影响。所以应认真做好如下仓库防汛工作。

（1）成立防汛工作机构，在仓库防汛工作管理者的领导下，具体组织防汛工作。

（2）做好防汛安全检查、整改工作。检查仓库屋面、墙壁、下水管道有无损坏、裂缝、渗漏，如有应及时维修。改造陈旧的仓库排水设施，提高货位，新建仓库应考虑历年汛情的影响，使库场设施能抵御雨汛的影响。

（3）准备必要的沙袋、雨布、地台板等防汛物资。

➤ 任务实施

1．任务描述

弘毅配送中心1号仓库存放着饼干、糕点、食糖、罐头、酱、醋等食品。李星刚到弘毅配送中心上班，负责1号仓库货品的在库储存工作，假如你是李星，请完成以下任务。

（1）仓库温湿度的测定、记录、调整。

（2）各种商品的养护。

（3）库区安全检查、记录，并撰写安全检查报告。

（4）货品的垫垛、苫盖。

2．准备工作

（1）实训分组，各组3~4人为宜，每组指定1人任组长。

（2）创建一个商业配送中心的模拟场景，准备商品储存作业所需设备、用具、材料等（如干湿表、加湿器、除湿机、衬垫物、苫盖材料）。

（3）准备商品储存作业所需的表格，如表1-4-2~表1-4-4所示。

表1-4-2　　　　　　　　　　温湿度记录表

仓库＿＿＿＿　　　　　　　　　　　　　　　　　＿＿＿年＿＿＿月

适宜温度范围：　　℃至　　℃　　　　　　　适宜相对湿度范围：　　%至　　%

日期	上午（8:00~10:00）					下午（2:00~4:00）				
	温度℃	相对湿度%	调节措施	采取措施后		温度℃	相对湿度%	调节措施	采取措施后	
				温度℃	相对湿度%				温度℃	相对湿度%
1										
2										
3										
4										
5										
6										
7										
8										
9										
10										
11										
12										
13										
14										
15										
16										
17										

续表

适宜温度范围： ℃ 至 ℃   适宜相对湿度范围： %至 %

日期	上午（8:00～10:00）					下午（2:00～4:00）				
	温度℃	相对湿度%	调节措施	采取措施后		温度℃	相对湿度%	调节措施	采取措施后	
				温度℃	相对湿度%				温度℃	相对湿度%
18										
19										
20										
21										
22										
23										
24										
25										
26										
27										
28										
29										
30										
31										
月平均温度		月最高温度		月最低温度		月最高相对温度		月最低相对温度		

表1-4-3　　　　　　　　巡查记录表

检查项目	月　日	月　日	月　日	月　日	月　日	月　日	月　日
	星期一	星期二	星期三	星期四	星期五	星期六	星期日
库房清洁							
作业通道							
用具归位							
货物状态							
库房温度							
相对湿度							
照明设备							
消防设备							
消防通道							
防盗							
托盘维护							
检查人							

注：
① 消防设备每月进行一次全面检查；
② 将破损的托盘每月集中进行维护处理。

表 1-4-4　　　　　　　　　　　仓库安全日报表

日期：	气候：	温度：		湿度：
检查结果				
建议事项				
主要负责人			意见	
经理指示				

3. 完成情况评价

完成任务的过程记录与自我评价
（1）为完成这个任务，我做了（按工作顺序列出）：
（2）经过努力后，我完成了下列任务：
（3）在完成任务过程中，我遇到了下面的障碍：
（4）通过完成任务，我得到的经验和教训

任务完成状况的自我评价（在对应等级上划圈）
A. 未完成　　　　B. 基本完成　　　　C. 完成

➤ 案例与思考

WH 物流有限公司于 2008 年、2009 年各发生一起仓库安全事故，详情如下。

事故一：SC 仓库被盗案

案件描述：2008 年 5 月 22 日下午 18:00 时，SC 仓库仓管员发现仓库空调堆放异常，进而从仓库墙体最上部的一透光发现防盗窗、防盗网及玻璃被损坏。清点后发现：仓库格力空调被盗 10 套，损失达 5 万元。

经公安侦查、推算：仓库被盗时间发生在 21 日晚与 22 日凌晨之间。在这段时间，仓库保安竟未发现仓库门窗有异常，更谈不上向公司报告仓库被盗事故。

事故二：GN 仓库火灾案

案件描述：2009 年 6 月 7 日，GN 分公司 2 号仓发生特大火灾，烧毁价值 350 多万元的空调。起火原因，由于电源线路老化，墙上电线短路起火，喷溅熔珠引燃下方空调包装纸箱等可燃物造成火灾。

【思考】

（1）WH 物流有限公司应采取哪些措施，以预防上述事故？

（2）实地调查和网络收集其他公司仓储安全管理方面的资料。请谈谈所调查的公司库区安全维护方面有哪些好的做法，哪些方面还需改进。

➤ 能力扩展

1. 单选题

（1）当库房空间有限，需尽量利用储存空间；同时储存的货物种类较少时，适宜采用（ ）的储存方式。

A. 定位储存　　　　B. 分类储存　　　　C. 共同储存　　　　D. 随机储存

（2）（ ）将苫盖材料直接覆盖在货垛上遮盖，一般采用大面积的帆布、油布、塑料膜等。

A. 就垛苫盖法　　　　　　　　　　B. 鱼鳞式苫盖法

C. 活动棚架苫盖法　　　　　　　　D. 隔离苫盖法

（3）垫垛要求有足够的高度，露天堆场一般要达到（ ）m。

A. 0.3～0.5　　　B. 0.1～0.3　　　C. 0.1　　　D. 0.2

（4）库区"5S"包括整理、整顿、清扫、清洁、（ ）。

A. 安全　　　　B. 清理　　　　C. 节约　　　　D. 素养

（5）（ ）是储存管理的基本原则之一，有效地保证了物品储存期不至过长。

A."四号定位"　B."五五化"　C."三三制"　D."先进先出"

2. 多选题

（1）仓库分区分类储存应做到商品的（ ）。

A. 属性一致　　　B. 养护方法一致　　　C. 作业手段一致　　　D. 消防方法一致

（2）货位分配的方式有（ ）。

A. 人工分配　　　　　　　　　　B. 计算机辅助分配

C. 计算机自动分配　　　　　　　D. 随机分配

（3）某百货公司的仓库进了一批香皂、饼干、药品、洗衣粉等货品，对这些货品进行储存时，宜采取（ ）方式。

A. 分类储存　　　B. 定位储存　　　C. 随机储存　　　D. 分类随机储存

（4）霉腐防治的方法有（ ）。

A. 化学药剂防霉腐 B. 气调防腐　　　C. 酸碱度控制法　　　D. 除氧剂除氧法

3. 思考题

（1）分区分类储存的方法有哪些？

（2）叙述各种储存策略的优缺点及适用范围。

（3）货位分配的原则有哪些？

（4）苫盖的方法有哪些？常用的苫盖材料有哪些？

（5）如何进行仓库温湿度的调节与控制？

（6）金属制品如何防锈，又如何除锈？仓库虫害、鼠害如何防治？

（7）常见的安全事故有哪些？如何做好库区的安全维护？

4. 技能训练

（1）请用"四号定位"法完成一仓库或配送中心货位条码的制作。

（2）某仓库新进一批茶叶，仓储管理员将茶叶储存于一日化仓库，请问他这样操作是否正确？茶叶的储存应注意哪些方面？

（3）在模拟仓库或配送中心训练不同方式的堆码。

任务五 商品拣选和补货

➤ 学习任务

某连锁经营企业配送中心商品拣货和补货作业。

➤ 学习目标

（1）能正确叙述不同拣选方式的特点、作业流程。

（2）能填写分拣单，学会按分拣单拣货。

（3）能熟练运用摘果法和播种法两种方式进行拣选。

（4）能熟练运用电子标签拣选系统进行拣选。

（5）会合理规划与选择分拣路径。

（6）能根据分拣效率、出错率、设备投入、分拣员工作强度等要素进行不同分拣方式的比较。

（7）具有补货意识，知晓补货方式和补货时机，迅速准确地完成补货作业。

➤ 学习引导

一、分拣单位的确定

分拣单位是拣货作业中拣取货物的基本单位。通常拣货单位可分为托盘、箱、单品3种。一般以托盘为分拣单位的货物体积和重量最大，其次为箱，最小者为单品。其基本分拣模式如表1-5-1所示。

表1-5-1 基本分拣模式

分拣模式	储存单位	分拣单位	记号
1	托盘	托盘	P→P
2	托盘	托盘+箱	P→P+C
3	托盘	箱	P→C
4	箱	箱	C→C
5	箱	箱+单品	C→B
6	箱	单品	C→C+B
7	单品	单品	B→B

注：P——托盘（pallet）；C——箱（case）；B——单品（bulk）。

分拣单位是根据订单分析的结果来作决定的。如果订货的最小单位是箱，则不需要单品分拣单位。库存的每一种货物都需要通过以上分析判断出分拣单位。一种货物有时可能需要有两种以上的分拣单位，所以一个配送中心的分拣单位通常在两种以上。

对配送中心进行规划时必须先决定分拣单位、储存单位，同时协调外部供应商确定货物的入库单位，所有单位的决定都来自客户的订单。也就是说，客户的订单决定分拣单位，分拣单位决定储存单位，再由储存单位要求供应商的入库单位。

二、拣选方式的选择

1. 按订单分拣划分

（1）单一拣选法

单一拣选法是每次作业只拣选一张订单所需货物。

单一拣选的主要特点是每次拣取只针对一张订单，不进行订单分批。结合分区策略其具体又可以分为单人拣取、分区接力拣取和分区汇总拣取几种方式。

① 单人拣取。单人拣取是拣取时可以一张订单由一个人从头到尾，负责拣取完毕。此种方式的拣货单，只需将订单资料转为拣货需求资料即可。

② 分区接力拣取。分区接力拣取是将储存或拣货区划分成几个区域，一张订单由各区人员采取前后接力方式合力完成。

③ 分区汇总拣取。分区汇总拣取是将储存区或拣货区划分成几个区域，将一张订单拆成各区域所需的拣货单，再将各区域所拣取的商品汇集在一起。

单一拣取的特点：准确度较高，很少发生货差，并且机动灵活；可以根据用户要求调整拣货的先后次序；对于紧急需求，可以集中力量快速拣取；对机械化、自动化没有严格要求；一个订单的货拣取完毕后，货物便配置齐备，配货作业与拣货作业同时完成，简化了作业程序。

单一拣取主要适用于用户不稳定，波动较大；用户需求种类不多；用户之间需求差异较大，配送时间要求不一的情况。

（2）批量拣选法

批量拣选法是将数张订单汇整成一批，再将各订单相同的商品订购数量加总起来，一起拣取处理，之后再按不同的客户进行分货，直至配齐所有客户的订货。

批量拣选的分批方法主要有以下几种。

① 按拣货单位分批，也就是将同一种拣货单位的品种汇总一起处理。

② 按配送区域/路径分批，也就是将同一配送区域路径的订单汇总一起处理。

③ 按流通加工需求分批，将需加工处理或需相同流通加工处理的订单汇总一起处理。

④ 按车辆需求分批，也就是如果配送商品需特殊的配送车辆（如低温车、冷冻、冷藏车），或客户所在地需特殊类型车辆者可汇总合并处理。

批量拣选的特点：与单一拣取相比，批量拣取由于将各用户的需求集中起来进行拣取，所以有利于进行拣取路线规划，减少不必要的重复行走；但其计划性较强，规划难度较大，容易发生错误。

批量拣取比较适合用户稳定而且用户数量较多的专业性配送中心，另外需要用户的品种需求共同性较高，需求数量可以有差异。用户的配送时间要求也不太严格。

（3）混合拣选法

混合拣选法是将单一拣选和批量拣选搭配使用。

2. 按配货人员的作业方法划分

（1）人工拣选法

人工拣选法是指配货作业人员亲自到货架上将订单上的商品取出运到配货场地。

（2）机械拣选法

机械拣选法是指配货人员利用回转货架或自动分拣机等机械设备将货物取出运到指定地点。

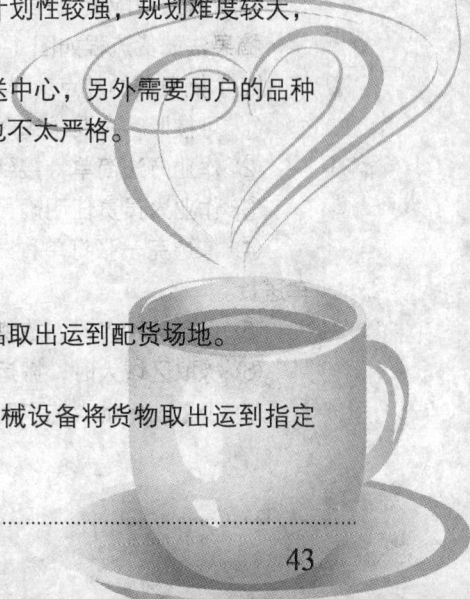

3. 按拣选商品时的作业程序划分

（1）一人拣选法

一人拣选法是指一个人按照一张订单的要求，进行拣货、配货。

（2）分程传递法

分程传递法是指由多人完成分拣，先决定每人所分担的货物种类和货架范围，然后拣选货单中仅是自己所承担的货物品种，拣选完毕后，将货单依次转交下一个配货人员。

（3）分类拣选法

分类拣选法是指先将不同形状、不同尺寸、不同重量的货物分类保管，然后按商品类别进行拣选、配货。

（4）区间拣选法

区间拣选法是指先确定个人所分担的货物种类和货架区间，然后分头从个人所在区间的货架上进行自己所承担货物的拣选，之后进行汇总，按单配货。

三、拣选作业的方法

1. 摘果法

摘果法又称作"拣选式"、"按单分拣"。针对每一张订单，拣货人员按照客户订单所列商品及数量，将商品从储存区域或分拣区域挑选出，将配齐的商品放置到发货场所指定的货位，即可开始处理下一张订单。摘果法如图 1-5-1 所示。

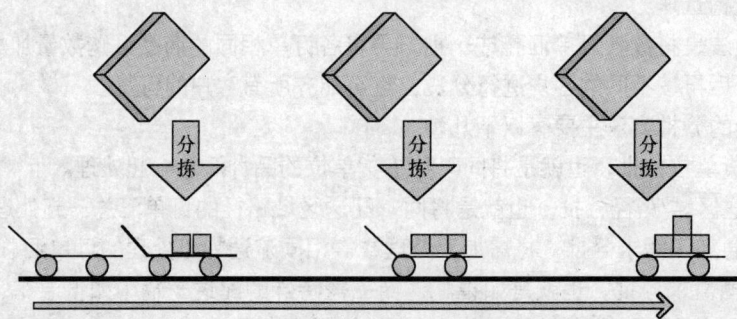

图 1-5-1　摘果法

（1）摘果法配货流程

摘果法配货流程如图 1-5-2 所示。

（2）摘果法的特点

① 可按照客户要求的时间确定配货的先后顺序。

② 作业方法简单，接到订单可立即拣货，作业前置时间短。

③ 作业人员责任明确、派工容易。

④ 拣选完一张订单，一个用户的货物便配齐，拣货后不必再进行分拣作业，可直接装车送货。

⑤ 商品品种多时，拣货行走路线过长，拣取效率低。

⑥ 拣取区域大时，搬运系统设计困难。

⑦ 少量、多批次拣取时，会造成拣货路线重复费时，效率降低。

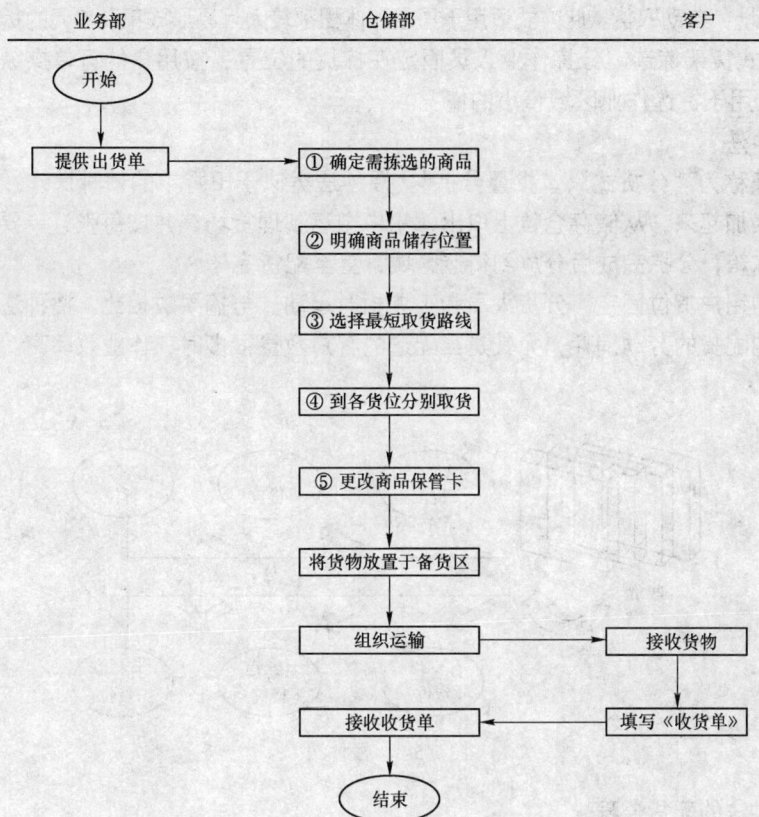

图 1-5-2 摘果法配货流程图

（3）摘果法的应用范围

① 每一个客户需要的商品品种较多，而每种商品的数量较少。

② 订单大小差异较大，订单数量变化频繁，商品差异较大的情况。

③ 不能建立相对稳定的用户分货货位的情况。

④ 用户之间需求差异较大，配送时间要求不一的情况。

（4）摘果法的作业形式

① 人工拣选。由人一次巡回或分段巡回于各货架之间，按订单拣货，直至配齐。

② 人工+手工作业车拣选。分拣作业人员推着手推车一次巡回或分散巡回于货架之间，按订单进行拣货，直到配齐。它与人工拣选基本相同，区别在于借助半机械化的手推车作业。

③ 机动作业车拣选。分拣作业人员乘车辆或台车为一个用户或多个用户拣选，在拣选过程中就进行货物装箱或装托盘的处理。

④ 传动运输带拣选。分拣作业人员只在附近几个货位进行拣选作业，传送带不停地运转；或分拣作业人员按照电子标签的指令将货物取出放在传送带上，或放入传送运输带上的容器内。传送运输带转到末端时把货物卸下来，放在已划好的货位上，待装车发货。每个作业人员仅负责几种货物的拣选。

⑤ 拣选机械拣选。自动分拣机或由人操作的叉车、分拣台车巡回于高层货架间进行拣选，或者在高层重力式货架一端进行拣选。这种方式可以人随机械或车操作，也可以通过计算机控制使拣

选机械自动寻址，自动取货。此方式适用于重量和体积都较大且易形成集装单元的货物的拣选。

⑥ 回转式货架拣选。分拣作业人员固定在拣货的位置，按用户的订单操纵回转货架作业。此方式适用于拣选作业区域窄小的情况。

2．播种法

播种法又称为"分货式"、"批量分拣"。播种法类似于田野中的播种操作，将每批订单的同种商品累加起来，从储存仓位上取出，集中搬运到理货场，并按每张订单要求的数量投入对应的分拣箱，分拣完成后分放到待运区域，直至配货完毕。

播种法的用户货位固定，分货人员和工具相对运动。与摘果法相比，播种法可以提高配货速度，节约配货的劳动消耗，尤其是当配送的客户数量很多时，作业效率高。播种法如图1-5-3所示。

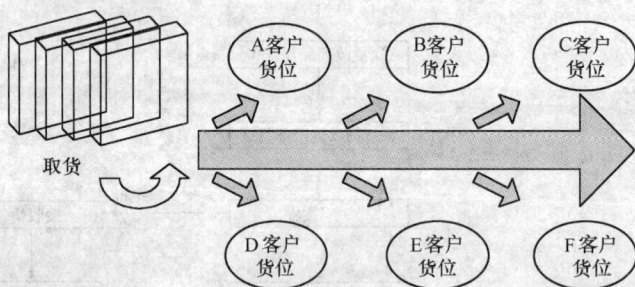

图 1-5-3　播种法

（1）播种法的配货流程

播种法的配货流程如图1-5-4所示。

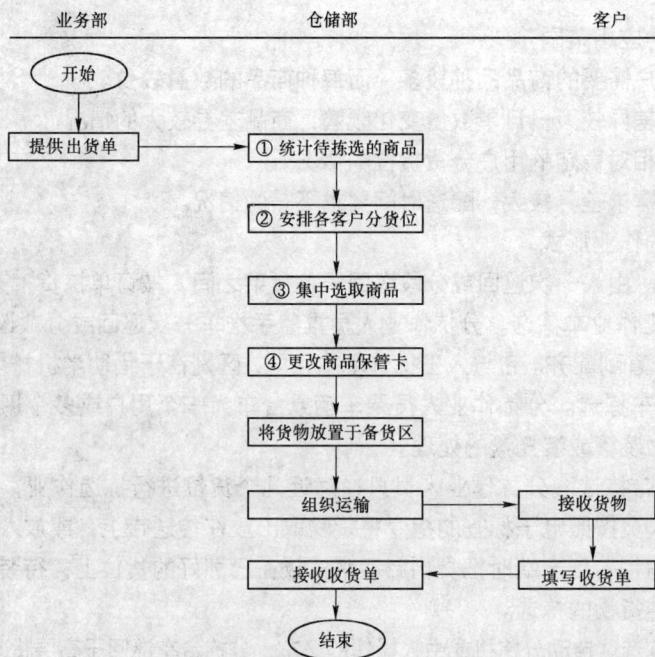

图 1-5-4　播种法的配货流程图

（2）播种法的特点

① 适合订单数量大的系统。

② 可以缩短拣取时的行走搬运距离，增加单位时间的拣取量。

③ 对于少量、多批次的配送十分有效。

④ 由于需要订单累计到一定数量时，才做一次性的处理，因此，会有停滞时间产生。订单处理前置时间长。

（3）播种法的应用范围

① 客户需要的商品种类较少、每种商品的需要量不大。

② 用户稳定且用户数量较多的情况。

③ 需要用户的品种需求共同性较高，用户的配送时间要求也不太严格。

④ 适合订单变化较小，订单数量稳定的配送中心。

（4）播种法的作业方式

① 人工分货，如药品、仪表、小型零部件、小百货及邮政信件等体积较小、重量较轻的货物。

② 人工+手推作业车分货，适合于一般小包装的货物分拣。

③ 机动作业车分拣。

④ 传动运输带+人工分拣。

⑤ 分货机自动分货。

⑥ 回转货架分货。

四、拣选工具的使用

1. 分拣单分拣

（1）分拣单

分拣单分拣是目前最常用的分拣方式，将客户订单输入计算机后进行分拣信息处理，打印分拣单。分拣单一般根据货位的分拣顺序进行打印，分拣人员根据分拣单的顺序拣货。分拣单如表1-5-2所示。

表1-5-2　　　　　　　　　　　　　　分拣单

订单单号：		分拣员：		拣选单号：	
客户代号：		客户名称：		日期：	
拣选顺序	货物名称	货位号码	货物规格	数量	备注

（2）拣选重力式货架

一种轻型的重力货架，高度人手可取，可放纸箱6~10只，几个单位可按需要的长度连接起来。货架以带坡度（约 4°）的滚轮轨道作为货箱的支撑架，货箱两侧有导向条，作为箱间的分隔。拣选人员在货架前面拣货，开箱拆零；当第一箱商品取完后，拿走空箱，后面一个箱子自动向前移动补充。此方式适用于以纸箱为单位和开箱拆零的人工拣选。

（3）叉车、货架拣选系统

商品入库时使用旋转侧移式叉式叉车将整托盘商品放入高层货架上。拣货时用拣选叉车深入货架，拣选叉车的货叉上设置载人和载货平台，操作人员在平台上操纵叉车，到达一定的货格位置，人工拣货，把商品搬到平台的托盘上。

2. 电子标签辅助分拣

电子标签辅助分拣是把客户的订单输入操作台上的计算机后，存放各种商品的货架上的货位指示灯和品种显示器，会立刻显示出拣选商品在货架上的具体位置（即货格）及所需数量，作业人员便可从货架里取出商品，放入周转箱，然后按动按钮，货位指示灯和品种显示器熄灭，拣货作业完毕。电子标签拣货系统的工作原理如图1-5-5所示。

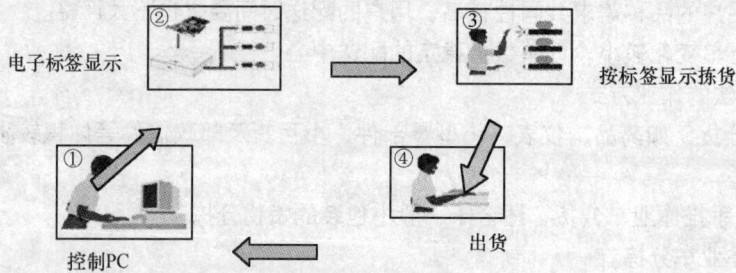

图 1-5-5　电子标签拣货系统的工作原理

3. 无线射频技术

RF（Radio Frequency，无线射频技术）辅助分拣是一种计算机辅助的分拣方式，其原理是：利用手持终端、条码扫描器及 RF 无线电控制装置的组合，将订单资料由计算机主机传输到手持终端，分拣人员根据手持终端所指示的货位，扫描货位上的条码，如果与计算机的分拣资料一致就会显示分拣数量，根据所显示的分拣数量分拣，分拣完成之后按确认钮即完成分拣工作。RF 辅助分拣方式如图1-5-6所示。

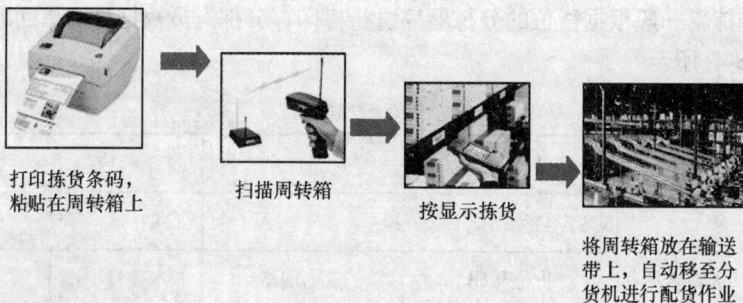

图 1-5-6　RF 辅助分拣方式

4. 自动分拣设备

这种分拣方式是指分拣的动作由自动的机械负责，电子信息输入后自动完成分拣作业，无须人手介入。其优点如下。

（1）提高单位时间内的商品处理量。

（2）可提高物流服务品质，使商品在物流作业过程中的货损率大大低于人工作业。

（3）降低分货的差错率。

（4）缩短分拣作业的前置时间、降低物流成本。

（5）解决了劳动力不足的问题，把配送中心人员从繁重的分货作业中解放出来。

五、拣选策略

拣选策略是影响拣选作业效率的重要因素。对不同订单需求应采取不同的拣选策略。决定拣选策略的4个主要因素是：分区、订单分割、订单分批及分类。

1．分区策略

分区策略是将拣选作业场地作区域划分，按分区原则的不同，有4种分区方法。

（1）货品特性分区

根据货品原有的性质，将需要特别储存搬运或分离储存的货品进行区隔，以保证货品在储存期间的品质。

（2）拣选单位分区

将拣选作业区按拣选单位划分，如箱拣选区、单品拣选区或是具有特殊货品特性的冷冻品拣选区等，目的是使储存单位与拣选单位分类统一，以方便分拣与搬运单元化，使分拣作业单纯化。一般拣选单位分区形成的区域范围是最大的。

（3）拣选方式分区

不同拣选单位分区中，按拣选方法和设备的不同，又可分为若干区域，通常是按货品销售的 ABC 分类的原则，按出货量的大小和分拣次数的多少作 ABC 分类，然后选用合适的拣选设备和分拣方式。其目的是使拣选作业单纯一致，减少不必要的重复行走时间。在同一单品拣选区中，按拣选方式的不同，又可分为台车拣选区和输送机拣选区。

（4）工作分区

在相同的拣货方式下，将拣选作业场地再作划分，由一个或一组固定的拣选人员负责分拣某区域内的货品。该策略的优点是拣选人员需要记忆的存货位置和移动距离减少，拣选时间缩短，还可以配合订单分割策略，运用多组拣选人员在短时间内共同完成订单的分拣，但要注意工作平衡问题。

接力式分拣就是工作分区的一种形式。其订单不作分割或不分割到各工作分区，拣选人员以接力的方式来完成所有的分拣动作。这种方式效率较高，但人力消耗较大。

以上的拣选分区可同时存在于一个配送中心内，或是单独存在。除接力式分拣外，在分区分拣完成后仍需将拣出的货品按订单加以集合。

2．订单分割策略

当订单上订购的货品项目较多，或拣选系统要求及时快速处理时，为使其能在短时间内完成拣选处理，可将订单分成若干份订单交由不同拣货区域同时进行拣货作业，将订单按拣选区进行分解的过程称为订单分割。

订单分割一般是与拣选分区相对应的，对于采取拣选分区的配送中心，其订单处理过程的第一步就是要按区域进行订单的分割，各个拣选区根据分割后的子订单进行分拣作业，各拣选区子订单拣选完成后，再进行订单的汇总。

3．订单分批策略

订单分批是为了提高拣选作业效率而把多张订单集合成一批，进行批次分拣作业，缩短分拣时平均行走搬运的距离和时间。若再将每批次订单中的同一货品品项累加后分拣，然后再把货品分类给每一个顾客订单，则形成批量分拣，它不仅缩短了分拣时平均行走搬运的距离，也减少了重复寻找货位的时间，使拣选效率提高。订单分批的原则如下。

（1）总合计量分批

合计拣选作业前所有积累订单中每一货品项目的总量，再根据这一总量进行分拣以将分拣路线减至最短，同时储存区域的储存单位也可以单纯化，但需要有功能强大的分类系统来支持。这种方式适用于固定点之间的周期性配送，可以将所有的订单在中午前收集，下午作合计量分批分拣单据的打印等信息处理，第二天一早进行分拣分类等作业。

（2）时窗分批

当从订单达到拣选完成出货所需的时间非常紧迫时，可利用此策略开启短暂而固定的时窗，如5分钟或10分钟，再将此时窗中所到达的订单做成一批，进行批量分拣。这一方式常与分区及订单分割联合运用，特别适合到达时间短而平均的订单形态，同时订购量和品项数不宜太大。

（3）固定订单量分批

订单分批按先到先处理的基本原则，当累计订单量到达设定的固定量时，再开始进行拣选作业。适合的订单形态与时窗分批类似，但这种订单分批的方式更注重维持较稳定的作业效率，而在处理的速度上较前者慢。

（4）智能型分批

利用计算机，将分拣路线相近的订单分成一批同时处理，可大量缩短拣选行走搬运距离。采用这种分批方式的配送中心通常将前一天的订单汇总后，经计算机处理在当天下班前产生次日的拣选单据，因此对紧急插单作业处理较为困难。

4.分类策略

当采用批量拣选作业方式时，拣选完成后还必须进行分类，因此需要相配合的分类策略。分类方式大致可分为两类。

（1）分拣时分类

在分拣的同时将货品按各订单分类，这种分类方式常与固定量分批或智能分批方式联用，因此需要使用计算机辅助台车作为拣选设备，才能加快分拣速度，同时避免错误发生。此方式较适用于少量多样场合，且由于拣选台车不可能太大，所以每批次的客户订单不宜过大。

（2）分拣后集中分类

分批按合计量分拣后再集中分类。一般有两种方法，一是以人工作业为主，将货品总量搬运到空地上进行分发，而每批次的订单量及货品数量不宜过大，以免超出人员负荷；另一种方法是利用分类输送机系统进行集中分类，是较自动化的作业方式。当订单分割越细，分批批量品项越多时，常用后一种方法。

以上方法可以单独使用也可联合运用，也可以不采取任何策略，直接按订单拣选。

六、补货作业

补货作业的目的是保证拣货区有货可拣。

1.补货的方式

（1）整箱补货

整箱补货是指由货架保管区补货到流动货架的拣货区。这种补货方式的保管区为料架储放区，分拣区为两面开放式的流动分拣区。这种补货方式由作业员到货架保管区取货箱，用手推车载箱至拣货区。整箱补货方式较适合于体积小且少量多样出货的货品。

（2）托盘补货

这种补货方式是以托盘为单位进行补货。当存货量低于设定标准时，立即补货，使用堆垛机把托盘由保管区运到分拣动管区，也可把托盘运到货架动管区进行补货。这种补货方式适合于体积大或出货量多的货品。

（3）货架上层至货架下层的补货方式

将货架的上层作为储存区，下层作为拣货区，商品由上层货架向下层货架补充。这种补货方式适合于体积不大、存货量不多，且多为中小量出货的货物。

2．补货的时机

补货作业的发生与否主要看动管拣货区的货物存量是否符合需求，因此，究竟何时补货要看动管拣货区的存量，以避免出现在拣货中途才发现货量不足需要补货，而造成影响整个拣货作业。通常，可采用批次补货、定时补货或随机补货3种方式。

（1）批次补货

在每天或每一批次拣取之前，经计算机计算所需货品的总拣取量，再查看动管拣货区的货品量，计算差额并在拣货作业开始前补足货品。这种"一次补足"的补货原则，比较适合于一天内作业量变化不大、紧急追加订货不多，或是每一批次拣取量大需事先掌握的情况。

（2）定时补货

将每天划分为若干个时段，补货人员在各时段内检查动管拣货区货架上的货品存量，如果发现不足，马上予以补足。这种"定时补足"的补货原则，较适合于分批拣货时间固定，且处理紧急追加订货的时间也固定的情况。

（3）随机补货

随机补货是指定从事补货作业的人员随时巡视拣货区，发现不足时随时补货。此种"不定时补足"的补货原则，较适合于每批次拣取量不大、紧急追加订货较多，以至于一天内作业量不易事前掌握的场合。

➤ 任务实施

1．任务描述

假如你是弘毅配送中心的拣货人员，对来自C市3个不同门店的订单进行订单处理后，在备货完成后，请根据这3个门店的订单处理结果制作分拣单并完成拣货作业。3个门店的货物情况如表1-5-3、表1-5-4、表1-5-5所示。

（1）根据订单的需求制订不同的分拣方法。

（2）根据订单处理生成的拣货单，选择好分拣路线。

（3）安排分拣人员进行拣货作业，做好配送的准备。

（4）拣选完毕后，发现有低于安全库存的商品及时进行补货作业。

（5）分拣完毕后，对一些商品出现的质量问题或顾客退回的商品，根据相关规定进行退货处理。

表1-5-3　　　　　　　门店一

货品代码	货品名称	单位	规格	数量	条码
31031101	山城啤酒500mL	瓶	1×12	3	6926027711061
31030708	雪花啤酒500mL	瓶	1×12	4	6926026526461
03091705	缙云山纯净水18.9L	桶	1×12	3	6926026535261
03010302	可口可乐600mL	瓶	1×12	2	6926026535311
13010380	来一桶酸菜牛肉火锅面137g	碗	1×12	7	6925303773038

表1-5-4 门店二

货品代码	货品名称	单位	规格	数量	条码
03091705	缙云山纯净水 18.9L	桶	1×12	7	6926026535261
03010302	可口可乐 600mL	瓶	1×12	5	6926026535311
13010380	来一桶酸菜牛肉火锅面 137g	碗	1×12	4	6925303773038
13070709	百家粉丝香辣排骨 63g	碗	1×12	2	6928537100045
53171101	心心相印卷纸 500g	卷	1×10	1	6925623107845
13010952	统一大碗面 117g	碗	1×12	8	6922343185145

表1-5-5 门店三

货品代码	货品名称	单位	规格	数量	条码
31031101	山城啤酒 500mL	瓶	1×12	5	6926027711061
31030708	雪花啤酒 500mL	瓶	1×12	3	6926026526461
03010302	可口可乐 600mL	瓶	1×12	5	6926026535311
13010380	来一桶酸菜牛肉火锅面 137g	碗	1×12	4	6925303773038
13070708	龙口粉丝香辣排骨 63g	碗	1×12	2	6928537100045
53171101	双船卷纸 500g	卷	1×10	1	6925623107845
13010952	农心大碗面 117g	碗	1×12	8	6922343185145

2. 准备工作

（1）以小组为单位，将学生分为6人1个小组，分信息员、拣货员、复核员、计时员、补货员5个岗位，1名小组长，负责小组人员分工，完成拣货任务，保证每位学生都能在各岗位上进行实习。

（2）以小组为单位，教师组织学生共同对拣货作业过程及效果进行分析，提出改进策略。

（3）准备分拣表格和拣货工具。

分货拣货单与拣选拣货单分别如表1-5-6、表1-5-7所示。

表1-5-6 分货拣货单

拣货单号				用户订单编号				
用户名称								
出货时间				出货货位号				
拣货时间	年 月 日至 年 月 日			拣货人				
核查时间	年 月 日至 年 月 日			核查人				
序号	储位号码	商品名称	规格型号	商品编码	包装单位			数量	备注
					箱	整托盘	单件		

表1-5-7 拣选拣货单

拣货单号		包装单位			储位号码	
商品名称		数 量	箱	整托盘	单件	
规格型号						
商品编码						

续表

生产厂家							
拣货时间	年　月　日至　　年　月　日					拣货人	
核查时间	年　月　日至　　年　月　日					核查人	
序号	订单编号	用户名称	包装单位			数量	
			箱	整托盘	单件		

3. 完成情况评价

完成任务的过程记录与自我评价

（1）为完成这个任务，我做了（按工作顺序列出）：

（2）经过努力后，我完成了下列任务：

（3）在完成任务过程中，我遇到了下面的障碍：

（4）通过完成任务，我得到的经验和教训

任务完成状况的自我评价（在对应等级上划圈）

A. 未完成　　　　B. 基本完成　　　　C. 完成

➤ 案例与思考

陕西西安烟草物流配送中心分拣流程优化

陕西西安市烟草专卖局（公司）物流配送中心实施优化分拣流程，通过对旧库区资源进行优化整合，将所有卷烟分拣线迁移到中心分拣库，以提高物流配送中心旧库区的物流运行效率，提升卷烟仓储管理水平。目前，物流配送中心库区的5条卷烟分拣线迁移工作已圆满完成。

为了在分拣线迁移过程中最大限度地确保卷烟配货、分拣工作顺利进行，经信息中心与物流配送中心多次讨论，最终出台了分拣线迁移的具体方案。由物流配送中心进行分拣线具体迁移工作，后勤服务中心进行分拣线电源线路布线，同时接入 UPS 及防雷接地系统，由信息中心进行分拣线网络拓扑设计及网络线路布线。所有环节工作完成后，由信息中心对5条卷烟分拣线进行系统联调测试。

迁移后的物流配送中心分拣库共分4个区：入库作业区、储存区、分拣区及出库待装区。在入库作业区，采用欧康传送带入库扫码设备，以提高入库扫码效率；储存区按不同品牌和规格储存卷烟，以提高卷烟备货效率；分拣区进行5条分拣线集中分拣，以提高分拣管理水平；出库待装区同样配备了扫码设备，以提高卷烟出库效率。

为进一步提高工作效率，实现仓储、分拣现场的精细化管理，配送中心不断优化仓储、分拣作业流程，实现了"整盘移库、定额暂存、动态补货"。

一是在分拣领用出库环节实施"整盘移库"。通过 RFID（射频识别）设备从托盘电子标签中读取整盘件烟条码数据，完成分拣领用出库扫描，提高出库效率。二是在分拣备货区进行"定额暂存"。根据卷烟的历史销售数据，在分拣备货区为每一种卷烟设定一个定额库存，仓储部门根据卷烟分拣领用情况，实现整盘出库扫码，适时为分拣备货区补足定额，以满足分拣需要。三是为分拣线"动态补货"。根据卷烟分拣情况，分批次将卷烟移库、补货至分拣机，切实减少无效作业。

来源：中华物流网

【思考】

（1）请说明迁移后物流配送中心的分拣流程。

（2）为提高作业效率，陕西西安烟草物流配送中心采取了哪些措施？

➤ 能力扩展

1. 选择题

（1）（   ）作业是配送中心作业的核心环节。

A. 接单   B. 补货   C. 拣选   D. 盘点

（2）RF 是指（   ）。

A. 电子数据交换   B. 条形识别技术   C. 无线射频技术   D. 仓储管理系统

（3）按订单或出库单的要求，从储存场所选出物品，并放置在指定地点的作业是（   ）。

A. 分货   B. 补货拣选   C. 流通加工   D. 保管

（4）下列对条形码技术的特点描述错误的是（   ）。

A. 操作简单   B. 可靠性较高   C. 自由度大   D. 成本较高

2. 判断题（正确为 √，错误为 ×）

（1）补货作业主要包括生成拣货信息、行走搬运、拣取货物和分类集中等环节。（   ）

（2）摘果方式是将需要配送的商品集中搬运到理货场，理货场按门店区分不同的货位，然后将商品分配到每一货位处。（   ）

（3）采用拣选式配货可以按用户要求的时间，调整配货的先后次序。（   ）

（4）电子标签拣货系统，即计算机辅助拣货系统。它也分为摘取式拣货和播种式拣货两种。（   ）

（5）提高拣选作业效率对于提高物流作业效率至关重要。（   ）

3. 思考题

（1）简述摘果式拣货法的原则及适用情况。

（2）说明电子标签拣货的原理。

4. 技能训练

（1）为了完成 C 市弘毅各店小玩具类商品的补货，请用电子标签拣货系统分别采用两种拣货方式完成各客户订单需求，并放到指定客户分配货位。

（2）两种拣选单的制作和填写。

任务六　商品配货和送货

➤ 学习任务

根据某连锁经营企业配送中心的送货单完成配货和送货。

➤ 学习目标

（1）熟悉配货作业流程。

（2）能熟练进行出货包装。

（3）能够制订配货计划，配装方案。

（4）能够根据实际情况对退货进行处理。

➤ 学习引导

一、配货作业

配货是指将拣取分类好的货品做好出货检查，装入妥当的容器，做好标记，再运到出货待运区，待装车后发送。配货作业的流程为分类、出货检查、出货包装。

1．分类（分货）

拣货作业完成以后，配货作业首先要对拣选出来的货物根据用户或配送路线进行分类，将发给同一客户的各种物品汇集在一处，集中放置在集货暂存区。分类的方法主要有人工分类、旋转货架分类以及自动分拣机分类。我国配送中心现有的分货方式主要以人工分类为主，常见的是用人力以手推车为辅助工具，将被分拣商品分送到指定的场所堆放待运。批量较大的商品则用叉车托盘作业。

2．出货检查

出货检查是在装车出库前对拣选和分货的正确性进行重新确认。一般由专门人员来进行检查。

（1）检查方法

检查方法是纯人工进行或利用物品条形码扫描。

（2）检查内容

按出货单逐一核对待出货产品的品种、数量、型号、制造批次、现品票标识，核查货品的包装与质量。经检验合格且加盖合格印后的产品，送货员及时将数量及包装明细报给出货管理员，由出货管理员制作发货单及相关出货资料。

发货单及相关出货资料做成后，出货管理员对照实物，对待出货品进行品种、数量、箱数、型号等方面进行核对，核对无误后，发货单及相关出货资料交仓库主管确认，送货员收到仓库主管确认后的发货单及相关出货资料后，即可进行装车出货。

3．出货包装

完成出货检查后，在配送前还需要对配送货物进行重新包装、打捆，以保护货物，提高运输效率。

（1）包装的基本功能

包装是指为在流通过程中保护产品，方便储运，促进销售，按一定的技术方法而采用的容器、材料和辅助物等的总体名称；也指为达到上述目的在采用容器、材料和辅助物的过程中施加一定技术方法等的操作活动。包装是包装物及包装操作的总称。包装的功能如下。

① 保护功能。保护商品是包装的首要功能，保护商品的内容、形态、质量、性能、保护消费者安全使用产品。防止商品破损变形、污染、丢失、散失、盗失等。

② 便利性。包装还有方便物流及方便消费的功能。包装的大小、形态、包装材料、包装重量、包装标志等各个要素都应为运输、保管、验收、装卸搬运等各项作业创造方便条件，方便商品运输、仓储保管商品信息识别等，包装还要方便消费者携带、开启、方便消费应用。

③ 促销。包装被誉为"不讲话的推销员"。良好的包装，能为广大消费者或用户所瞩目，从而激发其购买欲望，成为产品推销的一种主要工具和有力的竞争手段。

（2）包装的类型

① 商业包装，也称销售包装，是直接接触商品并随商品进入零售店和消费者直接见面的包装，以促进销售为主要目的。

② 工业包装，也称运输包装，以满足运输、仓储要求为主要目的的包装。保证商品在运输、储存、装卸搬运过程中，保持商品的数量和质量不变，即不散包、不破损、不受潮、不变质、不变味、不变形、不腐蚀、不生锈、不生虫。工业包装的重要原则是在满足物流要求的基础上使包装费用越低越好。

（3）常见的包装方式

① 包装箱：纸箱、微瓦、普瓦、重瓦、蜂窝纸板、展示架。

② 包装盒：彩盒、卡纸盒、微楞纸盒。

③ 包装袋：塑料包装袋、塑料复合袋、单层塑料袋。

④ 包装瓶：塑料瓶、玻璃瓶、普通瓶、水晶瓶。

⑤ 包装罐：铁罐、铝罐、玻璃罐、纸罐。

⑥ 包装管：软管、复合软管、塑料软管、铝管。

⑦ 其他包装容器。

二、送货

送货作业的流程如图1-6-1所示。

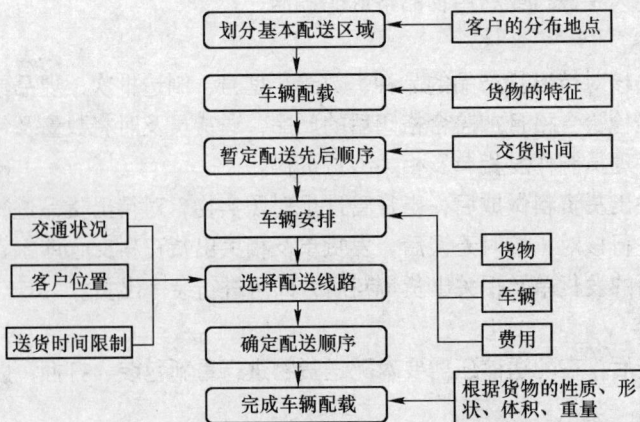

图1-6-1 送货作业流程图

1．划分基本的配送区域

根据客户的分布地点，将客户做区域上的整体划分，再将每一客户分配在不同的基本送货区域中，如按行政区域或交通条件划分不同的送货区域，在这一区域划分的基础上再做弹性调整安排配送。

2．车辆配载

配载是指充分利用运输工具的载重量和容积，采用先进的装载方法，合理安排货物的装载。由于需配送的货物的比重、体积以及包装形式各异，在装车时，既要考虑车辆的载重，又要考虑车辆的容积，使车辆的载重和容积都能得到有效地利用。车辆配载技术要解决的主要问题就是在充分保证货物质量和数量完好的前提下，尽可能提高车辆在容积和载货两方面的装载量，以提高车辆利用率，节省运力，降低配送费用。

具体车辆配载要根据需配送货物的具体情况以及车辆情况，主要是依靠经验或一些计算来选择最优的装车方案。合理配载应遵循以下原则。

（1）重下轻上

重不压轻，大不压小，轻货放在重货上面，包装强度差的应放在包装强度好的上面。

（2）先外后内

先外后内即"后送先装"。按照客户的配送顺序，后送的、远距离的客户先装车，装在里面；先送的、近距离的货后装车，装在外面。

（3）外观相近、容易混淆的货物尽量分开装载

（4）根据货物的性质、形状、体积、重量等因素进行配载

不相容的货物、需要不同送货条件的货物不用同一辆车送货。包装不同的货物应分开装载，如板条箱货物不要与纸箱、袋装货物堆放在一起；散发异味的与具有吸味的货物不要混装；装载易滚动的卷状、桶状货物，要垂直摆放；当货物较少时，则以平铺式放置于车厢内，使高度保持最低。配载时注意货物与货物之间、货物与车辆之间应留有空隙并适当衬垫，防止货损。

车辆配载问题，当配载量小时用手工计算，但配载量大时，可以利用车辆配装的软件进行自动安排。将配送货物的相关数据输入计算机，即可由计算机自动输出配装方案。

3．车辆调度

配送车辆的调度主要是安排什么类型、吨位的车辆进行送货。安排前首先明确公司有哪些车型的车、有多少辆，这些车辆的容积和额定载重是多少。然后，还必须分析客户的订单，看订单上货物的信息，货物的体积、重量、数量以及对装卸有没有特殊的要求，综合考虑后再做车辆的安排。

（1）车辆调度的基本原则

① 坚持统一领导和指挥，分级管理，分工负责的原则。

② 坚持从全局出发，局部服从全局的原则。

③ 坚持以均衡和超额完成生产计划任务为出发点的原则。

④ 最低资源（运力）投入和获得最大效益的原则。

（2）车辆调度的方法

车辆调度的方法有多种，可根据客户所需货物、配送中心站点及交通线路的布局不同而选用不同的方法。简单的运输可采用定向专车运行调度法、循环调度法、交叉调度法等。如果运输任务较重，交通网络较复杂时，为合理调度车辆的运行，可运用运筹学中线性规划的

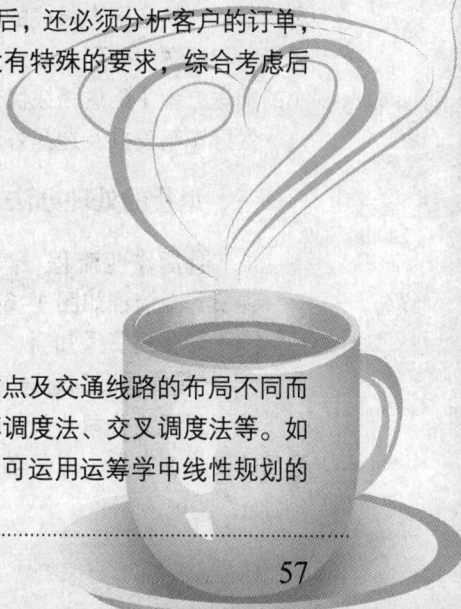

方法，如图上作业法、表上作业法。

图上作业法是将配送运输量任务反映在交通图上，通过对交通图初始调运方案的调整，求出最优配送车辆运行调度方法。运用这种方法时，要求交通图上没有货物对流现象，以运行最短路、最低运费或最高行程利用率为优化目标。其基本步骤为：首先绘制交通图；再将初始调运方案反映在交通图上；最后进行检查与调整。

表上作业法是用列表的方法求解线性规划问题中运输模型的计算方法。当某些线性规划问题采用图上作业法难以进行直观求解时，就可以将各元素列出相关表，作为初始方案，然后采用检验数来验证这个方案，否则就要采用避回路法、位势法或矩形法等方法进行调正，直至得到满意的结果。

表上作业法基本步骤如下。

① 列出调运物资的供需（产销）平衡表及运价表。

② 在表上做出初始方案。

③ 采用位势法计算初始方案每个空格的闭回路的检验数。

④ 检查检验数，如所有检验均为非负，说明方案是最优的，已经得到我们想要的方案，结束求解。

⑤ 调整初始方案求得最优解。

车辆调度过程中应考虑运输成本，尽量减少空载运输、迂回运输。

（3）车辆外包

如本公司的车辆无法满足需求时，根据具体运输的商品数量、大小及特点，利用外部资源，租赁车辆，外请车辆须选择驾驶经验丰富且证件齐全、信誉好、熟悉送货地点路线、服务态度好且价格适宜的、能及时准确将商品送达目的地的公司。

4. 选择配送路线

配送路线是指送货车向各客户送货时所经过的路线。配送路线的确定要根据客户的具体位置、沿途的交通情况、送货时间限制等做出判断和选择，使线路不重复返回原地，同时使配送的货物按期送给客户。通常选择配送距离短、配送时间少、配送成本低的路线。确定配送线路一般采用各种数学方法和经验方法。

随着配送的复杂化，配送路线的优化一般要结合数学方法及计算机求解的方法来制订合理的配送方案。目前，确定优化配送方案的一个较成熟的方法是节约法，也叫节约里程法。利用节约法确定配送路线的主要出发点是：根据配送中心的配送能力（包括车辆的多少和载重量）和配送中心到各个用户以及各个用户之间的距离来制订使总的车辆运输的吨公里数最小的配送方案（配送路线优化的方法将在本书项目五中详细介绍）。

做好车辆安排及选择好最佳的配送路线后，就可以将客户的最终送货顺序确定下来。

三、退货的处理办法

1. 退货作业流程

退货作业流程如图1-6-2所示。

（1）接受退货通知

① 将销货退回信息通知质量管理及市场部门，确认退货的原因。

退货原因为公司的责任，应迅速整理好相关的退货资料并及时帮助客户处理退货；销货退回的责任在客户，应向客户说明。如果客户接受，则请客户取消退货要求；如果客户仍坚持退货，应以"降低公司损失至最小，且不损及客户关系"为原则加以处理。

② 告知客户有关销货退回的受理相关资料，填写退货单，并主动协助客户将货品退回销售部门。

③ 销售人员将补货订单及时传递给采购或库存部门，迅速拟定补交货计划，以提供相应货号、数量的商品。

④ 销售部门要依据客户的书面需求或电话记录并经主管同意后，由相关部门安排进行商品更换，不得私下换货。

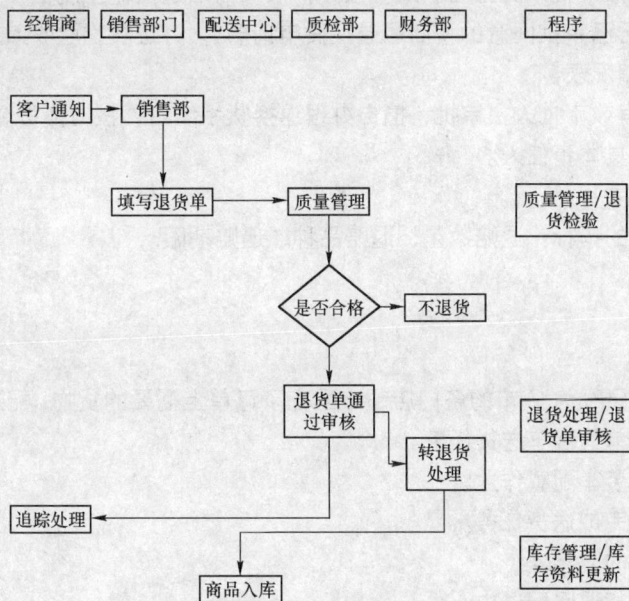

图 1-6-2 退货作业流程

（2）重验货物品质

① 通知质量管理部门按照新品入库验收标准对退回的商品进行新一轮的检查，以确认退货品的品质状况。对符合标准的商品进行储存备用或分拣配送；对于客户退货的有问题商品，以"拒收标签"标识后隔离存放。

② 通知储存部门安排拣货人员进行重新挑选，或降级使用或报废处理。

（3）重新入库

① 初步审核客户退回的货品。

② 生成销货退回单。

（4）质量管理部的追踪处理

① 追踪销货退回的处理情况及成效，将追查结果予以记录，并及时通知客户。

② 冷静的接受客户抱怨，抓住抱怨的重点，分析事情发生的原因，找出解决方案。

③ 对客户加强后续服务，使客户对企业拥有良好的印象。

④ 储存客户的抱怨以及销货退回处理状况，作为今后配送工作改善及查核的参考。

2. 经销商理赔退返的管理

（1）理赔费用

① 对于易发生退换货的商品，根据经营商品的具体情况，统一给予经销商某一额度的

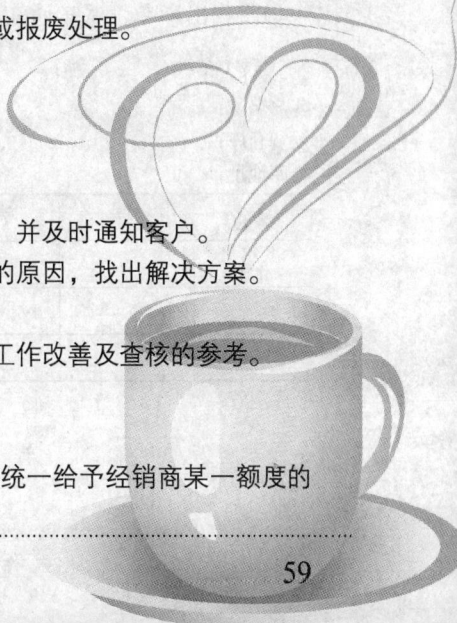

理赔费用或补偿金。

② 对于区域代理商或大型零售商，提供较大额度的理赔费用。

③ 对于规模较小、经营范围有限的中小型经销商，配送中心可以提供适当额度的理赔费用。

④ 对于经销有一定风险商品的经销商，则适时变化理赔费用的额度。

（2）对退赔商品的处理

① 若退赔的商品无法修复，销售部门要会同市场部门、财务部门及生产厂家进行审核，确认无误后，经有效审批人员签名和财务核实，按"商品退货作业流程"实施商品退换。

② 仓管人员凭已审批同意的《商品退换货申请表》，办理货物验收入库手续，同时填写《商品退换货验收情况表》。

③ 未经公司有效审批人员审批，擅自办理退换货手续者，按退换货金额的 50%扣罚财务人员，10%扣罚具体责任人。

（3）结算理赔费用

结算理赔费用的指标：退赔数量、退赔品种、退赔期限。

➤ 任务实施

1. 任务描述

弘毅配送中心已经为 C 市的各门店超市配齐了订单上需要的货物，配送中心经理指派小李负责组织此批订单的装车送货任务。

（1）完成货物装车配载作业。

（2）按时按量完成送货任务。

（3）完成货物的交接。

（4）把超市退货退回配送中心。

2. 准备工作

（1）在连锁超市配送中心及各门店超市，以小组为单位，将学生分成 6 人 1 个小组，1名为小组长，负责小组人员分工，完成配货出货任务。

（2）准备出货表格和配货所需工具，如刷写包装标志的用具、包装材料、打包工具、钉箱、理货场地、装卸搬运设备。

货物出库单、派车通知单、退货缴库单分别如表 1-6-1、表 1-6-2、表 1-6-3 所示。

表 1-6-1　　　　　　　　　　　　　货物出库单

客户名称：　　　　　　　　　　　　　　发货日期：　　年　　月　　日

发货仓库：　　　　　　　　　　　　　　储存凭证号码：

仓库地址：

品名	货号	单位	单价	数量	金额	是否包装	备注

仓库主管：　　　　　　　　仓库管理员：　　　　　　　　提货人：

表1-6-2　　　　　　　　　　派车通知单

编号：　　　　　　　　　　　　　通知时间：　年　月　日

客户名称		联系电话	
用车原因			
送货人数			
货物抵达期限	年　月　日　时至　年　月　日　时		
运送地点	货物名称	规格	数量
车　辆　要　求			
车辆用途		车辆装载量	
车辆类型		座位	
车辆部门主管		通知部门主管	

表1-6-3　　　　　　　　　　退货缴库单

退货单位：　　　　　缴库单编号：　　　　退货日期：　年　月　日

货物名称	规格	单位	数量	退货详细原因

3．完成情况评价

完成任务的过程记录与自我评价

（1）为完成这个任务，我做了（按工作顺序列出）：

（2）经过努力后，我完成了下列任务：

（3）在完成任务过程中，我遇到了下面的障碍：

（4）通过完成任务，我得到的经验和教训

任务完成状况的自我评价（在对应等级上划圈）

A．未完成　　　B．基本完成　　　C．完成

➤ 案例与思考

百事可乐物流配送系统需求初步分析

1．百事可乐的主要业务流程

（1）配送过程

销售订单和发票→富民仓库→按区分单→车单配载→核实库存→合并订单→按单拣货

→车辆持原单候载→装车配送→卸货结款→交单交款。

（2）仓库管理

塘沽工厂产品下线→富民仓库→进货入库→分区堆码→按单拣货→装车出库→库存统计。

2. 物流系统业务需求及目标

按照百事涉及的业务来看，系统应该主要由库存管理、订单处理、车辆管理、线路优化4个主要模块构成，具体模块的功能应达到以下目标。

（1）库存管理目标

① 出入库的监控以及单据的自动生成。

② 盘货以及退货的处理。

③ 各个时间段的出入库货量、库存的统计功能以及相关报表的生成打印，即要实现对仓库的存量与流量的同时监控。

④ 能够根据最近一个时间段的出库量的统计自动设定安全库存量并实时预警。

（2）订单处理目标

① 能够与百事的销售和财务系统实现数据交换。

② 能够实现对一定时间内的订单按某个标准（比如：邮政编码）自动归类，并能对每类所涉及的总吨位并据此初步测算出所需要的大致车辆数目。

③ 在②的基础上能够对同属一个编码下的各个订单再按产品的类别以及各产品的不同规格进行汇总统计并最终形成拣货单。

④ 能够根据车辆管理模块的预处理，在属于同一邮编的所有订单下，对不大于车辆核准载重量（如：4T）的几张订单进行合并处理，对应车牌号生成此车应装的各个产品的数量以及发票总金额以便司机在装卸货时进行核对。

（3）车辆管理目标

① 车辆资源以及自身性能、所配备人员、运行状态、何时可供调配的及时查阅。

② 能够按照车辆的编号输出送货顺序、装箱顺序、线路道路表、配送线路图。

（4）线路优化目标

① 根据送货车辆的装载量、客户分布情况、配送货物订单的情况、送货线路的交通状况等因素，系统进行送货线路的自动优化处理，形成最佳送货路线（最好是闭环状路线），保证企业送货成本及送货效率指标。

② 可以查询每辆车的送货线路，包括线路上客户的送货顺序及名单，然后按照线路为每辆车配货、装车、送货，管理人员可根据具体情况进行线路微调。

③ 包含道路信息维护功能，提供基于地图方式的道路单行、双行、临时阻塞维护，并要在线路优化时考虑交通状况。

④ 为保证可靠性，应支持经验线路，有经验的调度人员可以进行调节。

【思考】

（1）说明百事可乐公司的配货送货流程。

（2）配送线路的确定考虑了哪些因素？

➤ 能力扩展

1. 选择题

（1）如果你是公司的总经理，在周末下午下班后，公司某位重要客户给你打来电话，反映他们向公司购买的设备出了故障，需要紧急更换零部件，而此时公司的全体人员均已下班。对于这种情况，你认为以下各种做法中哪一种最好（　　　）？

A. 告诉客户，因周末找不到人，只好等下周解决，并对此表示歉意

B. 请值班人员打电话找有关主管人员落实送货事宜

C. 因为是重要客户的紧急需要，马上亲自设法将货送去

D. 亲自打电话找有关主管人员，请他们设法马上送货给客户

（2）划分基本送货区域的依据是（　　　）。

A. 客户分布情况　　　B. 客户订单送货时间　　C. 配送商品特性　　D. 交通状况

（3）下列哪项不是配货作业的基本作业（　　　）？

A. 分货　　　　　　　B. 配货检查　　　　　　C. 装车　　　　　D. 按订单拣货

（4）配送过程中实现空间转换的中心环节是（　　　）。

A. 货物运输　　　　　B. 库存　　　　　　　　C. 运输　　　　　D. 装卸搬运

（5）车辆配载的依据是（　　　）。

A. 客户分布情况　　　B. 客户订单送货时间　　C. 配送商品特性　　D. 交通状况

2．判断题（正确为√，错误为×）

（1）对于配送系统的要求，从本质上讲就是准确、快速、高效和个性化，其中快速是配送企业的生存之本。（　　　）

（2）共同配送是由多个企业为了实现规模经济而联合组织实施的配送活动。（　　　）

（3）越库配送的目的就是降低在供应商与分销商之间的传输成本。（　　　）

（4）从消费者的角度来看，消费者所关心的配送时间是从配送中心内部操作的时间开始的。（　　　）

（5）仓储环节是进货环节的终点。（　　　）

（6）复核作业主要是对即将配送的货品进行数量和质量的检查，根据使用的工具和作业对象的不同，可以分为人工复核和系统复核。（　　　）

3．实践题

配送中心的零散货物拣货完毕后需要打包整理再配送到每个客户，这里必不可少的一个环节就是打包，选用人工打包、半自动打包或全自动打包的方式完成对零散货物的打包作业。

任务七　商品盘点

➤ 学习任务

某连锁经营企业配送中心商品的月末盘点。

➤ 学习目标

（1）熟悉盘点工作流程。

（2）学会盘点工作，掌握盘点的方法及操作流程。

（3）能填写各种盘点表格，并对盘点结果进行处理。

（4）盘点过程中确保货品的质量不受损害。

➤ 学习引导

盘点是指对库存物资进行核对，清点实存数，查对账面数的业务活动。盘点的目的是确保库存商品不受损失。

一、盘点作业的内容

1. 查数量
通过点数计数查明商品在库的实际数量，核对库存账面数量与实际库存数量是否一致。

2. 查质量
检查在库商品质量有无变化，有无超过有效期和保质期，有无长期积压等现象，必要时还必须对商品进行技术检验。

3. 查保管条件
检查保管条件是否与各种商品的保管要求相符合，如堆垛是否合理稳固、库内温湿度是否符合要求等。

4. 查安全
检查各种安全措施和消防设备、器材是否符合安全要求，建筑物和设备是否处于安全状态。

二、盘点作业的步骤

盘点作业的基本步骤如图 1-7-1 所示。

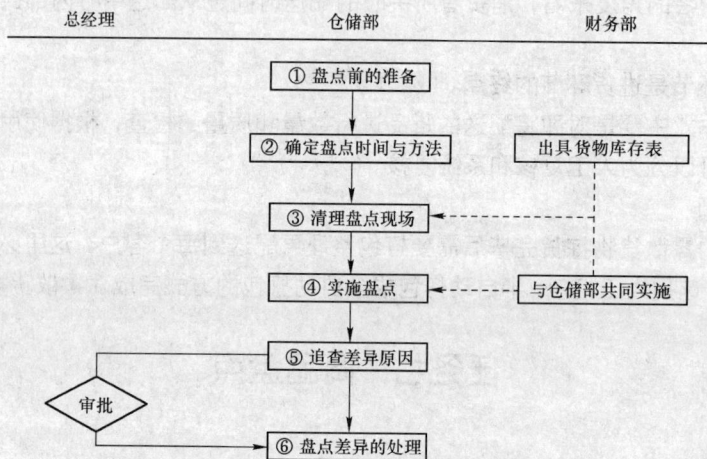

图 1-7-1　盘点作业的基本步骤

1. 盘点前的准备
盘点作业的事先准备工作是否充分，决定着盘点作业进行的顺利程度。盘点前的准备工作一般包括以下内容。

（1）安排盘点人员。所选的盘点、复盘、监盘或抽盘人员，应该有一定的级别或职级顺序。

【相关链接】GD 超市盘点制度

① 原则上，盘点当日，应停止任何休假，特别是全面盘点至少应于两周前安排妥当。

各部门写出××组盘点安排计划表，并呈报店长批准。

② 责任区落实到人，明确范围，采用"互换法"，即商品部A的作业人员盘点商品部B的作业区，防止"自盘自"造成不实情况发生。

③ 支援各部门盘点的员工，由ALC合理调配，同时填写支援组盘点人员安排计划表，并呈报店长批准。

④ 现场盘点，两人一组。

（2）确定此次盘点的时间、范围、要求等。

（3）准备盘点所需的报表和盘点表（如表1-7-2所示）。

（4）准备盘点工具。若使用盘点机盘点，需先检查盘点机是否可正常操作；如采用人员填写方式，则需准备盘点表及红、蓝色圆珠笔。

（5）告知顾客与厂家。若营业中盘点而影响顾客购物则通过公告、广播、登报等形式告知顾客，以取得谅解。"尊敬的顾客朋友，您好，我们的盘点给您购物造成了不便，请您谅解，顺祝您购物愉快！"如是停业盘点，务必提前告知顾客，下面是GD超市的停业盘点通知。

停业盘点通知

尊敬的顾客朋友，您好！

本店因业务需要，定于　年　月　日　点至　年　月　日　点，进行内部总盘点。我们的盘点给您购物造成了不便，请您谅解，顺祝您购物愉快！

GD 超市

店长 × × ×敬上

年　月　日

盘点前，由采购员在订货时注明，或以电话告知，或发函通知，避免厂商于盘点时段送货，并在收货处提前一个星期贴出通知。

2. 确定盘点时间与方法

盘点时间可以根据物品的不同特点、价值大小、流动速度、重要程度来分别确定。盘点时间的间隔可以从每天、每周、每月到每年盘点一次不等。

（1）对商品进行ABC分类的仓库或配送中心，一般可根据以下标准进行。

① A类货品：每天或每周盘点一次。

② B类货品：每二至三周盘点一次。

③ C类较不重要货品：每月盘点一次即可。

（2）未实施商品ABC分类管理的仓库和配送中心，至少也应对较容易损耗、毁坏及高单价的货品增加其盘点次数。

当实施盘点作业时，应尽可能缩短作业时间，以2~3日内完成较好。盘点日期一般选择在以下时间。

① 财务决算前夕——便于决算损益以及表达财务状况。

② 淡季进行——因淡季储货量少盘点容易，人力比较宽余，且调动人力较为便利。

此处只讨论盘点时间，盘点方法将在后面讨论。

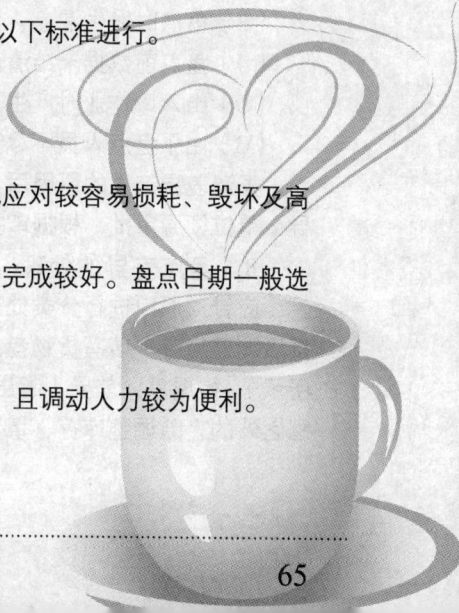

3．清理盘点现场

盘点作业开始之前必须对盘点现场进行整理，以提高盘点的效率和盘点结果的准确性，清理工作主要包括以下几个方面。

（1）盘点前对已验收入库的商品进行整理归入储位，对未验收入库属于供货商的商品，应区分清楚，避免混淆；对残次品，应进行清理、归类放齐；对退货商品应及时处理，暂无法退货的应进行标识；对赠品，则进行清理并单独存放加以标识。

（2）盘点现场关闭前，应提前通知，提前准备好需要出库配送的商品。

（3）账卡、单据、资料均应整理后统一结清以便及时发现问题并加以预防。

（4）预先鉴别变质、损坏商品，及时清理出报废品。对储存场所堆码的货物进行整理，特别是对散乱货物进行收集与整理，以方便盘点时计数。在此基础上，由商品保管人员进行预盘，以提前发现问题并加以预防。

（5）整理仓库内、货架上的商品，使其整齐有序，以便于清点计数。

（6）清除仓库、配送中心内的死角。

（7）确定在途运输商品是否属于盘点范围。

4．实施盘点

盘点时可以由人工抄表计数，也可以用电子盘点计数器计数。盘点工作不仅工作量大，而且非常烦琐，因此，加强盘点时的指导与监督也非常重要。不少单位采用"初盘→复盘"方式进行。初盘作业，由初盘小组（每组至少两人）完成各项商品的清点工作。初盘人员在清点商品后，填写盘点卡（如表1-7-1所示）和盘点表，注明商品编号、名称、规格、初盘数量、存放区域、盘点时间和盘点人员，做到一物一卡。复盘作业可采用100%复盘，也可采用抽盘。复盘人员对核对无误的项目在盘点卡、盘点表与盘点清册上签字确认；对核对有误的，应会同初盘人员修改盘点卡、盘点表、盘点清册中所载的数量，并签字负责。

5．追查差异原因

若发现账物不符，且差异超过误差范围，应查明差异产生的原因。一般而言，产生差异的原因主要有如下几个方面。

（1）记账员登录数据时发生错登、漏登等情况。

（2）账务处理系统管理制度和流程不完善，导致货品数据不准确。

（3）盘点时发生漏盘、重盘、错盘现象，导致盘点结果出现错误。

（4）盘点前数据未结清，使账面数不准确。

（5）出入库作业时产生了误差。

（6）由于盘点人员不尽责导致货物损坏、丢失等后果。

弄清差异产生的原因后，盘点小组应整理相关资料，并撰写盘存结果分析报告报部门领导、单位领导审批，根据审批的意见，仓储部进行库存账目的调整。

6．盘点差异的处理

应针对原因进行分类处理，如图1-7-2所示。如差异在允许范围内，则可报告领导审批后调整库存，填写货物盘点更正表（如表1-7-3所示）、盘点盈亏汇总表（如表1-7-4所示）。如属重大差异（超出单位规定或行业标准），则先重新盘点，如出现的损益在正常范围之外的，除调整库存、填写相关表格外，还要追查所有相关责任人的责任。

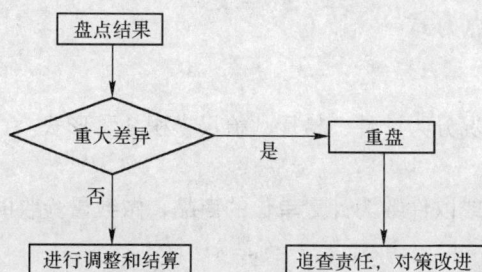

图 1-7-2　盘点差异的处理

三、盘点的方法

1. 账面盘点法

"账面盘点"又称为"永续盘点",将每一种物品分别设立"存货账卡",将每一种物品的出入库数量、单价等有关信息记录在计算机或账簿上,而后逐笔汇总出账面上的库存量及库存金额,随时可以从计算机或账册上查悉物品的出入库信息及库存结余量。

2. 现货盘点法

"现货盘点"亦称为"实地盘点"或"实盘",也就是实际去清点仓库内的库存数,再依货品单价计算出实际库存金额的方法。在实际中要求账面盘点与现货盘点的结果要完全一致。如产生账物不符的现象,则须找出原因,是账面盘点记错还是现货盘点点错,最后得出正确结果。

现货盘点按盘点时间频率不同分为期末盘点和循环盘点。

（1）期末盘点法

期末盘点就是在期末一起清点所有货物数量。期末可以是月末、季末、年末,期末盘点工作量大,需要集中所有工作人员突击工作。一般分小组进行,每组盘点人员至少要 3 人,以便能互相核对减少错误。期末盘点程序如下。

步骤 1：将所有人员分组。

步骤 2：由一人先清点所负责区域的货品,将清点结果填入货品盘存单的上半部。

步骤 3：由第二人复点,填入盘存单的下半部。

步骤 4：由第三人核对,检查前两人的记录是否相同且正确。

步骤 5：将盘存单交给会计部门,合计货品库存总量。

步骤 6：所有盘点结束后,与计算机或账册资料进行对照。

（2）循环盘点法

循环盘点是按计划对货品交替轮流盘点,在每天、每周按顺序一部分一部分的进行盘点,到期末后完成对所有货品的一次盘点。循环盘点因一次只进行少量盘点,因此只需专门人员负责即可,不需动用全体人员。循环盘点法的程序如下。

步骤 1：决定当天欲盘点的货品。

步骤 2：由专门人员负责,利用空当至现场清点这些货品的实际库存数。

步骤 3：核对盘点货品的计算机库存数。

步骤 4：对照结果,如发现有差异,则调查原因,并马上做修正。

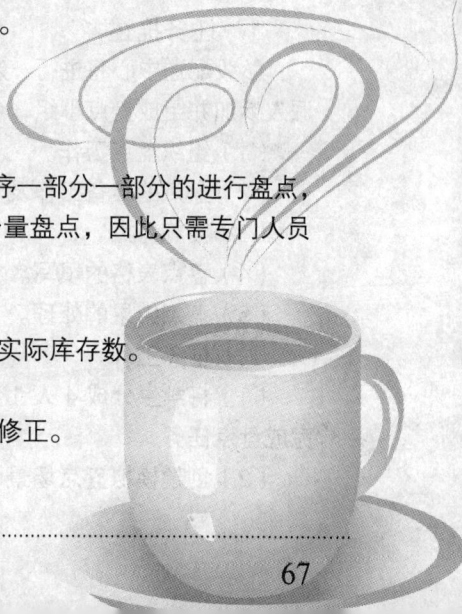

四、常见的实地盘点方式

1. 传统的盘点

按商品性质和包装情况分为计件、检斤、检尺求积 3 种形式。

（1）计件法

计件是对按件数供货或以件数为计量单位的商品，做数量验收时的件数清点。

（2）检斤法

检斤是对按重量供货或以重量为计量单位的商品，做数量验收时的称重。

（3）检尺求积法

检尺求积是对以体积为计量单位的商品，例如木材、竹材、沙石等，先检尺，后求体积的盘点方法。

2. 数据采集器（盘点机）的盘点

将货物条码导入数据采集器（盘点机），而后经数据采集器（盘点机）整理导出为一个文档，此文档即相当于传统盘点的盘点表，之后的复盘也可据此文档进行复查。使用数据采集器（盘点机）的前提条件是所有货物都必须有条码。

3. 无线扫描枪（有线条码扫描器+无线条码适配器）的盘点

无线扫描枪自身就有内存，可以在不连接计算机的情况下工作，所以与计算机的距离不受限制。扫描所得的数据是先储存在采集器的内存里，然后通过传输机座将数据传输上计算机实现批处理。该盘点方式的工作原理如图 1-7-3 所示。

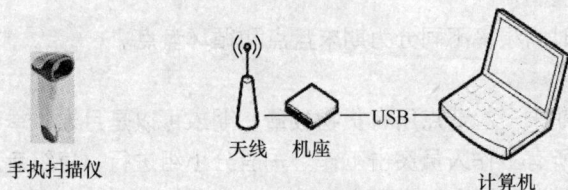

手执扫描仪　　　　天线　机座　　　USB　　　　计算机

图 1-7-3　无线扫描枪（有线条码扫描器+无线条码适配器）的盘点

➤ 任务实施

1. 任务描述

弘毅配送中心将进行一次月末盘点。按公司仓储管理制度的规定，仓储部和财务部都将派人参加并组成盘点小组，中心经理对整个盘点过程进行监督。盘点小组要完成下列任务。

（1）组织盘点工作。

（2）盘点的准备工作及现场的清理工作。

（3）实施盘点。

（4）盘点表格的填写。

（5）盘点结果的处理。

2. 准备工作

（1）将学生分成 4 人 1 组，每组指定 1 人任小组长，负责小组人员分工；小组成员协同完成盘点任务。

（2）创建模拟盘点场景，准备盘点所需工具，如盘点机、纸箱等。

（3）准备盘点所需的表格，如表 1-7-1～表 1-7-4 所示。

表 1-7-1　　　　　　　　　　　　　　盘点卡

卡号：　　　　　　　　　　　　　　　　　　　　盘点日期：

品　名		规　格		
编　号		单　位		
储放位置		货架号		
账面数量		实盘数量		差异
说　明				
盘点人				
复盘人				

表 1-7-2　　　　　　　　　　　　　　盘点表

盘点时间：　　年　月　日

序号	盘点卡号	货物编号	品名	批次	规格	账面数量	实际盘点数	差量	单位	责任人签字

主管：　　　　　　　复盘人：　　　　　　　盘点人（初盘人）：

表 1-7-3　　　　　　　　　　　　　　货物盘点更正表

货品名称	货品编号	单位	规格	账面数额			盘点实存			数量盈亏				价格增减				原因说明	负责人	备注
										盘盈		盘亏		盘盈		盘亏				
				数量	单价	金额	数量	单价	金额	数量	金额	数量	金额	数量	金额	数量	金额			

表 1-7-4　　　　　　　　　　　　　　盘点盈亏汇总表

品名	规格	账面资料		实盘资料		盘盈		盘亏		差异原因	对策
		数量	金额	数量	金额	数量	金额	数量	金额		

总经理：　　　　　　财务部经理：　　　　　　仓储部经理：　　　　　　制表人：

注：第一联是仓库联，依据此单登记卡片；第二联是财务账联。

3．完成情况评价

完成任务的过程记录与自我评价
（1）为完成这个任务，我做了（按工作顺序列出）：
（2）经过努力后，我完成了下列任务：
（3）在完成任务过程中，我遇到了下面的障碍：
（4）通过完成任务，我得到的经验和教训

任务完成状况的自我评价（在对应等级上划圈）
A．未完成　　　B．基本完成　　　　C．完成

➤ 案例与思考

浙江伽盛物流有限公司盘点制度、流程及要求

杭州伽盛物流有限公司成立于 1998 年，10 多年来本着"诚信务实"的经营方针，运输网络关系遍布全国，已为众多知名企业提供运输服务，积累了丰富的运输经验，并以信誉好、价格合理、服务质量高赢得了客户的信赖和好评。

1．盘点制度

（1）库存成品应做定期或不定期的盘点。盘点时由会计部门将盘点项目依规格类别填制成品盘点表会同物料管理部门盘点并按实际盘点数量填入数量栏内。

（2）实施计算机化后成品盘点表由计算机制表。

（3）会计部门将成品盘点表的盘点数量与账面数量核对。若有差异即填制盘点异常报告单并计算其盘点盈亏数及金额，送物料管理部门查明原因再送业务部主管提出改善措施呈总经理核决。

（4）盘点盈亏数量经核决后，由物料管理部门开立调整单（第一联仓运部门自存，第二联送会计部门）。

2．盘点流程

（1）建立月末盘存制度。每月 26 日为盘点日，由配送中心对库存商品，3 日内交盘点报表，将盘点情况书面汇报部门经理。

（2）在盘存过程中产生的差异，必须找出原因，并予以更正。

（3）在日常拣货、理货过程中如怀疑商品有误差短缺现象，随时对单品进行盘点以核对账目，对问题商品的差异数量、金额做书面记录报部门经理。

3．盘点要求

（1）所有的货物每个月必须大盘一次。

（2）针对每天出库的产品进行盘点，并对其他产品的一部分进行循环盘点，以保证货物数量的准确性。

（3）盲盘。针对每次盘点，接单人员打印盘点表，交给盘点人员。至少两名盘点人员进

行盘点,将盘点数量填写在空白处,盘点后由两人共同签字确认数量。将盘点表交于报表人员,报表人员将盘点数量输入盘点表,进行数量的匹配,如有数量的差异,需重新打印差异单,进行二次盘点,二次盘点后无差异存档。如有差异,需进行核查,如发现有收发货错误的,需及时联系客户,看是否能挽回损失,无法挽回损失的,按照事故处理程序办理。

【思考】

(1)杭州伽盛物流有限公司盘点作业可能在什么情况下发生?

(2)杭州伽盛物流有限公司盘点工作涉及哪些部门?盘点作业中涉及哪些表单?

(3)在杭州伽盛物流有限公司,出现了盘点差异应如何处理?

➤ **能力扩展**

1.单选题

(1)(　　　)是按计划对货品交替轮流盘点,在每天、每周按顺序一部分一部分的进行盘点,到期末后完成对所有货品的一次盘点。

A.永续盘点　　　　　B.期末盘点法　　　　C.循环盘点　　　D.其他

(2)不属于引起的账物不符的人为因素的是(　　　)。

A.记账员登录数据时发生错登、漏登等情况

B.账务处理系统管理制度和流程不完善,导致货品数据不准确

C.由于盘点人员不尽责导致货物损坏、丢失等后果

D.不严格按照规程操作

2.多选题

(1)盘点表一般包括(　　)项目。

A.货品编号　　　　　B.货品名称　　　　　C.数量、单位　　D.盘点人

(2)避免出现盘亏盘盈的方法有(　　　)。

A.根本上要增强工作责任心

B.检查各类度量衡器具,保证计量准确无误

C.加强报表单据各环节的复核与控制

D.加强盗窃的各类防范活动,减少因此带来的暗损失

(3)传统的盘点方式有(　　　)。

A.计件法　　　　　B.检斤法　　　　　C.检尺求积法　　D.盘点机盘点法

3.思考题

(1)盘点作业的基本流程是怎样的?

(2)常用的盘点方法有哪些?

(3)货物盘点前有哪些准备工作?

(4)何谓盘亏、盘盈?如何处理盘亏、盘盈问题?

(5)盘点作业涉及哪些表单文件,如何填写和使用?

4.技能训练

到校外超市或模拟超市进行盘点。

项目二　制造企业的货物储存与配送

任务一　汽车零部件的储存与配送

➤学习任务

对某汽车制造企业的零部件进行配送。

➤学习目标

（1）熟悉企业生产的类型。
（2）熟悉汽车物料种类及供货策略。
（3）掌握制造企业零部件供货方式。
（4）掌握制造企业物料配送的流程。
（5）能根据不同的生产计划对生产过程中所需物料进行配送。

一、生产的类型

1. 备货型生产

备货型生产（Make to Stock，MTS），是指在没有接到用户订单时，在对市场需求量进行预测的基础上，按已有的标准产品或产品系列进行的生产。

备货型生产需要企业的销售部门能准确地掌握市场情况，关键在于企业对市场销售预测的准确把握。另外，企业的产品在市场消费过程中有主导用户的消费，或者引导消费者的能力。备货型生产方式的特征如下。

（1）备货型生产方式容易实现均衡生产。

（2）产品的类型、样式在一定时期内基本固定。

（3）产品制造多应用专业机床进行生产。

（4）容易采用流水线生产方式。

（5）产品生产过程分工较细，操作技能要求不高。

（6）生产效率高，制造成本较低。

（7）制造工艺成熟化、标准化。

备货型生产多适用于家电、服装等行业。备货型生产流程如图 2-1-1 所示。

2. 订货型生产

订货型生产（Make to Order，MTO），是企业针对市场的需求，根据用户订单对产品品种、数量、质量的要求进行生产，以满足市场（用户）的需求。

订货型生产要求企业有一定的应变能力（柔性生产能力）。订货型生产多为多品种少量

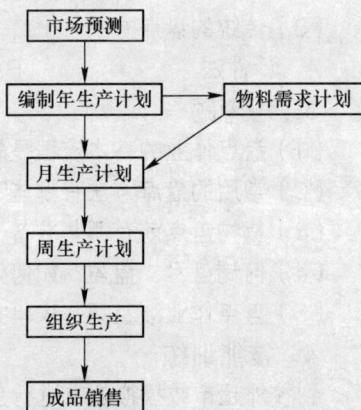

図 2-1-1　备货型生产流程图

或单件生产。订货型生产方式的特征如下。

（1）产品种类较多，数量较少，不宜大批量生产。

（2）以销定产，库存积压较少。

（3）生产产品的设备多为万能设备。

（4）由于生产品种较多，工艺复杂，生产员工技能要求较高。

（5）可以快速的满足市场的需求。

订货型生产多适用于船舶制造、桥梁制造、大型设备制造、汽车制造业等。订货型生产流程如图 2-1-2 所示。

3．混合式生产

混合式生产就是企业生产，即既采用备货型生产方式，又采用订货型生产方式。企业根据市场对产品的需求不同，采用不同的生产方式。混合式生产方式最大的特点就是能够满足企业对市场的变化，可以订货型生产降低库存量，同时也可以备货型生产降低企业生产成本。

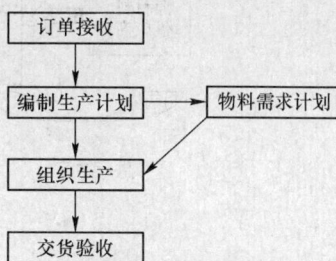

图 2-1-2　订货型生产流程图

二、生产企业的物流

企业物流是生产和流通企业在经营活动中所发生的物流活动。它包括发生在企业内部和企业外部的相关物流活动。因此，从企业的生产范围角度可划分为企业内部物流和企业外部物流两大部分。

1．企业内部物流

企业内部物流主要是指企业内部的生产管理、经营过程中所发生的物料配送、加工、搬运、仓储、包装、配送及其生产过程中的信息传递活动。

一般情况下，企业内部物流是指从原材料（零部件）进入企业生产现场到产成品销售出库的工作范围。企业内部物流是企业的重要工作，企业要想实现稳定生产，必须先组织好企业内部物流的工作。

通常认为生产物流包括了全部企业内部的物流活动，生产物流的核心是生产工艺过程的物流。生产物流是企业生产过程发生的涉及原材料、在制品、半成品、产成品等所进行的物流活动。制造业的生产物流管理侧重于物料的供应，也就是针对企业的生产节拍，生产需求而组织物料的准时采购、及时供应及企业生产线物料配送等活动。

2．企业外部物流

企业外部物流是指企业生产经营活动中与企业供应链中的各企业或相关联的部门之间的实体物流及信息活动。

一般情况下，企业外部物流分成两个部分：一是生产前物料、原材料的采购运输物流过程；二是产成品出库到产成品销售及售后服务以及某些企业回收物流的工作过程。企业外部物流是指企业与外界的物料实体及相关信息的流动过程，外部物流是企业生产正常运行的保障。企业物流分类如图 2-1-3 所示。

三、汽车零部件入厂物流

1．汽车生产工艺和汽车零部件物流

汽车的生产要经历 4 大工艺，分别是冲压、焊装、涂装和总装。冲压工艺是将钢板冲压

成型材,焊装将冲压件焊接成车体,涂装按订单将车身喷漆,总装按订单要求,以车身为平台,在装配线上完成车辆的装配过程。

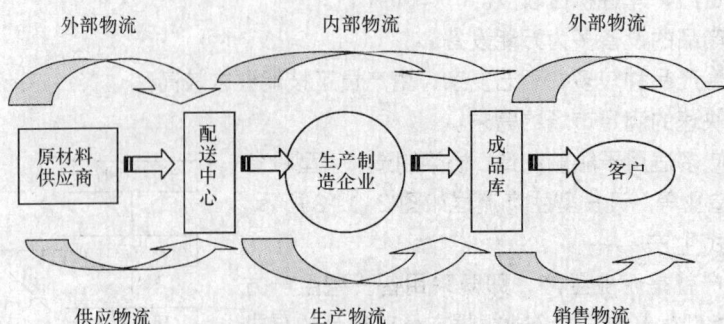

图 2-1-3　企业物流分类图

一般整车身份的确定点通常设在焊装车间车身形成(合装)处,一旦车辆的身份确定,它的零件构成和下线时间也就确定下来,这时将零件的需求信息传递给相应的供应商。在进入涂装车间时,根据客户订单确定车身颜色,涂装工艺完成之后,进入总装车间,根据各整车品种均衡生产的规则确定装配顺序,并将该顺序信息转换成零件交货顺序,供应商或配送中心按此顺序和预定的时间将零件送到指定工位,实现同步供货。由于整车身份确定点发生在焊装车间车身形成处,整车装配顺序确定点发生在涂装完成之后,因此,这两个工艺之间存在一定的时间差,通常可用作零部件的生产提前期。

在汽车生产过程中,汽车所需的零部件多达上万种,要如何才能使上万种零部件能够在准确的时间送至准确的地点,满足正常生产计划的进行。汽车零部件物流是公认的最复杂最难解决的物流,主要表现在以下几方面。

(1)汽车物流涉及的零部件种类多,一部轿车由成千上万个零部件组成。

(2)客户需求日趋个性化,车型配置更加复杂,订单式生产对汽车零部件入厂物流的要求越来越高。既要满足准时准确的零部件配送,还要按照车辆生产顺序进行准确配送。

(3)主机厂基于降低成本的目的,物流成本成为重要的控制内容,要求降低生产线旁的库存,并且要保证不能因为缺件而停产。

2.零部件入厂物流模式

汽车零部件入厂物流是汽车制造企业按照采购订单不断组织供应商的零部件,以不同的物流服务方式进入制造企业指定物流配送中心及生产车间的整个物流过程。日本汽车制造企业通常将零部件的入厂物流过程称为调达物流,美国汽车制造企业称为集并物流。

随着消费者的个性化需求不断变化以及市场竞争的加剧,汽车制造企业为了提高订单反应速度和效率,降低销售库存的积压,对生产计划安排技术进行了相应的调整,逐步由原来的大规模面向库存备货型生产(MTS),向柔性化的面向订货生产(MTO)转变,即生产计划推式生产和订单拉式生产。与这种生产模式发展相适应,零部件入厂物流模式也有生产计划推式物流和订单拉式物流,这两种物流模式的基本原理如图 2-1-4、图 2-1-5 所示。

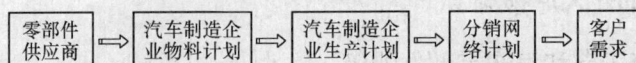

图 2-1-4　推式物流模式(生产计划推动)基本原理图

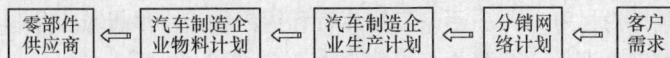

图 2-1-5 拉式物流模式（客户需求拉动）基本原理图

在推式物流模式下制造企业的生产计划占有十分重要的地位，生产计划的编制更侧重于企业的生产能力、上级任务指标和以往市场销售情况等。在生产计划编制完毕后，开始编制物料计划，并进行分解和组织供应零部件。在这种物流模式下，一方面是可能造成生产的成品面临市场滞销后带来的成品库存积压的问题，另一方面也可能是供应商零部件的提前采购带来的库存积压问题，特别是采购周期长的远程供应商的零部件和进口件。因此，这种物流模式可能带来的库存资金积压风险是很大的。

在拉式物流模式下生产计划更侧重于分销网络从客户那里获得的购买订单、市场销售预测等信息的处理和分析，然后结合企业的生产能力，编制物料需求计划和采购订单，这样就基本上形成了一个最终客户需求拉动生产、拉动物料、拉动物流的生产及物流模式。

在基于拉式的零部件入厂物流模式下，供应商的零部件必须按照制造企业的实际消耗按需及时、准确地送达。这就产生了配送的需求，也产生了专业的汽车物流供应商，为汽车制造企业及其供应商提供专业的拉式物流解决方案，从而大大降低汽车制造企业的库存资金压力，提高资金周转，提高企业的市场竞争力。这种以市场拉动生产、生产拉动物流的拉动物流模式也是一种入厂物流模式的发展趋势，已经成为越来越多汽车制造企业的物流优化方案。

四、制造企业零部件供货方式

制造企业零部件供货方式有看板供货、同步供货、批量供货、VMI、Milk Run（循环取货）、Cross Docking 等模式。现在企业大部分零件采用看板供货，部分零件采用同步供货，外协件和少量的国产件采用批量供货方式，也有采用 VMI、Milk Run（循环取货）、Cross Docking 供货方式，下面具体进行介绍。

1. JIT 看板模式

JIT 是 Just In Time 准时化生产方式的缩写。所谓"看板供货"即"即时供货"。这是一种从日本丰田汽车引进和推广而来的物料拉动模式。基本原理是用看板跟踪生产物料实际消耗情况，并根据消耗完毕的看板由物流人员进行拉动循环补料，减少生产线边及库房物料积压。

看板供货方式是以看板作为物料供货的指示和现场目视化管理的工具，在企业内部各工序之间，或者在建立供求关系的企业之间，采用固定格式的卡片由下一个环节根据自己的生产节奏逆方向向上一个环节提出供货要求，上一个环节则根据卡片上指定的供应数量、品种等及时组织送货。

如在汽车制造企业生产线同时生产多车型、多颜色、多配置汽车的情况下，对各种专用件、颜色件要求按上线车身顺序组织物料。具体操作是：事先向物流部门提供上线车身顺序，物流部门通过系统将车身顺序分解为物料需求顺序，并将这些物料按顺序放在专用的工位器具内，配送到生产线，生产车间工人按顺序拿取零部件进行装配。

JIS（Just In Sequence）是在 JIT 的基础上发展而成，即将物料按装配顺序排列好送到生产线，是 JIT 及时供货的一种特殊而极端的状态。

JIS 供货系统要求生产系统的流程化和均衡化。生产流程化是按生产汽车所需的工序从最后一个工序开始往前推，确定前面一个工序的类别，并依次恰当的安排生产流程，根据流程与每个环节所需库存数和时间先后来安排库存和组织物流。尽量减少物料在生产现场的停滞与搬运，让物料在生产流程上毫无阻碍地流动。

看板供货适用于距离总装厂相对较近、体积相对较大以及通用性相对较强的零部件供应商。

2. 同步供货模式

同步供货模式也称为直接配送，这是一种常用的零部件入厂物流模式，主要是针对那些产业集群范围内的零部件，有些零部件有体积大、容易损坏、专用性强等特点，比如玻璃、座椅、保险杠、轮胎等，由供应商直接从自己的生产线装入物流包装内，并直接按照汽车制造企业的生产需求，甚至生产顺序送到汽车制造企业的生产线边，这种从生产线到生产线的直供模式，大大降低了这类物料在物流过程中的损耗，减少了车间的物流面积，受到了汽车制造企业及其相关供应商的青睐。

同步供货模式在汽车制造企业的运作是：汽车制造企业将生产线实际上线车身的排序信息传递给同步供货的供应商，同时将每台车的零件需求信息逐一发送到同步供应商那里，供应商将所需求的零件按照需求的先后顺序进行排序（与生产线混流车序相同），并将排好顺序的零件及时地送到生产线旁物料区。

3. VMI 模式

VMI 是 Vendor Management Inventory 供应商管理库存的缩写。这是汽车制造企业为了降低自身库存压力和市场风险，同时也是零部件供应商为了提高 JIT 供货能力，由供应商在汽车厂附近租用库房，或使用统一由第三方物流管理的物流配送中心，通过供应商零部件的仓储配送为制造企业生产提供物料上线服务。供应商零部件在交达汽车生产车间前的资产所有权仍归供应商。在这种模式下，零部件在送达汽车生产车间之前，供应商对其零部件库存拥有管理权利。

4. Milk Run 循环取货模式

Milk Run 循环取货模式，也称为"牛奶取货"、"集货配送"。这是一种流行于日本汽车制造企业的零部件入厂物流模式。即由汽车制造企业自己或委托第三方物流公司按照生产需求和采购订单，根据事先的时间安排与物流线路规划，用同一货运车辆到多个供应商工厂上门取零部件的操作模式。具体运作方式是每天固定的时刻，卡车从制造企业工厂或者配送中心出发，到第一个供应商处装上准备发运的零部件，然后根据预先设计的取货路线，按次序到供应商 A、B、C 取货，然后直接运送到工厂或零部件配送中心。

Milk Run 是一种非常优化的物流系统，是闭环拉动式取货。其特点是多频次、小批量、及时拉动式的取货模式。它把原先的供应商送货模式——推动方式，转变为工厂委托的物流运输者取货——拉动方式。通过这种模式，降低了工厂库存和物流成本，提高了物流资源利用效率。

5. Cross Docking 模式

Cross Docking 即交叉配送、直接换装的意思。这种零部件入厂物流模式主要是针对进口 KD 件、航空快件和远程小批量零部件的生产供应，零部件运输到配送中心后，进行简单的换装处理或不做处理，就马上转运到制造企业的生产车间。这种零部件入厂物流模式的主要优势在于提高了物流反应速度和物流配送中心的物流处理能力。

6. 批量供货方式

批量供货方式是指每次的订货批量很大，按照生产需求均匀的消耗，是一种订货周期相对较长的一种供货方式，通常有固定的仓库储存。一般根据经济订货批量（EOQ）模型计算出每次的订货批量。

总之，零部件入厂物流模式在实际应用中可以同时并存，融合多种入厂物流的应用模式，JIT、JIS、VMI、Milk Run、Cross Docking、同步供货等物流运作模式，形成更多更具有实际操作性的物流解决方案，这是我国汽车零部件入厂物流模式的重要特点。

五、汽车物料种类及供货策略

汽车零部件一般分为进口件（CKD）、国产件以及自制件，这些零部件是采用不同的供货策略。

1. 国产件

国产件是指本国其他公司生产，通过采购使用的零件。国产件又可以分为标准件和专用件。标准件与专用件由于规格不同、类型不同、颜色不同、通用性程度不同，采用不同的供货策略。

（1）标准件

由于标准件种类较多，一般情况下要采用 ABC 库存分类法进行分类管理，再对各类零部件应用相应的 EOQ 模型进行库存控制。

（2）专用件

专用件一般分为 3 种供货方式。

① 同步供货方式

同步供货是指供应商交货与流水线生产同步进行，交货的品种和数量与生产线装配的需求完全符合，没有多余的库存。但是一般由于受企业内外部客观因素的影响，供应商必须留有一定量的零部件库储存备，保证在接到生产商的要货信息时能准时准量地进行零部件供应。

对于体积超大、品种多样、颜色繁杂、质地易变形的零部件，如轮胎、座椅、保险杠等，一般选择距离总装厂较近的零部件供应商，采用同步供货策略。

② 看板供货方式

看板供货是根据生产线物料要货看板通知，供应商按照看板要货的数量进行送货，每天交货数次，生产现场采取双箱制或者是单箱制原则进行存放，有一定的库储存备。

对于通用性较强，供应商与总装厂距离相对较近的零部件，一般可以考虑看板供货方式。看板供货适用的零部件范围介于批量供货与同步供货之间。

③ 批量供货方式

对于那些与总装厂距离较远的外地供应商，可以采用批量供货方式，通常根据经济订货批量（EOQ）模型计算出每次的订货批量。

2. 自制件

自制件一般是指非外购部件且又具有其产品特色的一些核心部件，这些零部件的技术及性能与其他汽车制造企业有所区别，如传动器等。这些零部件的生产一般都由汽车制造企业控制，通常以下设分厂专门生产的形式出现，采用同步供货的方式。

3. 进口件

进口件是指在国外生产，通过采购使用的零件。它是由外国汽车制造商将零部件在海外的一个整合中心集中进行包装，通过海运、铁路运输的方式将零部件运往中国总装厂的原材料采购方式。采用订货提前期的库存控制策略，对库存进行连续检查，当库存降低到订货点水平时进行订货，每次订货的数量保持不变，都为一固定值。

一般外地供应商供应的标准件、通用性较强的零部件以及进口件，其储存地点距装配线的距离较短，可以考虑看板供货方式。

【相关链接】

1. 准时化生产

准时化生产（Just in Time，JIT），指的是将必要的零部件以必要的数量在必要的时间送到生产线，并且只将所需要的零部件、只以所需要的数量、只在正好需要的时间送到生产。即在必要的时间，按必要的量，生产必要产品。也就是通过对库存的管理，达到无库存或库存量最小的状态。

2. 准时化生产与传统生产的不同点

传统的生产方式是每一个操作者（班组、工段、车间、分厂）接到生产计划以后，自行组织生产。但企业生产由于某种原因，如缺员、设备维修、产品质量、原材料等造成后工序停产时，而前工序还在正常的生产。

准时化生产的理念是从相反的方向观察、引导生产流程及需求，也就是后工序（班组、工段、车间、分厂）在需要产品的时候，前道工序才能进行生产加工。

准时化生产计划仅对生产线最后工序进行下达，生产线开始生产时，后工序到前工序领取零部件，后工序领走零部件以后，前道工序发现零部件减少，才开始生产，且生产的数量、品种与被领走的数量、品种相对应。这种方式的生产就是拉动式生产。

拉动式生产即订单驱动生产方式，就是根据顾客需求拉动生产安排。拉动式生产各环节的生产指令直接由后工序下达，后工序直接督促前工序执行生产指令。生产指令由后工序直接向前序下达。

准时化生产可以减少库存，使企业生产现场只存放有用的物品，使生产现场更加整齐化。准时化生产是解决"多品种，少批量"生产的最佳生产方式。

在实行 JIT 的过程中，生产计划的制订主要依据物料需求计划（MRP）的原理来实现，而在生产过程中是实行 JIT 的物料控制策略，即在整个生产流程中的每一道工序都是使用拉动式管理，即上道工序是下道工序的客户，下一道工序向上一道工序发出生产请求，下一道工序根据上道工序的订单要求生产，不容许生产超额的产品，彻底消除中间库存。在现行的生产组织方式中，企业采取的往往是拉动和推动平衡的组织方式，一方面使用预测计划推动生产维持一定的零部件库存量来保证生产的正常进行，另一方面是从终端客户的需求订单开始倒推，逐级采用下道工序对上道工序的需求计划拉动生产，下道工序严格按照上道工序的需求生产。

六、制造企业物料配送流程

生产企业物料配送活动主要包括物料入库、物料储存、物料分拣、物料加工、物料配送等，其流程如下。

（1）对入库的原材料（零部件）进行外包装的初步检验，合格者接收入库。

（2）入库的原材料按生产需求和生产企业要求不同，分区分类进行储存。

（3）按照生产计划以及生产指示看板的要求，对物料进行拆包分拣。

（4）将分拣的物料按生产产品品种的顺序或生产指令进行分拣组配。

（5）配送人员按生产指令（节拍）将物料配送到生产工位。

（6）将生产现场空置的盛具及回收物料带回物流场地进行处置。

物料配送流程如图 2-1-6 所示。

1. 物料入库

企业生产所需的物料经过采购部订货以后，供应商按规定时间将物料送达到企业，企业仓储人员按计划进行物料验收与入库。

主机厂每周五按生产计划向第三方物流公司下发下周的供货计划，物流公司再根据订单向供应商订货，并催促供应商在相应的时间里到货，仓库库管员、操作工再卸货、清点、收货、归位，并对所有零部件进行库存控制管理，以保证安全库存，降低停线率，让主机厂能够正常生产。

（1）零部件的入库方式

在实际中，零部件的入库方式主要有 3 种。

① 对于本地供应商，直接把零部件送到配送中心，由配送中心在生产线需要时送到线边库，即供应商→配送中心。

② 供应商直接把货送到线边库，即供应商→线边库。

对于部分零部件，供应商直接配送到主机厂生产线边工位上，有效地解决了零部件供应问题，缩短了运输时间，降低了仓储成本，确保了准时制配货。

③ 对于外地供应商把零部件送到中间库。即供应商→中间库。

由于外地供应商距离主机厂较远，因此可以在供应商与生产企业之间建立一个中间库（有的企业简称中储），供应商将物料运送到中间库进行暂时存放。这种方式可以减少供应商准时供货的压力，企业与供应商中间有了一个缓冲地带，可以确保生产对物料的需求。但这种供应方式增大了企业、供应商的库存。

对于外地供应商把零部件送到中间库，在生产线有需要时通知配送中心，如果配送中心没此零部件则由配送中心通知中间库发货到配送中心，再由配送中心送到线边库。

（2）收货流程

收货流程：查看三联单（核对三联单上的 3 个印章）→扫描物料卡→打印收货单→登记核对物料余数→返还发票联和收票联→入库，如图 2-1-7 所示。

2. 物料拣选

物料拣选是根据生产节拍及生产计划，准时将组装线上需要的零部件拣选出来。一般是根据生产计划进行的，生产计划中规定了生产线的产品型号及装配顺序，根据企业生产线的产品及顺序安排生产物料需求顺序。

（1）拣配料单的生成

首先从 ERP 系统中获取主机厂的"日生产计划"，形成日工单顺位计划，根据系统打印配料单。

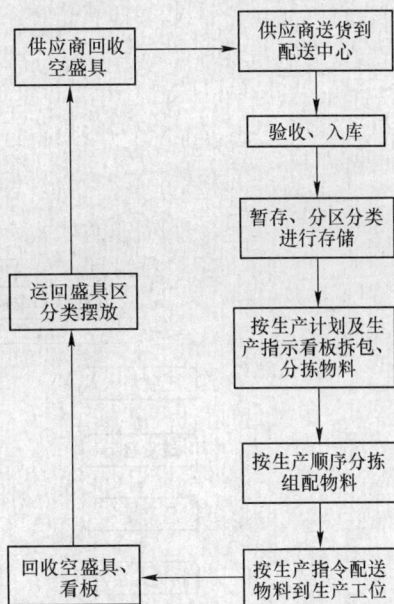

图 2-1-6 物料配送流程图

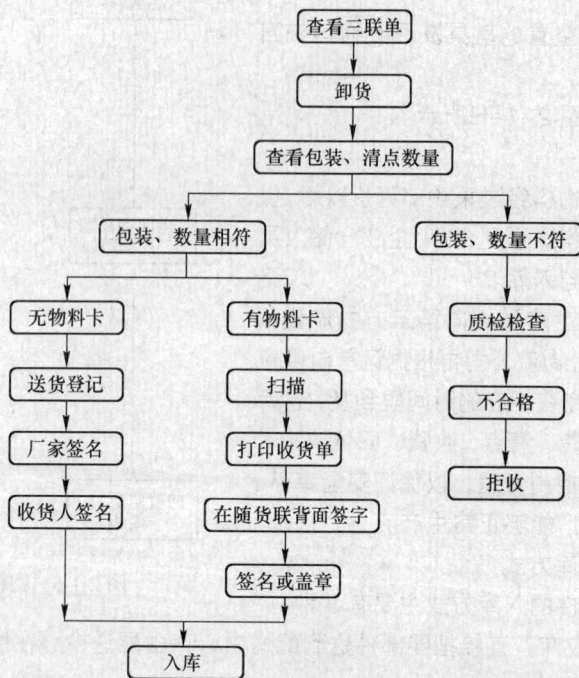

图 2-1-7 收货流程图

（2）拣料

配料单打印出来后交至操作部，是库管员或拣料员拣配料的依据，由库管员或拣料员完成拣料作业。根据拣配料单进行物料的拣选，并且将拣好的物料组配在一个台车上或存放在发货区，等待配送人员按时进行生产线物料配送。

3．物料配送

配送是企业物流的核心业务。物料从采购开始，到生产结束，无时无刻不依赖于物料的准时配送。物料的配送是将物料拣选后，针对企业不同的工序需求，进行最终送达的物流活动。物料的配送形式如下。

（1）按节拍配送

物料由配送中心按生产计划，针对装配线的需求，将分拣的物料放置在专业物料箱中，根据不同的时间顺序，将物料送达需要的工位。

每天配送中心的投料工按照投料单根据当天生产的车型准时把自己所管的零部件配送到生产车间的线边工位上。具体操作是：由投料工将完成拣料作业的物料送到送货平台。送货平台具有出库暂存的功能，在此将拣好的物料装入台车，将台车按生产线的装配顺序进行顺序连接，通过驾驶牵引车按照企业生产节拍的要求，准时将物料配送到生产装配线的工位上。同时将生产线上的空台车、回收物带回临时储存区进行处理。

（2）直送线边

对于部分零部件，由零部件供应商集中在某一时间段，针对生产需求，按日配送计划将物料直接配送到生产线边工位上。有效地缩短了运输时间，降低了仓储成本，确保了准时制配货。

➤ 任务实施

1. 任务描述

模拟一个汽车制造企业的生产线及配送中心场景，完成以下任务。

（1）完成物料的入库和物料的储存。

（2）完成生产制造过程中物料的拣选和配送。

（3）完成订单的生产任务后，对配送中心的物料进行盘点并填写盘点表格，对盘点结果进行处理。

2. 准备工作

（1）以小组为单位，模拟一家汽车制造企业，将学生分成两个小组，分别扮演采购员、供应商、一线操作工、仓储管理员、投料员等，完成玩具小汽车的生产任务。

（2）在校内生产运作实训室进行，仿真企业环境和企业生产业务流程。

（3）准备好相关单据，模拟组装小汽车的零部件。

3. 完成情况评价

完成任务的过程记录与自我评价
（1）为完成这个任务，我做了（按工作顺序列出）：
（2）经过努力后，我完成了下列任务：
（3）在完成任务过程中，我遇到了下面的障碍：
（4）通过完成任务，我得到的经验和教训
任务完成状况的自我评价（在对应等级上划圈）
A. 未完成　　　B. 基本完成　　　C. 完成

➤ 案例及思考

汽车入厂物流管理

长春一汽国际物流中心成立于 1997 年 7 月，是中国第一汽车集团进出口公司的全资子公司，拥有国内一流的物流自动化设施及东北最大的零部件拆散中心（DC）和筐式配送中心（BC）。其中，筐式配送中心（BC）是全球第一个能够满足 4 种车型混线生产、日产 1100 辆的配送中心。

长春一汽国际物流中心主要客户包括一汽轿车公司、一汽–大众公司、长春富奥–江森自控汽车饰件公司、一汽解放、一汽丰越公司、里尔公司等。长春一汽国际物流中心负责为主机厂和供应商提供及时的产前和生产物流服务。

长春一汽国际物流中心在汽车入厂物流运作方面，集成了全散装件（Completely Knock Down，CKD）的集装箱储存与海关商检一体化的服务，并配套了集装箱的拆散中心与筐式中心的业务。将储存于堆场的集装箱在 DC 拆箱后储存，并分流至 BC 及总装线旁，BC 进行拣货后，配送至总装线的滑橇生产线区域。长春一汽国际物流中心为主机厂提供的物流服务主要包括：上线服务物流、入厂物流和集装箱物流 3 个部分。

1. 入厂物流

入厂物流主要分为两大环节：CKD 拆散中心（DC）、筐式配送中心（BC）。

（1）DC 的配送流程

① 入库

根据 WMS 系统需求指令，集装箱被提前一天运送到物料堆场，并及时转运至 DC 入库。入库检验员对箱单、实物进行核对，打印贴附新的信息标签，并对部分零部件再包装。在检查确认后，物料进入 DC 库区，并根据分配原则完成货位的系统分配，货位码信息与入库信息通过无线信息传输到车载终端，叉车司机根据指令进行储存作业。

② 检查核对

检查核对包括质量检查、数量检查、箱单核对 3 个方面，对于可能出现的检查结果，流程上均提出了处理要求，如表面质量出现瑕疵，能否让步接受，完全根据客户质量评定标准执行。对于无法接受的问题件，以索赔管理流程为基础进行执行。

③ 再包装

根据零部件的储存特点，部分零部件包装需要转换，转变为适合储存特点的专用器具，再包装流程从零部件数量、器具匹配、条码匹配 3 个方面提出要求，由于该部分零部件出库以指定器具类型及数量通过条码的形式进行辨认，所以再包装流程在储存流程之前完成，不仅可以避免物料出库的二次搬运，也是检查流程的一种延伸。

④ 物料储存

物料的储存分为随机储存、定址储存两种类型。根据车载终端的命令，叉车司机完成相应的储存工作，如何控制巷道缓存区容量是储存流程的一大问题。为此，长春一汽国际物流中心在设计上用 IT 系统的出入原则，即普通叉车扫描货物为"入库"，高位叉车扫描为"出库"，储存流程的货位码扫描技术应用基本消除了错误储存问题的发生。

⑤ 盘点

盘点在流程上保证了出入库的正常进行，而不会出现生产断档的现象。根据 ABC 的分类原则，DC 制订出一整套盘点策略，采取滚动盘点的方式，定期实现对货物的盘点及年度的财务报告盘点。盘点的内容包括零部件整包装数量和包装内零部件数量，盘点结果以报告的形式传给相关的职能部门，对于异常情况进行原因调查及责任处理。通过盘点保证管理者及一汽大众掌握 DC 的真实库存状态，为持续改进提供依据。

⑥ 报警

为了实现对库存的有效管理，DC 的 IT 系统在设计上开发了库存报警功能，在系统内定义零部件的下限值，当零部件在系统内的库存低于此值时，即触发系统报警，从而需要人为干预，进行状态处理。

⑦ 出库

根据总装线的电子看板信息、JIS 信息、BC 系统的订货信息，DC 分区域形成出货指令，在出货区进行订单的理货处理及零部件排序，依据订单配车出库并进行出库登记。

（2）BC 的配送流程

① 订货

BC 的电子订货系统能记录完整的安全库存、订货库存、最大库存数据信息，并具有强大的数据分析功能。当库存低于安全库存时，电子订货系统将发出订货指示命令，从而调整订购点的数值。DC 及国产件供应商根据订货系统发出的电子订购信息进行组织供应，并在规定的时间内将正确的数量送到 BC。

② 入库

根据 BC 发出的电子订货信息，DC 及国产件供应商将货物送到 BC，并将 BC 要求的货物识别签事先贴附在物料包装上。在 BC 入库区，核对员对订单与实物进行检查，并依据抽查比例对物料进行数量、质量抽查，抽查的原则与 ABC 分类一致。

③ 储存

物料的储存采取定址定位的方式，根据筐的划分进行分区域储存，保证零部件与货筐的匹配。由于 BC 从接到指令到将物料送至总装线的时间仅为 2 小时，所以对零部件储存的准确性有着较高的要求。为满足这种要求，BC 在校验方面非常严格，在区域、货架、货位、标签与实物匹配方面进行层层检查，不仅要保证入库零部件储存的正确性，还要对已在同类货区的零部件进行二次检查，以及对出现的空托盘进行及时处理。

④ 拣选

拣选流程是 BC 的最关键流程，该流程完全体现了零部件与整车的匹配性。BC 进行分区域的拣选，即不同的货筐在不同的区域进行，信息采集点的信息通过打印机在各拣选区进行同步打印，拣选工负责按单拣选与器具选择并用，保证 66 秒的拣选节拍。拣选过程中，零部件在货筐的左右位置、物流器具的类型、拣选的数量 3 者紧密相关，可根据此关联来匹配人力资源。BC 拣选为货筐在主巷道内前进，拣选工在拣选通道内往复拣选的组合方式，并将货筐在巷道内的第一个点作为看板点，后续货筐以此点作为进入巷道的指令触发。在拣选过程中，条码扫描技术被充分利用，除了对器具零部件进行整体扫描确认，还要对贵重及重要零部件进行单件扫描确认，保证自动订货的数据输入。

⑤ 出库

货筐在一楼完成拣选后，通过电梯运到二楼，在二楼进行组车，组车主要以汽车底盘号（KEN 号）为基础，依据信息采集点的 KEN 号顺序进行组车，前后顺序一致，否则在总装无法与整车装配顺序相对应，拖车登记出库后将货筐送达指定的工位点同时取回空筐，以便进行下次利用。如此往复循环，保证物料不断地送到总装。为保证配送过程的稳定性与连续性，可根据运输时间的安排在路线上设立几个看板点，当拖车到达看板点时触发下一个单元的操作。

2．上线服务物流

（1）巡线要货

在主机厂生产环节，长春一汽国际物流中心为客户提供了准时、准确、按特定顺序的配送服务。巡线员工根据生产线的节拍、线旁物料库存、送货间隔以及物料包装的信息，判断是否需要向 DC 和长春本地的国产化厂家发出要货看板，并将需要补货的信息通过生产系统（如 R3 系统）向物流中心要货。排序部分的零部件根据生产系统（FIS-JIT 系统）的要货信息进行补货。为了提高工作效率，减少人为误差，采用无线手持终端，通过无线机站向 DC 发出看板信息。

（2）送货到线旁

送货司机带着系统自动生成的三联条码和送货单，将货物送到总装线旁。经过总装入口时，入口信息员检查无误后，扫描条码入库。三联条码依次留存在总装入口、由送货司机带回 DC 留存，以及随着货物送到生产线的工位旁，作为下次发要货信息的扫描看板。送货司机在生产线的入口不做停留，直接将货物拉到生产线旁，同时将空器具送回 DC。这一做法可以极大地提高物流配送的反应时间，降低生产线旁的库存，减少物料的倒运和频繁装卸，避免不必要的货损货差。

3．集装箱物流

凭借进口 CKD 件的处理速度快、先进的筐式中心操作模式、适用的信息系统等优势，长春一汽国际物流中心在零部件物流方面为客户提供了 CKD 零部件的集装箱储运、报关报检、仓储配送、按辆份排序备货等服务。

【相关链接】

筐式配送技术：物流中心把每辆车所需要的专用零部件放在一个货筐中，随着生产线流转的同时，让对应它的货筐也同步流转。装配工人只需要到对应货筐中就能找到其需要的零件。货筐配送工艺能够提高生产线的装配速度、确保装配质量，节省生产线旁的周转面积。

（资料来自《物流技术与应用》2008.12 期"浅谈汽车入厂物流现场管理"张萌，刘文生，经本书作者重新整理。）

【思考】

（1）长春一汽国际物流中心是怎样进行上线服务物流的？

（2）长春一汽国际物流中心是怎样做入厂物流的？

（3）请描述长春一汽国际物流中心筐式配送流程。

➤ 能力扩展

1．思考题

（1）生产的类型有哪些？

（2）制造企业的生产物流包括哪些部分？

（3）制造企业零部件供货方式有哪几种？

（4）准时化生产与传统生产有什么不同？

（5）简述在制造企业中物料配送的流程。

2．实践题

调研你所在地区的一家制造企业，了解该企业生产的类型及零部件的物流配送情况。

项目三 快递包裹的配送

任务一 快件收寄

➤ **学习任务**

完成一个快件的收寄。

➤ **学习目标**

（1）熟悉快递的流程和快件传递网络。
（2）掌握快件收寄方式和收寄流程，能顺利完成一个快件的收寄。
（3）掌握禁限寄物品种类。
（4）熟悉快递运单的格式和内容，能正确指导客户填写运单。
（5）明确快件保价与保险的区别。

➤ **学习引导**

一、快递业务类型

快件是快递服务组织依法收寄并封装完好的信件和包裹等寄递物品的统称。不同的快件具有不同的性质和特点。快递业务可按以下 7 种方式进行分类。

1. 按内件性质分类

（1）信件类快件

信件类快件是指内件符合收寄规定的各种手写或印刷的文件、资料类快件。内件是指客户寄递的信息载体和物品。

（2）包裹类快件

包裹类快件是指内件符合收寄规定的各种馈赠品、商业货样及商品类快件。

2. 按寄达范围分类

（1）同城快递服务

同城快递服务是指寄件人和收件人同在一个城市的快递服务。

（2）异地快递服务

异地快递服务是指寄件人和收件人分别在不同城市的快递服务。异地快递服务是快递服务较为普遍的一种形式，也是快递业务中使用最多的一种。

3. 按服务时限分类

（1）标准服务快件

标准服务快件是指快递服务组织从收寄快件开始，到第一次投递的时间间隔符合快递服务标准承诺时限要求的快件。同城快件时限不超过 24 小时，异地快件时限不超过 72 小时。

（2）承诺服务时限快件

国内比较常见的承诺服务时限快件有当日达快件、次日达快件、隔日达快件几类。当日达快件是在同一天内完成收寄和派送服务的快件；次日达快件是在规定的收寄截止时间以前客户交寄的，保证在次日承诺时间内送达收件人的快件；隔日达快件是在规定的收寄截止时间以前客户交寄的，保证在第三个工作日承诺时间内，将快件派达客户的快递服务产品。

（3）特殊要求时限快件

特殊要求时限快件是指在服务时限承诺标准之外，客户提出个性化寄递要求的快件。比如，一些急需的药品、试验品等。寄件人希望能够及时、安全地送达收件人。特殊要求快件服务采用的是特殊运输和派送方式，因此收费较高，客户使用较少。

4．按照付费方式划分

（1）寄件人付费快件

寄件人付费快件是指寄件人在寄递快件的同时自行支付快递资费的快件。这类快件是快递企业的最主要业务。

（2）收件人付费快件

收件人付费快件也称到付快件，是指寄件人和收件人商定，由收件人在收到快件时支付快递资费的一种快件。

（3）第三方付费快件

第三方付费快件是指寄件人和收件人及快递企业商定，在收件人收到快件时由第三方支付快递资费的一种快件。这种快件的收件人通常是子公司，而付款的则是母公司。

5．按照结算方式划分

（1）现结快件

现结快件是指快递业务员在快件收寄或派送现场向寄件人或收件人以现金或支票方式收取快件资费的一种快件。

（2）记账快件

记账快件是指快递公司同客户达成协议，由客户在约定的付款时间或周期内向快递公司拨付资费的一种快件。

6．按赔偿责任分类

国内快件在寄递过程中因非客户过失而发生延误、丢失、损毁和内件不符的情况时，按保价快件、保险快件和普通快件分类赔偿。

快件延误是指快件的投递时间超出快递服务组织承诺的服务时限，但尚未超出彻底延误时限。快件丢失是指快递服务组织在彻底延误时限到达时，仍未能投递的快件。快件损毁是指快递服务组织寄递快件时，由于快件封装不完整等原因，致使失去部分价值或全部价值的快件。内件不符是指内件的品名、数量和重量与运单不符的快递。

（1）保价快件

保价快件是指客户在寄递快件时，除交纳运费外，还按照声明价值的费率交纳保价费的快件。如果保价快件在传递过程中发生遗失、损坏、短少、延期等问题时，客户可向快递企业提出索赔诉求，快递企业须承担相应的赔偿责任。

（2）保险快件

保险快件是指客户在寄递快件时，除交纳运费外，还按照快递企业指定的保险公司承诺的保险费率交纳保险费的快件。如果保险快件在传递过程中发生遗失、损坏、短少、延误等问题时，客户有权向承包的保险公司提出索赔要求。

（3）普通快件

普通快件是指只交纳快件运费而不对快件实际价值进行保价并交纳保价费的快件。依据《邮政法》及其实施细则的规定，对于没有保价的普通包裹类邮件按照实际损失的价值进行赔偿，但最高赔偿额不超过本次邮寄费的5倍。快递企业对普通包裹类快件的赔偿一般是参照这一规定办理的。

7. 按业务方式分类

（1）基本业务

基本业务是指收寄、分拣、封发和运输单独封装的、有名址的信件、包裹和不需要储存的其他物品，并按照承诺时限将其送达收件人的门到门服务，是快递企业的核心业务。

（2）增值业务

增值业务是指快递企业利用自身优势在提供基础业务的同时为满足客户特殊需求而提供的延伸服务。如代收货款业务，它是随着邮购和电子商务业务的兴起而发展起来的，是快递业务员在派送客户订购的商品快件时按快件详情单上标注的应付款金额，代邮购和电子商务业务公司向收件人收款，并代为统一结算。这是快递企业推出的一项增值业务。

二、快件传递的网络

1. 快件传递网络的层次

快件传递网络是企业按照快递业务流程及快递业务实际运营的需要设立的，一般快递传递网络分为大区或省际网、区域或省内网、同城或市内网3个层次。

（1）大区或省际网

大区或省际网主要承担省际间的快件传递任务，连接各大区或省际处理中心，并通过陆路和航空运输组成一个复合型的高效快递运输干线网络。

（2）区域或省内网

区域或省内网是大区或省际网的延伸，在快件传递网络中起着承上启下的作用。它以区域或省内处理中心为依托，通过以汽车、火车运输为主的运输线路与和其有直接关系的上级、同级及下级处理中心相连接构成的。

区域或省内网按快件运输的方式，可划分为以公路运输为主的公路网络、以铁路运输为主的铁路网络以及由多种运输方式相结合的综合网络。

（3）同城或市内网

同城或市内网是由同城或市内处理中心与若干个收派处理点组成的，除负责快件的收取和派送外，还负责快件的分拣、封发等工作。

2. 快件传递网络的组成

快递传递网络由呼叫中心、收派处理点或营业网点、处理中心和运输路线、调度运营中心组成。

（1）呼叫中心

呼叫中心主要通过电话、网络系统负责受理客户委托、帮助客户查询快件信息、回答客户有关询问、受理客户投诉等业务工作。

（2）收派处理点或营业网点

收派处理点或营业网点是快递企业收寄和派送快件的基层站点，其功能是集散某个城市某一地区的快件，然后再按派送段进行分拣和派送。它是快件传递网络的末梢，担负着直接为客户服务的功能。

（3）处理中心

快件处理中心是快件传递网络的节点，主要负责快件的分拣、封发、中转任务。快递企业应根据自身业务范围及快件流量来设置不同层级的处理中心。一般全国性企业设置3个层次的快件处理中心，区域性企业设置两个层次，同城企业设置一个层次。

以全国性企业为例，第一层次是大区或省际中心，除了完成本地区快件的处理任务外，主要承担各大区或省际的快件集散任务，是大型处理和发运中心，通常建在全国交通枢纽城市，如北京、上海、广州等一线城市。第二层次是区域或省内中心，除了完成本地快件的处理任务之外，还承担大区（省）内快件的集散任务，通常建在省会城市。第三层次是同城或市内中心，主要承担本市快件的集散任务。

（4）运输线路

运输线路是指快递运输工具在快件收派处理点、处理中心间以及所在地区车站、机场、码头之间，按固定班次及规定路线运输快件的行驶路线。运输线路按所需运输工具可分为航空运输线路、火车运输线路、汽车运输线路和水运线路。运输线路和运输工具是保证快件快速、准确送达客户的物质基础之一，是实现快件由分散（各收寄点）到集中（各处理中心）再到分散（各派送点）的纽带。

（5）调度运营中心

调度运营中心是控制并保证快递网络按照业务流程设计要求有序运行的指挥中心。它需要按照预定业务运营计划和目标实行统一指挥，合理组织、调度和使用全网络的人力、物力和财力资源，纠正或排除快件传递过程中出现的偏差或干扰，确保快递网络迅速、高效的良性运转。

三、快递流程

根据快递业务的运行顺序，快递流程包括快件收寄、快件处理、快件运输和快件派送4个环节。

1. 快件收寄

快件收寄是由快递业务员上门服务，完成从客户处收取快件和收寄信息的过程。快件收寄分为上门揽收和网点收寄两种形式，其任务主要包括：验视快件、指导客户填写运单和包装快件、计费称重、快件运回、交件交单等。

2. 快件处理

快件处理包括快件分拣、封发两个主要环节，在整个快件传递过程中发挥着十分重要的作用。这个环节主要是按客户运单填写的地址和收寄信息，将不同流向的快件进行整理、集中，再分拣并封成总包发往目的地。快件的分拣封发是将快件由分散到集中、再由集中到分散的处理过程，它不仅包括组织快件的集中和分散，还涉及控制快件质量、设计快件传递频次、明确快件运输线路和经转关系等工作内容。

3. 快件运输

快件运输是指在统一组织、调度和指挥下，按照运输计划，综合利用各种运输工具，将快件迅速、有效地运达目的地的过程。快件运输主要有航空运输、公路运输和铁路运输3大方式。快递企业可根据快件的时效与批量等实际要求，选择合适的运输方式来保证快速、准确地将快件送达客户。

4．快件派送

快件派送是指业务员按运单信息上门将快件递交收件人并获得签收信息的过程。快件派送工作包括进行快件交接、选择派送路线、核实用户身份、确认付款方式、提醒客户签收、整理信息和交款等。

四、快件收寄

1．快件收寄方式

快件收寄可分为上门揽收和网点收寄两种方式。

（1）上门揽收

上门揽收是指快递业务员接收到客户寄件需求信息后，根据客户提供的地址到达客户处收取快件，并将快件统一带回快递企业收寄处理点，完成运单（详情单）、快件、款项交接的全过程。上门揽收是快件收寄的主要方式。

（2）网点收寄

网点收寄是指客户主动前往快递企业的收寄处理点寄递快件，收寄处理点的业务员接收、查验客户需要寄递的快件，指导客户完成快件包装和运单填写，并完成运单（详情单）、快件、款项交接的全过程。

2．快件收寄流程

快件收寄流程包括收件准备、快件收取（客户上门寄件、业务员上门取件）、验视快件、指导客户填写运单、告知阅读运单条款、包装快件、称重计费、收取资费、指导客户签字、粘贴运单及标识、快件运回、交件交单、交款。快件收寄流程如图3-1-1所示。

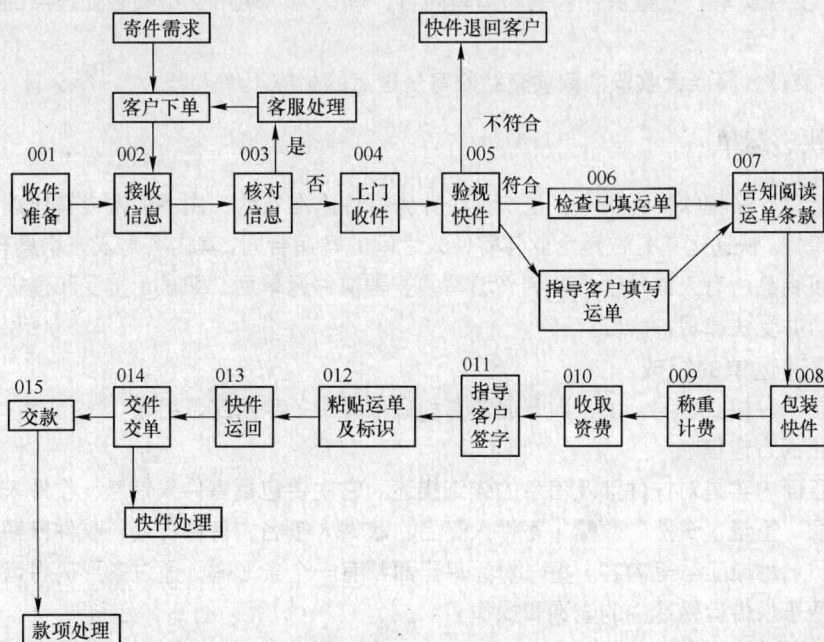

图 3-1-1　快件收寄流程图

（1）收件准备，准备好需要使用的操作设备、用品用具、单证等。

（2）接收信息，接收客户寄件需求的信息。接收方式有：快递企业客服人员通知、客户直接致电、网上系统直接下单。

（3）核对信息，检查客户寄件需求的信息。客户地址超出业务员的服务范围或信息有误，须及时反馈给客户服务人员或客户。

（4）上门收件，在约定时间内到客户指定处收取快件。

（5）验视快件，识别快件的重量和规格是否符合规定。超出规定的则建议客户将快件分成多件寄递；不同意的则礼貌地拒绝接收；验视寄递物品内件是否属于禁止或限制寄递的物品，属于禁止寄递或超出限制寄递要求的，则礼貌地拒绝接收，并及时向公司相关部门报告违法禁寄物品情况。

（6）检查已填运单，客户运单如事先已经填好，对填写内容进行检查。

（7）指导客户填写运单、告知阅读运单条款，客户尚未填写运单，正确指导客户完整填写运单内容，告知客户阅读运单背书条款。

（8）包装快件，指导或协助客户使用规范包装物料和填充物品包装快件，使快件符合运输的要求，保证寄递物品安全。

（9）称重计费，对包装完好的快件进行称重，计算快件资费，将计费重量及资费分别填写在运单的相应位置。

（10）收取资费，确认快件资费的支付方和支付方式。客户选择寄付现结，则收取相应的资费，客户选择寄付记账，需在运单账号栏注明客户的记账账号。

（11）指导客户签字，指导客户在确认运单填写内容后，用正楷字在客户签字栏签全名。

（12）粘贴运单及标识，按照粘贴规范，将运单、标识等粘贴在快件的相关位置。

（13）快件运回，将收取的快件在规定时间内运回收寄处理点。

（14）交件交单，复查快件包装和运单内容，确认无问题后交给收寄处理点的相应工作人员。

（15）交款，将当天收取的款项交给收寄处理点的相应工作人员。

五、快递运单

快递运单，又称快件详情单，是快递企业为寄件人准备的，由寄件人或其代理人签发的重要运输单据。快递运单是快递企业与寄件人之间的寄递合同，其内容对双方均具有约束力。当寄件人以物品所有人或代理人的名义填写并签署快件运单后，即表示接受和遵守本运单的背书条款，并受法律保护。

1. 快递运单的组成

运单是一种格式合同，由正面寄递信息和运单背书条款两部分组成。

（1）正面寄递信息

运单正面内容是对快件涉及信息的详细描述。它主要包括寄件人信息、收件人信息、寄递物品性质、重量、资费、数量、寄件人签名、收件人签名、寄件日期、收件日期、付款方式、业务员名称或工号等内容。每一份运单正面都有一个条形码，通过条形码将运单内容进行捆绑，便于快件运输途中的查询和操作。

（2）运单背书条款

在运单背面是背书条款，即快递服务协议，是确定快递企业与客户之间权利、义务的主要内容，由快递企业和寄件人共同承认、遵守，具有法律效力，自签字之日起确认生效。收寄快件时业务员有义务在寄件时提醒寄件人阅读背书内容。背书条款主要包括以下内容。

① 查询方式与期限。

② 客户和快递企业双方的权利与责任。

③ 客户和快递企业产生争议后的解决途径。

④ 赔偿的有关规定。

"国内快递服务协议"样本如图 3-1-2 所示。

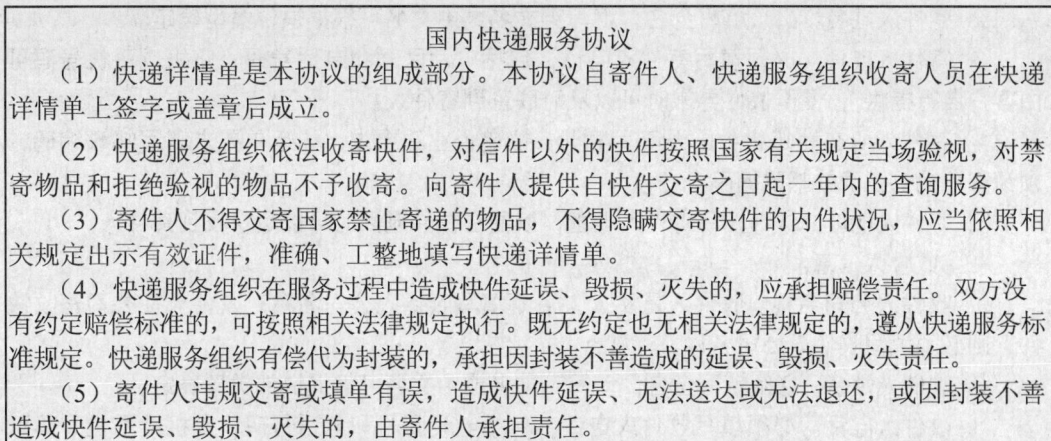

国内快递服务协议

（1）快递详情单是本协议的组成部分。本协议自寄件人、快递服务组织收寄人员在快递详情单上签字或盖章后成立。

（2）快递服务组织依法收寄快件，对信件以外的快件按照国家有关规定当场验视，对禁寄物品和拒绝验视的物品不予收寄。向寄件人提供自快件交寄之日起一年内的查询服务。

（3）寄件人不得交寄国家禁止寄递的物品，不得隐瞒交寄快件的内件状况，应当依照相关规定出示有效证件，准确、工整地填写快递详情单。

（4）快递服务组织在服务过程中造成快件延误、毁损、灭失的，应承担赔偿责任。双方没有约定赔偿标准的，可按照相关法律规定执行。既无约定也无相关法律规定的，遵从快递服务标准规定。快递服务组织有偿代为封装的，承担因封装不善造成的延误、毁损、灭失责任。

（5）寄件人违规交寄或填单有误，造成快件延误、无法送达或无法退还，或因封装不善造成快件延误、毁损、灭失的，由寄件人承担责任。

图 3-1-2 "国内快递服务协议"样本

2．快递运单各联的功能

快递运单通常一式多联，各联内容和版式完全相同。一般有一式三联、一式四联、一式五联、一式六联等，各联的命名也不尽相同。通常包括寄件人存根联、快递企业收件存根联、收件人存根联、快递企业派件存根联、随包裹报关联等。

（1）寄件人存根联

业务员将该联运单交给寄件人保存，它是收取寄付费用（寄付现结及寄付月结款）的依据，也是寄件人查询快件状态的依据。

（2）快递企业收件存根联

业务员成功收取客户寄递的快件后，将该联运单取下交给收寄处理点的工作人员。快递企业须将该联运单内容录入信息系统，以便客户通过网络查询快件状态。它是快递企业收寄快件的记账凭证，是营业收入的原始依据，业务员收件票数统计的依据，同时也是客户寄件信息录入系统的源头。

（3）收件人存根联

快件派送成功后，业务员将该联运单交给签收快件的客户保存。该联运单是客户签收快件的证明和快递企业收取到付费用及记账款的依据，同时也是快件出现问题时，投诉和理赔的依据。

（4）快递企业派件存根联

该联运单随快件同行，在快件到达目的地派送成功后，业务员将其取下交给收寄处理点的工作人员。该联运单是签收客户核收快件的依据，也是快件派送企业统计派送票数和派送营业收入的统计依据。

（5）随包裹报关联

进出口快件须有报关使用的运单联，非进出口快件可不设此联。

（6）其他运单联

各快递企业根据业务实际需求设计的、用作其他用途的运单联。

3．快递运单的内容

（1）寄件人信息。

① 寄件人公司名称。私人寄件可不填写寄件人公司名称；公司寄件必须填写寄件人公司名称。

② 寄件人姓名。必须填写全名，填写英文名或中文名可根据快件类型确定。

③ 寄件人电话。必须填写寄件人电话，包括电话区号和电话号码（座机或手机号码可由客户自行提供），便于快件异常时可以及时联系到寄件人。

④ 寄件人所在地邮编。是否填写根据各快递企业的要求，如运单要求填写邮政编码，须请客户提供正确的邮政编码。

⑤ 寄件人地址。详细填写寄件人地址，以便在快件退回时可以尽快找到寄件人。

（2）收件人信息。

① 收件人公司名称。收件人是私人，可不填写收件人公司名称；收件人在公司签收快件，则必须填写收件人公司名称。

② 收件人姓名。必须填写全名，填写英文名或中文名可根据快件类型确定。

③ 收件人电话。必须填写收件人电话，包括电话区号和电话号码（座机或手机号码可由客户自行提供），便于快件异常时可以及时联系到收件人。

④ 收件人所在地邮编。是否填写根据各快递企业的要求，如运单要求填写邮政编码，须请客户提供正确的邮政编码。

⑤ 收件人地址。详细填写收件人地址，按"××省××市××镇××村××工业区／管理区××栋（大厦）××楼××单元"或"××省××市××区××街道（路）××号××大厦××楼××单元"。

（3）寄递物品信息。详细填写寄递物品的实际名称，不允许有笼统字眼，如"样板（版、品）"、"电子零件"等。品名内容后不可有"部分"字样，应写明具体数量。出口件的寄递物品需根据物品性质、材料来详细申报，例如衫、裤要注明为针织、棉、毛、皮、人造皮革、化纤等，玩具要注明为布、塑料或毛绒等，以保证快件发运过程中安全检查正常及通关顺利。

（4）数量、价值。寄递物品的数量及价值，业务员要与寄件人共同确认后填写。

（5）重量填写。快件实际称重重量和计算的体积重量。业务员要与寄件人共同确认后填写。

（6）资费。根据快件重量，计算快件的资费，并与寄件人共同确认后填写。

（7）付款方式。寄件人在运单上勾选正确的付款方式。

（8）日期。寄件日期和收件日期，要如实填写日期时间，详细到分钟。

（9）寄件人签署。寄件人在该栏签字，确认快件已经完好地交给业务员，业务员切忌替代寄件人签字。

（10）收件人签名。收件人在收到快件并对快件外包装进行检查后，在运单收件人签名栏签字，确认快件已经签收。

（11）取件员名称。上门收取快件的业务员，在收取客户的快件后，在此处写上姓名或工号，表明此票快件由该业务员收取。

（12）派件员名称。业务员将快件派送到收件人处时，请客户检查快件包装是否完好并签字后，在运单上写上派件员的名称或工号，表明该票快件由此派件员派送。

（13）备注。如有其他的特殊需求或者快件出现异常，可在备注栏上表明。

4．快递运单填写的注意事项

（1）数字填写要求。书写的数字字母必须工整清晰，尤其要注意数字与数字之间以及字母与字母之间的区别，为避免由于数字填写过大，超出各栏的方框线造成输单错误，要求填写运单上的件数、计费重量、资费、实际重量及其他数字栏时，数字必须在方框内，不得压线或超出方框范围。

（2）电话号码填写注意。注意电话号码的位数，例如国内座机号码目前为7位或8位，如不足7位或多于8位，则号码肯定有误；国内的手机号码为11位，如手机号码超过或不足11位，可能号码有误。此时须再次与客户确认号码的正确性。

（3）业务员必须提示客户阅读背书条款。

（4）业务员一般情况下不得替客户填写寄件人信息、收件人信息、寄递物品信息、寄件和收件日期、寄件人签署、收件人签名等，严禁替代客户签字。

六、快件的重量与规格

1．快件重量限度

重量限度是指对单件快件所规定的最高重量限制。目前，在快件收取、处理、派送过程中，搬运装卸工作大部分是由人工完成，因此，快件在重量上不宜超出单人搬运能力的范围。《快递服务》邮政行业标准对快件重量的规定为：国内单件快件重量不宜超过50kg。

2．快件规格限度

根据《快递服务》邮政行业标准的规定：快件的单件包装规格任何一边的长度不宜超过150cm，长、宽、高3边长度之和不超过300cm。

（1）航空快件规格

对于航空快件，业务员应该根据各航空公司的要求，航班机型及始发站、中转站和目的站机场的设备条件、装卸能力来确定可收运快件的最大尺寸和重量。

航空快件的最大规格，如是非宽体飞机载运的快件，每件快件重量一般不超过80kg，体积一般不超过40cm×60cm×100cm。宽体飞机载运的快件，每件快件重量不超过250kg，体积不超过100cm×100cm×140cm。快件重量或体积如果超过以上标准，快递企业也可依据具体机型及出发地和目的地机场的装卸设备条件，确定该快件是否可收运。

航空快件的最小规格是每件快件的长、宽、高之和不得小于40cm。若低于以上标准，快递企业需要对快件进行加大包装处理。

（2）铁路规格

铁路快件运输所承运的快件，单件快件体积以适于装入旅客列车行李车为限，但根据《铁路货物运输规程》规定：按零担托运的货物，一件体积最小不得小于0.02m³。快件的体积不得超出铁路货车车厢的规格，车厢的规格为长15.5m、宽2.8m、高2.8m。

（3）公路规格

快件公路运输通常使用货车，各运输环节根据货量大小选择不同吨位的货车，确定快件尺寸规格时须考虑与货车尺寸相匹配。

七、快件计费方法和时限要求

1. 快件计费方法

国内各快递企业在计算快件资费时，一般都采取以下方法。

（1）首重加续重方法

通常快件资费分为首重资费和续重资费。快递企业规定的最低计费重量为首重，首重对应的资费为首重资费；快件重量超出最低计费重量的部分称为续重，续重所对应的资费为续重资费。

（2）以重量为基础，实施"取大"的方法

计费重量选择实际重量和体积重量两者之中较高者。体积重量是将快件的体积按照一定计算公式折合成为重量，主要是对那些体积非常大、实际重量很轻的轻泡快件。因轻泡快件在实际运输过程中占用较大体积，如果按照实际重量计算资费，不能弥补快递企业所需承担的运输成本。

（3）以时效为依据，体现"快速高价"方法

在一定的重量基础上，对于不同时效的产品采用不同的价格。

2. 快件时限要求

快件时限是指快递企业完成快件收寄、处理、运输、派送等环节所需要的时间限度。它直接反映了一票快件从收寄开始到第一次派送的时间间隔，时间间隔越短，越能体现快递之"快"的特性。

（1）快件时限要求标准

《快递服务》邮政行业标准规定，除了与客户有特殊约定之外，同城快递最长不超过 24 个小时，国内异地快递不超过 72 个小时。

（2）企业提供的限时服务

根据《快递服务》邮政行业标准的指导思想，快递企业围绕"快"的特点，以客户对快递的不同时效需求为出发点，推出众多特殊时限承诺的快递服务产品，如"晨收晨到"、"午收晨到"、"夜收晨到"、"晨收午到"、"午收午到"、"朝九特派"、"次日达"、"隔日达"、"专人收派"等。

八、快件保价

1. 快件保价和保险的概念

快件保价是指客户向快递企业申明快件价值，快递企业与客户之间协商约定由寄件人承担基础资费之外的保价费用，快递企业以快件声明价值为限承担快件在收派、处理和运输过程中发生的遗失、损坏、短少等赔偿责任。快件保价是快递企业直接向客户做出的承诺，如果发生问题，由快递企业承担理赔责任。如圆通快递规定按保额的 3% 支付保价费，保价最高限额为人民币10000 元。如果没有保价一旦发生遗失，将按实际支付寄递费用的两倍计费赔偿。

快件保险，是指客户在寄递物品之前直接对物品向保险公司购买保险，快件在从始发地至目的地的整个运输、装卸和储存的过程中发生遗失、损坏或短少时，保险公司按照承保规定给予客户赔偿。目前，一些快递企业为客户提供代办快件保险手续。

2. 保价与保险比较

（1）快件保价和快件保险的相同点

不论是快件保价还是快件保险，客户都支付了基础资费以外的保价费用或保险费用，物

品的声明价值都不得超过物品的实际价值。在快递过程中，客户的物品均发生遗失、损坏或短少，并且都因物品损坏获得了赔偿。

（2）快件保价和快件保险的不同点

① 涉及当事人不同。快件保价只涉及客户和快递企业；快件保险涉及客户、快递企业、保险公司、第三方评估机构。

② 制度设计目的不同。快件保价的风险是由个人转移到快递企业；快件保险的风险从个人和快递企业转移到保险公司。

3. 保价服务的注意事项

（1）声明价值

快件价值越高，遗失、损毁所产生的风险越大。为了规避风险，快递企业一般都规定了保价物品的最高赔偿价值。业务员在收取快件时，要注意客户填写的快件声明价值不得超出本企业规定的最高赔偿价值限制。如果超出，则建议客户对快件进行投保。

（2）保价快件的标识

保价快件一般都是价值较高或客户非常重视的物品，应该妥善包装快件，并使用特殊的标识提醒操作环节注意保护快件。例如采用保价封签，在快件包装封口的骑缝线上粘贴保价封签并请客户在封签及包装的交接处签名，确保只有破坏封签方能打开快件包装。

（3）快件称重

为能够及时发现保价快件是否短少，并进行相应处理，快递企业一般对保价快件重量精确度做出较高要求。例如，某快递企业规定保价快件的重量必须精确到小数点后两位，且各交接环节须进行重量复核，确保从收取到派送整个过程的快件安全。

（4）保价运单

出于保价快件自身的特殊性，有些快递企业使用专门印制的保价运单，有些企业则直接在普通运单的某一位置显著标记"保价"。对于有专门或特殊标记保价运单的，业务员在收取保价快件时，须使用这些运单寄递快件，同时注意严格遵循填写舰范。

（5）赔偿上限

保价快件最高赔偿额不超过客户投保的声明价值。

九、禁限寄物品

1. 禁止寄递物品

禁寄物品是指国家法律、法规禁止寄递的物品。国家法令明确规定，任何组织和个人不得用快递网络从事危害国家安全、社会公共利益或者他人合法权益的活动，并且规定了禁限寄物品的种类、收寄检查和管理制度。国家法律、法规明文禁止寄递的物品共有 14 类，主要包括具有燃烧、爆炸、腐蚀、毒害和放射等性质的危险物品，严重危害国家安全、破坏民族团结、破坏国家宗教政策、破坏社会稳定的禁寄物品。

（1）各类武器、弹药，如枪支、子弹、炮弹、手榴弹、地雷、炸弹等。

（2）各类易爆炸性物品，如雷管、炸药、火药、鞭炮等。

（3）各类易燃烧性物品，包括液体、气体和固体，如汽油、煤油、桐油、酒精、生漆、柴油、气雾剂、气体打火机、瓦斯气瓶、磷、硫磺、火柴等。

（4）各类易腐蚀性物品，如硫酸、盐酸、硝酸、有机溶剂、农药、双氧水、危险化学品等。

（5）各类放射性元素及容器，如铀、钴、镭、钚等。

（6）各类烈性毒药，如铊、氰化物、砒霜等。

（7）各类麻醉药物，如鸦片（包括罂粟壳、花、苞、叶）、吗啡、可卡因、海洛因、大麻、冰毒、麻黄素及其他制品等。

（8）各类生化制品和传染性物品，如炭疽、危险性病菌、医药用废弃物等。

（9）各种危害国家安全和社会政治稳定以及淫秽的出版物、宣传品、印刷品等。

（10）各种妨害公共卫生的物品，如尸骨、动物器官、肢体、未经硝制的兽皮、未经药制的兽骨等。

（11）国家法律、法规、行政规章明令禁止流通、寄递或进出境的物品，如国家秘密文件和资料、国家货币及伪造的货币和有价证券、仿真武器、管制刀具、珍贵文物、濒危野生动物及其制品等。

（12）包装不妥，可能危害人身安全、污染或者损毁其他寄递件、设备的物品等。

（13）各寄达国（或地区）禁止寄递进口的物品等。

（14）其他禁止寄递的物品。

2．限制寄递物品

限寄是为控制某些物品流通和保护某些物品特许经营权，对一些物品的寄递限定在一定范围内，限定的范围包括价值上的限制和数量上的限制，即限值和限量。具体内容以海关当时公布的限值和限量要求为准。

（1）我国限制寄递出境的物品

① 金银等贵重金属及制品。

② 国家货币、外币及有价证券。

③ 无线电收发信机、通信保密机。

④ 贵重中药材及其制成药（麝香不准寄递出境）。

⑤ 一般文物。

⑥ 海关限制出境的其他物品。

（2）我国海关对限制寄递物品的限量和限值规定

① 限量规定。在国内范围互相寄递的物品，如卷烟、雪茄烟每件以两条（400 支）为限，两种合寄时也限在 400 支以内。寄递烟丝、烟叶每次均各以 5kg 为限，两种合寄时不得超过 10kg。每人每次限寄一件，不准一次多件或多次交寄。

② 限值规定。对于寄往港澳台地区及国外的物品，除需遵守限量规定外，还应遵守海关限值的有关规定。寄往香港、澳门、台湾地区的个人物品，每次价值以不超过人民币 800 元为限，其中 400 元内部分免税，超出 400 元的部分需征税；中药材、中成药以人民币 100 元为限。中成药是指注册商标上有"省（市）卫准字"的中成药，商标上标有"省（市）卫健字"的保健中成药不属本限制范围。

寄往国外的个人物品，每次价值以不超过人民币 1000 元为限，其中人民币 500 元以内部分免税，超出 500 元的部分需征税；中药材、中成药以人民币 200 元为限。

外国人、华侨和港澳台同胞寄递的出境物品，如果是外汇购买的，只要不超过合理数量，原则上不受出口限制。如果寄达国（或地区）对某些寄递物品有限量、限值的规定，应按照寄达国（或地区）的规定办理。

十、快件查询和更址、撤回

1. 快件查询

快件查询是快递企业向寄件人反馈快件传递状态的一种服务方式。如果顾客不知道寄出快件对方是否收到，那么可以通过快件查询进行。客户只要将运单号码告知快递公司便可以查询到该快件的相关信息。

（1）快件查询渠道，主要有网站查询、电话查询、网点查询3种方式。

① 网站查询：按快递运单上的网址，客户登录快递企业的查询网站，输入快递运单号码可查询快件信息。

② 电话查询：按快递运单上提供的服务电话，客户根据快递运单号码，按电话提示进行系统查询或人工查询。内容主要包括：快件所处的服务环节及所在位置；不能提供快件即时信息的，告知顾客彻底延误时限及索赔程序。

③ 网点查询：客户到快递企业的营业网点，凭寄件人存根联运单办理查询手续。

（2）查询内容，包括快件当前所处服务环节及所在位置。对于中国大陆异地、港澳台以及国际快递服务，快递企业都提供全程跟踪的即时查询服务。

（3）查询答复时限，客户电话查询时，快递企业应在30分钟内告知顾客。

（4）查询信息有效期应为快递企业收寄快件之日起1年内。

2. 快件更址、撤回

快件更址是快递企业根据寄件人的申请，将已经交寄快件的收件人地址按照寄件人的要求进行更改。快件撤回是快递企业根据寄件人的申请，将已经交寄的快件退还寄件人的一种特殊服务。在符合申请退回或更址的条件下，寄件人可以提出快件更址或快件撤回的要求。

（1）快件更址的条件

① 对于同城和国内异地快递服务，快件尚未派送到收方客户处。

② 对于国际及港澳台地区快递服务，快件尚未出口验关前可更址。

（2）快件撤回的条件

① 对于同城和国内异地快递服务，快件尚未首次派送，如已经首次派送但尚未派送成功，则可撤回，快件撤回须收取相应的撤回费用。

② 对于国际及港澳台地区快递服务，快件尚未出口验关。

（3）快件更址或撤回的渠道

快递企业一般都设立专门的客户部门或人员处理快件更址或撤回事项，客户可联系这些部门和人员，或者向业务员提出对快件进行更址或撤回的要求。

➤ 任务实施

1. 任务描述

小李是重庆大学城某高校的学生，家住北京，父母准备给远在重庆的小李邮寄家乡的特产，联系到某快递公司的快递员小张，快递员小张怎样揽收包裹并送到营业点？

2. 准备工作

（1）学生以小组为单位，模拟一家快递公司营业点，4~6人1组，分别扮演客户、快递员、营业点处理员，完成快递收寄任务。

（2）准备好快递单及包装物品。

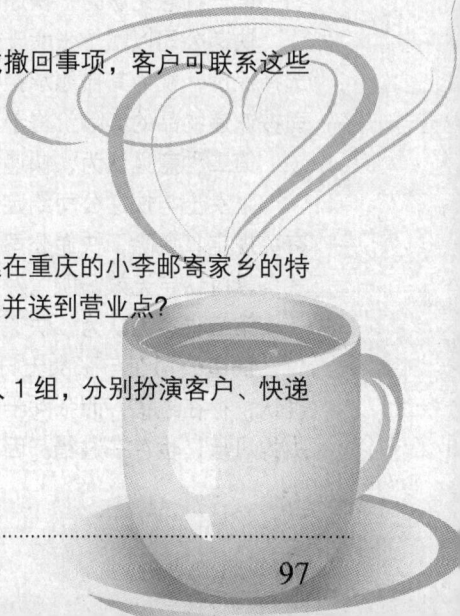

3. 完成情况评价

完成任务的过程记录与自我评价
（1）为完成这个任务，我做了（按工作顺序列出）：
（2）经过努力后，我完成了下列任务：
（3）在完成任务过程中，我遇到了下面的障碍：
（4）通过完成任务，我得到的经验和教训

任务完成状况的自我评价（在对应等级上划圈）
A. 未完成　　　B. 基本完成　　　C. 完成

➤ 案例与思考

速递物品丢失，该不该赔？

广州的张女士购置了 2 部诺基亚手机、1 部摩托罗拉手机、3 张 4G 内存卡，总共价值 6800 元。张女士委托某快递公司将上述物品速递给重庆的王先生。张女士在填写速递详情单时，填写了发件人及收件人的详细情况，但未在发件人签名一栏中署名，也未对速递的物品进行保价。王先生一直未收到速递的物品，张女士在与快递公司核实后，得知物品在速递过程中丢失。

因物品在速递过程中丢失，张女士起诉至法院，要求快递公司赔偿损失 6800 元，退还运费 25 元。庭审中，快递公司认为其在速递详情单上明确注明，发货人可以选择是否对其托运的物品进行保价，对于保价的，按照保价的实际金额赔偿损失；对于没有保价的，按最高限额 200 元的标准予以赔偿。所以，张女士应自行承担其未选择保价而造成的损失。

本案在审理过程中存在 3 种不同意见。

第一种意见认为，快递公司不用担责。

快递公司以赋予张女士选择权的方式约定有关保价及赔偿条款应属合法有效，张女士未选择保价，视为其自愿承担物品在速递过程中毁损、灭失的风险，所以对张女士要求快递公司按速递物品的实际价格予以赔偿的诉讼请求，不应支持。

第二种意见认为，快递公司承担全部赔偿责任。

张女士与快递公司约定的保价及赔偿条款是格式条款，该格式条款违反了我国合同法的有关规定，免除了快递公司的责任、排除了张女士要求快递公司承担赔偿责任的权利，该格式条款应认定无效，所以对张女士要求快递公司赔偿其全部损失的诉讼请求，应予支持。

第三种意见认为，快递公司应承担部分责任。

快递公司在与张女士订立合同的过程中未提醒张女士对速递详情单上的条款予以签字确认，存在过错，而张女士没有选择以交纳保价费的方式避免自行承担物品在速递过程中丢失的风险，也存在过错。因双方均有过错，所以应分担责任。

本案争议的焦点主要在于速递详情单所附条款中有关保价的格式条款是否合法有效。格式条款指当事人一方与不特定的多数人进行交易，为了重复使用而预先拟定的，在订立合同时未与对方协商，且不允许对方对其内容做任何变更的合同。

本案涉及的速递详情单即是速递领域中广泛存在的一种格式合同。现快递公司以赋予张女士选择权的方式约定了保价格式条款，张女士有选择对其速递的物品是否进行保价的权利，若张女士不选择保价，视为其自愿承担货物在运输过程中存在的毁损、灭失风险，该条款不存在有违公平的原则，且发件人和承运人约定以交纳一定比例保价费的方式作为确定物品在承运过程中丢失赔偿数额的依据是符合行业惯例的通行做法，所以该格式条款应属合法有效，对双方当事人具有法律约束力。

我国合同法规定了格式条款的提供者应当以合理、适当的方式将格式条款的全部内容提请对方注意，以便对方能了解其内容。本案中，快递公司在合同订立的过程中未尽提醒义务，未提醒张女士注意速递详情单的全部内容，也未提醒张女士应以签字的方式予以确认，其行为存在过错，应当承担相应的赔偿责任。同时，张女士没有选择以交纳保价费的方式作为避免自行承担物品在承运过程中丢失的风险，其自身也存在过错，应自行承担一定的物品损失责任。所以，法院最终根据双方在签约、履约过程中的过错程度等实际情况判决快递公司赔偿张女士 3400 元。

【思考】

（1）什么是快递保价？快递的物品保了价，如果丢失，快递公司是否要赔付？赔付金额怎样算？

（2）作为快递业务员，在指导客户填写运单时，应该重点注意哪些方面？

（3）你认为本案例中，快递公司向张女士赔偿 3400 元是否合理？请阐述理由。

➤ 能力扩展

1．思考题

（1）请描述快件收寄的流程。

（2）快件收寄的方式有哪些？

（3）快件的计费方法有哪些？

（4）什么是保价快件和保险快递？它们有什么异同点？

（5）保价服务有哪些注意事项？

（6）快递运单的填写要求是什么？

（7）快件的重量和规格有怎样的规定？

2．案例分析

世纪服装服饰公司于 2009 年 10 月 16 日委托神风快递公司将一批服装拉链运送到重庆，神风快递公司营业点工作人员派车到世纪服装服饰公司仓库将委托运输的货物拉链共计 20 件，总重量 368.7 千克，价值 78000 元拉链拉走发往重庆客户。2009 年 10 月 16 日世纪服装服饰公司与神风快递公司签订了《快递运单》，该单载明以下内容。寄件人姓名：王琴；寄件地址：上海市松江区经济开发区恒江路 88 号；收件地址：重庆市沙坪坝区小龙坎正街 158 号；内件品名：拉链；总件数：20 件；收件人员签章：张永，与收件人员签章并列处写有"寄件人签名"，此处无人签字为空白。该单下方写有"填写本单前，务请阅读背面快递服务协议！您的签名意味着您理解并接受协议内容"。其中第 1 条：快递详情单是本协议的组成部分。本协议自寄件人、神风快递收寄人员在快递详情单上签字或盖章后成立；第 4 条：本公司在服务过程中造成快件延误、毁损、灭失的，应承担赔偿责任。双方没有约定赔偿标准的，可按照相关法律规定执行。既无约定也无相关法律规定的，服从快递服务标准规定。世纪服装服饰公司在办理货物快递时未办理保价。神风快递公司收货后，在运送途中货车发生火灾，造成世纪服装服饰公司 20 件货物中 4 件货物在火灾中烧毁，其余的货物没有受到损害，神风快递公司要求再免费快递给世纪服装服饰公司的客户，世纪服装服饰公司不同意。事后世纪服装服饰公司与神风快递公司协商赔偿损失问题未果，世纪服装服饰公司诉讼至法院，要求法院判神风快递公司：赔偿世纪服装服饰公司货物损失 78000 元；退还世纪服装服饰公司运费 1290.45 元（368.7 千克×3.50 元）；由神风快递公司承担该案诉讼费用。

（1）神风快递公司是否应该赔偿世纪服装服饰公司货物损失 78000 元？

（2）运费是否应该退还世纪服装服饰公司？

（3）如果你是法官，你怎样判？

任务二　快件处理

➤ 学习任务

完成某快递中转站的中转业务。

➤ 学习目标

（1）熟悉快件处理的流程。

（2）掌握快件分拣的原则和方式，注意问题件的分拣。

（3）能进行快件的登单。

（4）熟悉总包的封装和码放标准。

（5）熟悉总包快件的装车发运。

➤ 学习引导

一、快件处理流程

快件处理流程是快递业务员对进入处理中心的快件进行分拣封发的全过程，包括快件到站接收、分拣、总包封装、快件发运等环节。根据处理中心在快递服务全程中所处的不同位置及所承担的功能，在快件处理方式上存在包进包出、散进包出、包进散出及散进散出 4 种方式，如图 3-2-1 所示。

包进包出，是指快件以总包的形式进入处理中心，经分拣封发后，再以总包的形式发往下一个环节。包进包出的情况主要存在于图 3-2-1 的 A 处理中心，这些处理中心承担着中转枢纽的功能。

散进包出，是指快件以散件的形式进入处理中心，经分拣封发后，以总包的形式发往下一个环节。散进包出的情况主要存在于图 3-2-1 中的 B 处理中心。这些处理中心前端连接收寄处理点，后端连接另一处理中心。

包进散出，是指快件以总包的形式进入处理中心，经分拣后，以散件的形式发往派送处理点，如图 3-2-1 中的 C 处理中心。

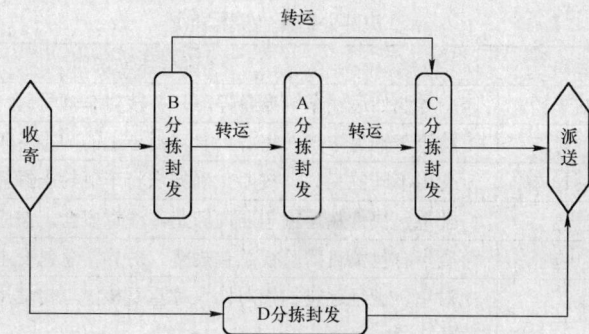

图 3-2-1 快件处理方式

散进散出，是指快件以散件的形式进入处理中心，经分拣后，再以散件的形式发出。这类处理中心两端连接收寄处理点和派送处理点，如图 3-2-1 中的 D 处理中心。在散进散出的处理方式上，快件不需要经过转运环节，同城快件的处理多属此类。

实际运行中，一个处理中心在整个快递服务过程中很有可能会承担着两种以上的处理功能，因此，在同一处理中心很可能会同时存在两种或两种以上的处理方式。

上述 4 种处理方式中，包进包出方式处理环节最为全面，因此，下面以包进包出的方式为例，来说明快件处理的整个作业流程，如图 3-2-2、表 3-2-1 所示。

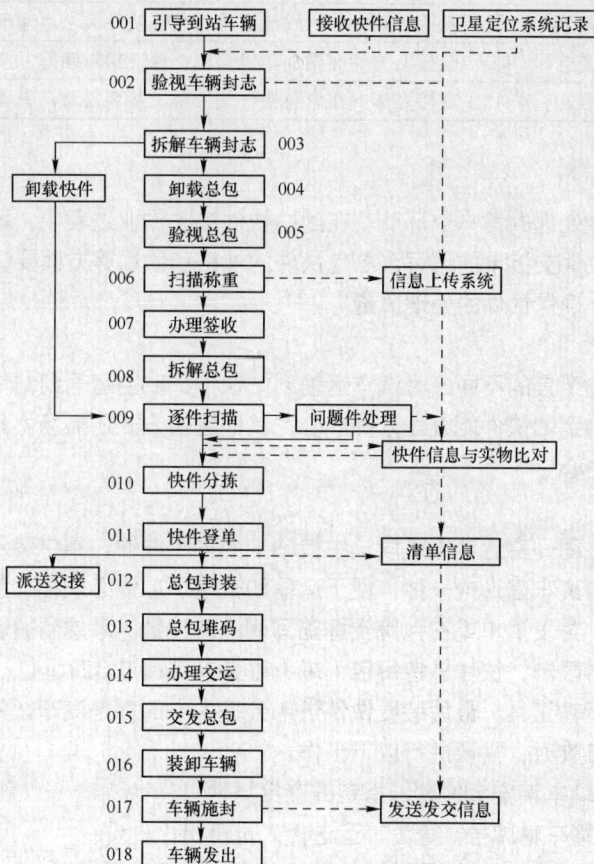

图 3-2-2 快件处理作业流程图

表 3-2-1　　　　　　　　　　快件处理作业流程描述

活动编号	流程活动	流程活动说明
001	引导到站车辆	引导快件运输车辆准备停靠，并核对车辆号码，查看押运人员身份
002	验收车辆封志	检查车辆封志是否完好，核对封志上的印志号码
003	拆解车辆封志	使用不同的工具，按照正确方法将车辆封志拆解
004	卸载总包	把总包快件从运输车厢内卸出，注意安全，按序码放
005	验收总包	查点总包数目，验视总包规格，对异常总包交主管处理
006	扫描称重	对总包进行逐袋扫描对比，称重复核，上传信息并将扫描信息与交接单核对
007	办理签收	交接结束后，交接双方在快件交接单上签名盖章，有争议事宜在交接单上批注
008	拆解总包	解开总包，倒出包内快件，检查总包空袋内有无漏件
009	逐件扫描	逐件扫描快件条码，检查快件规格，将问题件剔出，交有关部门处理
010	快件分拣	按快件流向对快件进行分类、分拣
011	快件登单	逐件扫描快件的完整信息，扫描结束及时上传信息，打印封发清单
012	总包封装	制作包牌，将快件装入包袋并封口
013	总包堆码	将总包按一定要求堆位、码放
014	办理交运	将建好的总包，按发运车次、路向填制交接单并比对
015	交发总包	交接双方共同核对总包快件数量，检查总包规格、路向
016	装卸车辆	按照正确装载、码放要求将总包快件装上运输车辆
017	车辆施封	交接双方当面施加车辆封志，保证封志锁好，核对号码
018	车辆发出	交接完毕，在总包快件交接单上签名盖章，引导车辆按时发出

二、快件接收

快件接收是快件处理的第一个环节。在到站快件接收作业过程中，场地接收人员对快件运输车辆的封志、快件交接单的填写、总包快件的规格和质量等方面要认真执行交接验收规定，明确责任环节，确保快件的处理质量。

1．到站验收

到站快件按运输工具的不同分为汽车运输到站快件、航空运输到站快件、火车运输到站快件。只有汽车运输到站快件能直达分拣中心，其他运输方式还需场（分拣中心）站盘驳，才能到达快件分拣中心。

（1）办理交接

总包是指将寄往同一寄达地（或同一中转站）的多个快件，集中装入的容器或包（袋）。总包经封扎袋口或封裹牢固形成一体，便于运输和交接。总包必须栓有包牌或粘贴标签，同时总包内应附寄快件封发清单或在包牌及标签写明内装件数。考虑到搬运方便，以及总包包袋的容量和承载能力限制，快件总包每包（袋）重量不宜超过 32kg。

不管使用哪种运输工具，最后装载快件进入分拣中心的都是汽车。分拣中心场地人员在办理汽车到站快件接收时，需要进行以下工作。

① 引导快件运输车辆安全停靠到指定的交接场地。

② 核对快件运输车辆牌号，查看押运送件人员身份。

③ 检查快件运输车辆送件人员提交的交接单内容填写是否有误。

④ 核对到站快件运输车辆的发出站、到达站、到达（开）时间，并在交接单上批明实际到达时间。

⑤ 检查车辆的封志是否完好，卫星定位系统是否正常。

⑥ 核对总包数量与交接单载明信息是否一致。

⑦ 检查总包是否有破损等异常现象。

⑧ 交接结束时，在快件交接单上签名盖章。

（2）总包接受、验视

接受进站总包是处理环节的总进口，分拣中心必须严格把关，进行一丝不苟地检查，守住"大门"。快递企业两环节对总包交接实行"交接单"交接。交接时应以"交接单"上登记的内容或网上信息为准，并与总包实物进行比对。对于验视发现的异常总包，交接双方要当场及时处理，明确责任。

接受总包时，应对总包做以下方面的验视。

① 总包发运路向是否正确。

② 总包规格、重量是否符合要求。

③ 包牌或标签是否有脱落或字迹不清、无法辨别的现象。

④ 总包是否破损或有拆动痕迹。

⑤ 总包是否有水湿或油污等现象。

2. 总包拆解

总包拆解作业，就是开拆已经接受的进站快件总包，将快件由总包转换为散件。总包拆解实质上是对总包内快件的接受，其特点是交接双方不是面对面的当场交接，而是一种"信誉交接"。因此，为了能够分清交接双方的责任，要求对上一环节封装的快件总包开拆后，还能恢复其"原始状态"。所以，开拆总包时，对封扎总包袋口的扎绳必须严格按规定操作；对总包空袋的袋身必须严格检查，并妥善保管，不得随意乱扔。这样，一旦出现问题件，有利于辨明拆封双方的责任。

总包拆解常见异常情况如下。

① 快件总包包牌所写快件数量与总包袋内快件数量不一致。

② 拆出的快件有水湿、油污等。

③ 拆出的快件外包装破损、断裂、有拆动痕迹。

④ 改退快件的批条或批注签脱落、错误等。

⑤ 拆出的快件属误封发寄错误。

⑥ 封发清单更改划销处未签名并未盖章、快件数量与封发清单所登数量不符、错登快件号或未附内件封发清单等。

⑦ 快件运单内容（寄达地、重量、物品名称等）与清单信息不符。

⑧ 快件运单地址残缺。

⑨ 有内件受损并有渗漏、发臭、腐烂变质现象发生的快件。

三、快件分拣

1. 分拣方式

（1）手工分拣方式

手工分拣，是县（市）及以下邮政快递企业进行快件分拣的主要作业方式。

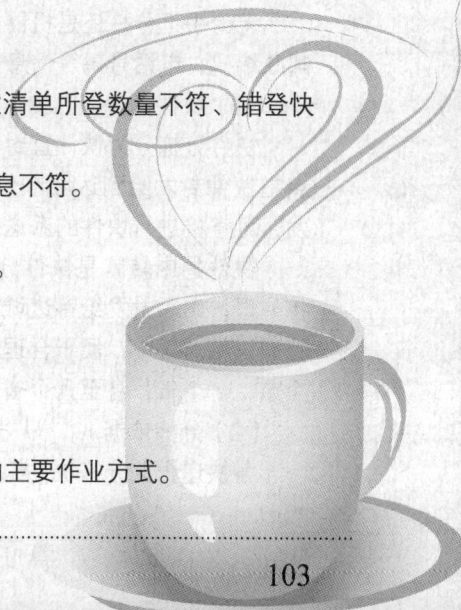

手工分拣是指依靠人力，使用简单的工具来完成整个分拣作业过程的一种分拣方式，需要分拣人员掌握一定的交通、地理知识，熟记大量的快件直封、经转关系，具备熟练的操作技术以及书写能力等。手工分拣所需要的工具简单，作业流程简捷，经济节约，在未实行机械化分拣的单位，仍然是一种十分重要的分拣手段。

双手分拣是信函分拣的一种通用方式。双手分拣不局限左、右手的分工，取适当数量的待分信函正面顺向放在特制的分拣托板上，按照收件人地址或邮政编码，将信函分别分送到相应的格口内。双手分拣是在传统的右手分拣法（左手持信右手分拣）与左手分拣法（右手持信左手分拣）的基础上发展起来的，它借助分拣托板代替单手持信，使双手分拣更为灵活地"左右开弓"，上下并进，从而加快了分信的速度，提高了工作效率。

按码分拣是按照快件上收件人地址的邮政编码进行分拣的一种方式。实行邮政编码后，除投递前的落地快件分拣必须按收件人详细地址分拣外，其他环节的进、出、转快件都可按码分拣。采用手工分拣的，出、转口处理按照快件上的收件人邮政编码前3位号码分拣；进口处理按照收件人邮政编码的后3位号码分拣。对于按码分拣尚不够熟练的，可采用按址分拣和按码分拣两种方式并用的方法，来保证分拣准确，避免错分错发。

专人专台分拣，是指对贵重或特殊快件指定专人或设置专台进行专门处理，其目的在于确保相关快件的安全与迅速传递。如保价信函和保价印刷品不得与其他快件混合作业，应由专人或专台分妥后，逐件登入封发保价快件清单，注明保价金额和总件数，然后交主管人员或指定人员检查封发规格，核对总件数，填写重量并加盖名章，会同封成保价专袋或专套。封好的专袋或专套必须装入快件袋套或平挂快件合封袋套内，再逐件登入相关清单内并发运。

（2）半自动机械分拣方式

半自动分拣是人机结合的分拣方式，能使待分拣快件通过输送装置传输到接件点，由操作人员将分拣到位的快件取下。其特点是能连续不断分拣，减轻操作人员劳动强度，提高分拣效率。半自动分拣方式一般采用输送设备，主要组成部分是传送带或输送机。

（3）分拣机自动分拣方式

分拣机自动分拣是指由分拣机根据对分拣信号的判断，完成快件分拣的一种方式。其特点能实现连续、大量地分拣，信息采集准确，分拣误差较小。分拣机分拣作业基本实现了无人化，使劳动效率大幅提高。

2．分拣操作要求

无论手工分拣还是机器分拣，操作中都应严格按照快件的直封和中转关系，依据地址、邮政编码、电话号码等信息，遵照操作规程准确细致地操作。

（1）快件直封和中转

快件分拣分为快件直封和中转两种方式。快件直封就是快件分拣中心按照快件的寄达地点把快件封发给到达城市分拣中心的一种分拣方式。这种分拣方式中途不需要再次分拣封发，可直接进行快件的派送处理。

快件的中转就是快件分拣中心把寄达地点的快件封发给相关的中途分拣中心经再次分拣处理，然后封发给寄达城市分拣中心的一种分拣方式。采取快件中转组织分拣，可使快件处理量相对集中，便于合理组织处理快件和采用机械设备分拣。中转范围可以是一个县、一个市、一个省，甚至几个省。

（2）分拣依据

各快递企业分拣快件的依据主要有两大类：一是按地址分拣；二是按编码分拣。

① 按地址分拣。处理人员分拣时的依据是运单上收件人地址。许多快递企业都要求业务员在运单上用唛头笔明细标记该快件应流向的省份、城市名称。快件处理业务员就根据唛头笔所填的地址名称进行分拣，大大提高了分拣的效率。

② 按编码分拣。处理人员按照运单上所填写的城市航空代码、邮政编码或电话区号进行分拣。按编码分拣有利于分拣的自动化。一些快递企业还根据自身业务网络和特色，创建了独特的编码，便于企业内部使用。

按地址分拣和按编码分拣不是截然不同的两种方式，在具体操作过程中两者相互补充，有利于快件准确地分拣到其实际寄达地。

（3）分拣操作的基本要求

不论是手工分拣还是半自动机械分拣，都不得有抛掷、摔打、拖拽等有损快件的行为，对于优先快件、到付件、代收货款等要单独分拣。

① 手工分拣

对于手工分拣快件，分拣后保持运单一面向上摆放，注意保护运单的完整；易碎件要轻拿轻放，按大不压小、重不压轻、木不压纸的原则分拣；赶发运输时间和处理时限较短的快件，要集中摆放到指定区域，便于封发。

② 半自动机械分拣

对于半自动机械分拣主要是对包裹类快件进行分拣。在利用带式传输或辊式传输设备分拣包裹类快件时，应注意以下操作要求。

a. 快件在指定位置上机传输，运单一面向上，宽度不得超过传输带实际宽度。

b. 快件传输至分拣工位，分拣人员及时取下。未来得及取下而带过的快件由专人接取，再次上机分拣或手工分拣。

c. 取件时，较轻快件双手托住快件两侧，较重快件双手托住底部或抓牢两侧的抓握位，贴近身体顺快件运动方向拣取。

3. 分拣中常见不符要求快件的种类

（1）无法分拣及分拣易出现错误的快件类型

① 快件运单脱落。

② 快件外包装有两张运单或一个运单填写有两个寄达目的地地址。

③ 地址填写错误或邮编、电话号码、寄达目的地填写错误。

④ 寄达地址用同音字代替。

⑤ 运单目的地栏填写或记号笔填写与收件人地址不符。

（2）不符重量和规格要求的快件类型

① 重量：快件单件重量超过50kg。

② 规格：快件单件体积长或高超过150cm，长、宽、高3边之和超过300cm。

③ 航空禁运快件未加标志，如"汽运"。

④ 包装（封装）：快件的包装内衬或填充物过于简单，内件物品有响动或晃动翻滚。外包装不坚固，造成快件破损、塌陷、水湿、油污、渗漏等。

（3）超越服务范围的快件

超范围的快件有两种情况。

① 本公司快递网络未覆盖地区。

② 虽然快递网络覆盖，但不在派送的服务区或未开办某些特殊业务的区域（如到付、

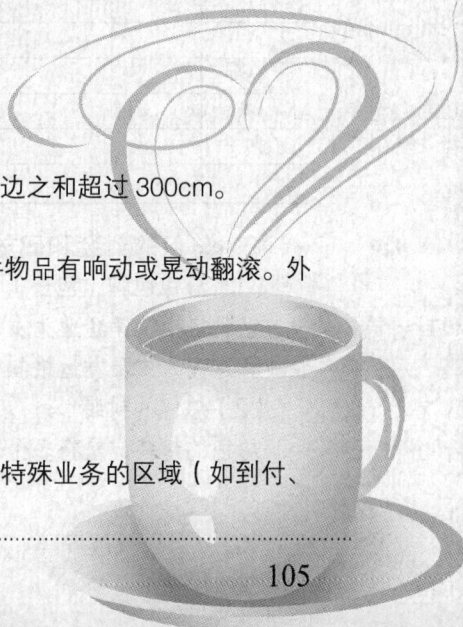

代收货款等）。

四、快件封发

快件封发是将同一寄达地及经转范围的快件经过分拣处理后集中在一起，按一定要求封成快件总包并交运的过程。总包要经过多种运输方式才能运送到目的地分拣中心，总包内的散件传递给目的地分拣中心处理是不见面的"信誉交接"，因此，快件封发作业必须严格操作，所用的封装空袋、封志、包牌等用品应符合规定，并达到封发的规格标准，以使快件实现准确、安全、完整、及时地传递。

1．出站快件的登单

登单就是登记快件封发清单，它是快件传递处理的记录，各环节根据记录的内容接受和处理快件。在快递企业中，出站快件的登单一般有两种方式：手工在专用纸质清单（如表3-2-2所示）上登记快件号码、寄达地等信息；人工或机器扫描录入条码信息。目前多数快件登记操作采用扫描录入条码信息的方式。

无论采取哪种方式，都是以纸质或电子两种介质形式的清单，实现相关信息的记录和传递。

快件封发清单是指登列总包内快件的号码、寄达地、种类或快件内件类别等内容的特定单式，是接受方复核总包内快件的依据之一，也是快件作业内部查询的依据。

表3-2-2　　　　　　　　　　　　　　　清单表

发日　　　　　　　　　　　　　　　　　　　　　收日

第　号第　页

自　　局至　　局

号码	封发日期		封发时间	自　　至	总页数	页号
邮件编码	收寄局	备注	邮件编码	收寄局	备注	
1			2			
3			4			
5			6			
7			8			
9			10			
11			12			
13			14			
15			16			
17			18			
19			20			
封发人员签章			接收人员签章		共计	

2．总包的封装和码放

（1）总包包牌（包签）

包牌是指快递企业为发寄快件拴挂或粘贴在快件总包袋指定位置上，用于区别快件所属企业和运输方式及发运路向等的信息标志。

（2）总包的封装

总包的封装，是将多个发往同一寄达地的快件集中规范地放置在袋或容器中，并将袋或容器口封扎的过程。

（3）总包封装的质量检查

总包内是由多个快件汇集而成，而总包质量检查是控制总包内所封发快件的质量和安全所采用的重要手段，通过质量检查对封发总包产生的差错进行纠正，保证总包封装的快件准确、安全的传递。质量检查的内容有以下几项。

① 检查总包的袋牌、封志、袋身（笼或箱体）、重量等规格是否符合要求。

② 检查总包袋牌或包签的条形码是否整洁完好。

③ 检查是否有未处理完的快件。

④ 检查操作系统信息处理是否符合要求。

⑤ 检查对需要赶发时限的快件是否优先封发处理，是否赶发指定的航班或班次。

（4）总包的堆位和码放要求

完成分拣封发的快件总包及其外走的快件，按某些共同特性和码放原则，整齐排列码放到一个指定的位置。这个过程既是总包集中码放的过程，又是堆位的形成过程。

总包堆位和码放的基本要求如下。

① 根据不同航班和车次及赶发时限的先后顺序建立堆位。搭载同一个航班或同一个车次的总包，即使寄达目的地不同，也应该集中堆放。对同一个车次不同卸交站点的总包快件，应按方便装车的顺序码放。

② 车次或航班的代码和文字等相近、相似的堆位要相互远离，以免混淆。

③ 各堆位之间应有明显的隔离或标志，留有通道。通道宽度一般为 20～30cm。

④ 代收货款、到付快件和优先快件应单独码放。遇码放有特殊要求的总包单件，如易碎快件，应按要求码放。

⑤ 码放在托盘或移动工具上的总包，应结合工具的载重标准和安全要求码放，但码放高度不宜超过工具的护栏或扶手。

五、总包快件发运

总包快件的装车发运是指发运人员根据发运计划及时准确地将总包装载到指定的运输工具上，并与运输人员交接发运的过程。

发运计划是指总包的运输作业计划，包括总包的发运时间、路由、车次（航班）运量、停靠交接站点以及到开时间等方面内容。发运计划是个分拣中心发运总包的重要依据。

1. 出站快件交接

出站快件交接单是用于在收寄（派送）网点与分拣中心之间或分拣中心及中转站等与航运、铁路、汽运部门或与委托运输方之间交接使用的单据（如表3-2-3所示）。其一般登记快件车辆发出时间、始发站、经由站、终到站、装载快件数量、重量、快件号码、驾驶人员等或发出站、到达站、航班号或车次、数量、重量等。在使用时，按各快递企业的相关规定和格式准确填写。

2. 快件装载陆运车辆的要求和注意事项

① 快件装载陆运车辆应由两人或两人以上协同作业。

② 装载时，应文明作业，杜绝抛掷、拖拽、摔打、踩踏、踢扔及其他任何有可能损坏快件的行为。

③ 要按重不压轻，大不压小，结实打底，方下圆上，规则形居底、不规则形摆上的原

则装载快件。总包袋口一律向外，做到有序、整齐、稳固。

表 3-2-3 出站快件交接单

格数	号码	收寄局名	接受局名	袋	套	件	毛重千克 （小数一位止）	备注
1								
2								
3								
4								
5								
6								
7								

寄发人盖章　　　　　　　　　　　　　　　　　　接收人员盖章

④ 一票多单的快件要集中装码，避免与其他快件混放。

⑤ 发生有渗漏、破损总包和快件不得装载，交专人处理。

⑥ 装载时要保证车辆载重的均衡。在非满载情况下，应注意均匀分配车辆的前后两端和左右两侧堆码的高度和重量，应防止有倒落和偏重的现象发生。

⑦ 装载有两个以上卸交站点的车辆，要按"先出后进"或"先远后近"的顺序装载并使用隔离网。

⑧ 装载结束，检查作业场地周围有无遗留总包和快件。

3．建立车辆封志

车辆封志是固封在快件运输车辆车门的一种特殊封志，作用是防止车辆在运输途中被打开，保证已封车辆完整地由甲地运到乙地。

车辆封志可分为两大类：实物封志和信息封志。

实物封志是传统的封志，是目前绝大多数快递企业普遍使用的封志，成本低，但大多不能重复使用。实物封志主要有 3 类：一是纸质类，如封条、封签等；二是金属类，如铅封、施封锁等；三是塑料类，称塑料封志。金属类和塑料类封志是快递企业经常使用的封志。

信息封志是全球卫星定位系统（GPS）与地理信息系统（GIS）结合的信息记录。它通过对车辆的运行和车门的开关，进行即时记录来明确责任。信息封志操作简单，但技术要求高、投资大。

车辆的施封，是为保证运输车辆安全快速地把快件运达目的地而建立的一种控制手段。建立车辆封志的注意事项包括以下几点：① 施封前检查车辆封志是否符合要求，GPS 定位系统是否正常；② 施封时，场地人员与司押人员必须同时在场；③ 施封后的封志要牢固，不能被抽出或捋下；④ 施封过程中要保证条形码完好无损。

> **任务实施**

1．任务描述

在校外实训基地某快递中转站，完成某天的快递处理任务，包括以下任务。

（1）利用伸缩式传送带卸货后分别完成拆包、扫描、标号、码放、手工分拣等工作。

（2）对于派件，迅速扫描、装车、封车，发货；对于收件，需先根据地址装包。

2. 准备工作

（1）在校外各大小型快递中转站，以小组为单位轮岗实训，将学生分成2组，确定岗位如拆包员、巴枪扫描员、标号员、拣货员等。1组完成收件分拣，1组完成派件分拣。1名为小组长，负责小组人员分工。

（2）准备快件处理工具，如巴枪、伸缩传送带、封车牌、分包袋等。

3. 完成情况评价

完成任务的过程记录与自我评价
（1）为完成这个任务，我做了（按工作顺序列出）：
（2）经过努力后，我完成了下列任务：
（3）在完成任务过程中，我遇到了下面的障碍：
（4）通过完成任务，我得到的经验和教训

任务完成状况的自我评价（在对应等级上划圈）
A. 未完成　　　B. 基本完成　　　C. 完成

➤ 案例与思考

理想与现实的差距
——分拨中心改造路径

某日晚7点，位于保安机场附近的顺丰速运一级分拨中心开始忙碌起来。此时，在分拨场外排队等候的，是满满堆放着全天从各分部、点部取回来的外寄包裹的几十辆货柜车，等待被分拨场快速清空。

分拣的场面很壮观：在月台上是十几条可移动伸缩式皮带机，可以直接伸到货柜车厢里面，还可以自由调节高度。有了这件"利器"，在货柜车里卸包的员工就舒服多了，省力、速度快不说，野蛮装卸、损坏包裹的情况就根本没机会发生了。

货物上了皮带以后，汇流至主流水线，进入分拣大厅，大厅里也是一片忙碌景象：几十位员工站在流水线的两边，精神高度集中，不停查看着在流水线上快速移动的每件包裹，这是在干什么呢？原来中转场分拣快件是以人工判断的方式进行的，他们各自负责一块目的地区域，分拣员工需要根据包裹运单上的客户地址或电话号码的地区号把属于自己负责区的快件从皮带机上拖下来，这可是件需要眼明手快、手脑并用的体力活。

属于同一区部的快件被拖下来以后，由各区的操作人员根据运单上的详细地址，把快件按各分部分成堆，在做完收件巴枪后装车（巴枪即手持式扫描仪），做收件巴枪是指用扫描仪读取一次运单上的条形码，记录该包裹已经被本中转场分拣完毕，准备装车发往目的地，然后该条码信息被传到信息系统中，客户就可随时查询到自己的包裹到了什么地方，目前处于什么状态。

还有一部分包裹是同城件，当然，同城件在送往中转场之前分部已经和外地件做了区分，单独送到同城件分拣区域进行分拣，在同城件的分拣中，中转场的仓管员要根据皮带机上的快件运单的收件方地址，把属于自己负责的分部的快件从皮带机上拉下来交给各分部的仓管员，仓管员做完收件巴枪后把快件装车运回分部派送。

深圳是顺丰速运业务最繁忙的区域，深圳机场一级中转场也是其吞吐量最大的中转场，为什么还是采用人工分拣的方式呢？

确实，人工分拣的缺点是很明显的，诸如：① 效率不高，员工再眼明手快也比不上自动识别系统，会受到如疲劳、注意力无法长时间集中等众多生理条件的限制；② 差错率高，漏捡或错捡时有发生；③ 信息滞后，只能延时分批手动上传信息等。但是人工分拣最大的好处就是运营成本低，分拣中心建设投资小，尤其是顺丰速运目前有一大部分分拣场是租赁的，在这些场地上进行大规模的固定资产投入是不合适的。而招聘和培训分拣线上的员工相对容易得多。

但随着业务量的进一步增大，人工分拣方式的弊端会越来越突出，马上就会成为速递全过程中的瓶颈问题，分拣方式更新已经迫在眉睫。

"我们也正在寻找切实可行的改进方案，但是面临的问题很多，即需要实现中转场布局工艺流程科学化、分拣高效化、自动化，并且要具有可操作性的性价比投入，合理满足业务中转时效与场地中转的需求。"运作部高级经理如是说。

"全自动分拣当然是最先进、效率最高的，但是其投资太大，同时运行维护费用也很高，在国内应用也存在一些技术与经济上的问题，比如信息识别方式，廉价的条形码在高速条件下识读准确率和容错率都不高。最理想的识别手段是 RFID，但如果每个包裹上贴一枚 RFID 标签，按照 09 年顺丰速运 3.5 亿票的量计算，光一次性 RFID 标签消耗的费用一年就达 2 个亿以上，这个成本目前是根本无法接受的。"

"还有一种方案是半自动分拣，系统自动或提前识别快件所属分部，由操作人员根据识别出来的信息进行快件分拣。这种方案初始投资相对较小，但是人工成本和人工分拣方式一样高，而且同样面临信息识别方式的问题，并且还得重新探索适合的中转处理流程，考虑如何进一步降低分拣出错率，制订出错补救方案等。"

"其实所有这些方案，在技术上国外已经做得比较成熟，只要有资金和人力投入，实现起来并不困难，关键是如何低成本地实现与公司的业务发展匹配，不是最先进的就是最好的，也不是成本最低就是最好的，应该是最合适的是最好的。"

"所以，不仅仅是顺丰速运，在整个国内的快递行业，人工分拣的方式还是占据绝大多数，因为能以较低成本基本能满足目前业务的需要，但是面对未来的发展，分拨中心必将要采用更先进的分拣方式，顺丰速运应该如何规划分拨中心的改造蓝图，分拨系统如何从目前的人海战术一步步升级到自动分拣，这可能将是一个漫长和充满挑战的过程。"

【思考】

（1）快递中转场有哪几种分拣方式？

（2）结合案例说明人工分拣方式的优缺点。

➤ 能力扩展

1. 思考题

（1）说明快件处理作业流程。

（2）快件分拣的依据有哪些？

（3）总包的堆位和码放要求有哪些？

（4）快件装车发运有哪些注意事项？

2. 案例分析

快件操作流程的优化设计

快递企业的成功来自于优异的流程业绩，优异的流程业绩基于有效的流程设计与管理。快件操作流程设计应具有整个流程优化的系统思想，需以顾客为中心，提高对顾客、市场的响应速度，消除内部环节的重复、无效的劳动，以较小的成本实现高效率。目前快件操作流程的设计与快递技术条件有着非常密切的关系，快递的技术条件决定着快件操作流程的基本路径、工作环节。没有技术条件的有效支持，快件操作流程的优化设计就很难成功。

目前顺丰速运公司在操作流程中主要采用以下技术。

（1）手持终端（HHT）：收派员使用，用于快件揽收和派送环节的信息采集。

① 收件环节：接受订单信息、订单的实时处理（快件正常收取，则反馈快件的运单号、目的地、收方电话等多种信息；如未正常收取，则反馈未正常收取的原因，以便客服人员进一步跟进）、可查询服务范围/快件价格等基本信息。

② 派件环节：采集快件正常派送和无法正常派送的信息，并回传至营运核心业务系统（以便客户实时查询快件派送信息或者客服人员进一步跟进）。

（2）巴枪：仓管员和运作员使用，用于采集快件从发件到到件流程环节的信息采集，采集以下信息节点。

① 发件环节：交运单收件联、收件入仓、二程接驳收件。

② 派件环节：派件出仓、交运单派件联、滞留件入仓、二程接驳派件、滞留件出仓。

③ 过程中的车辆操作：快件装车、快件卸车、封车操作、解封车操作。

④ 包、笼、袋操作（对各个流向的快件进行建包、笼、袋操作，便于快件集装后流转和进行环节监控）：装件入包、笼、袋、快件解包、笼、袋、从包、笼、袋中删除。

⑤ 中转滞留和中转批量滞留，中转场/航空组使用。

⑥ 上传资料，将巴枪内的数据上传至公司业务系统中，便于实时查询。

（3）半自动分拣系统（系统补码、半自动分拣巴枪）：通过专用的分拣系统及设备识别并显示快件目的地及归属分点部代码，再通过操作员将所显示代码书写于快件上的指定位置，分拣人员通过代码对快件进行分拣的操作过程。

（4）图片打单系统：分点部的仓管员/信息员使用扫描仪、计算机等将运单扫描并审核后上传至输单系统，输单员在输单系统下载运单图片并录入、审核运单信息，财务、客服等多个系统可直接抓取和使用相关信息。

同时手持终端系统对已超过收派件时效的快件进行信息处理。对于超过收派件时效但没有做终端回传信息的，手持终端系统会显示出每一条没有回传信息的具体订单（运单）号、员工的工号及姓名、下单（出仓）时间、订单（运单）的具体信息及已经超时的时间等信息，一方面管理人员可以及时发现问题，通知相关人员及时处理；另一方面公司调度系统会统计各网点的超时情况，通过电话或邮件的方式对相应网点发出预警，督促其调查超时的原因并及时进行处理，处理完后要对超时原因和处理情况进行反馈总结，尽量避免相似情况再次发生。通过收派后的回单时间及信息，进行收派件的时效和其他相关信息监控，是一种事后补救。手持终端系统无法从整个运作流程进行实时监控，并且不具备统计分析功能。

目前公司主要采用人工分拣方式，自动化程度较低，如果考虑全面采用自动化或半自动化分拣方式，进行信息化管理，必然带来快件操作流程的再造。

目前，公司的标准化快件操作流程（Shipments Life）包含3大环节11项主流程。

（1）SHL1 快件收发：SHL1.1 下单流程、SHL1.2 收件流程、SHL1.3 发件流程。

（2）SHL2 快件中转：SHL2.1 中转流程、SHL2.2 出港流程、SHL2.3 出口关务流程、SHL2.4 国际转运流程、SHL2.5 进口关务流程、SHL2.6 进港流程。

（3）SHL3 快件派送：SHL3.1 到件流程、SHL3.2 派件流程。

各个流程的概要说明如下。

（1）SHL1.1 下单流程，是指由客户端发起下单请求，客服代表按照公司规范流程将客户收件需求传达至收派员，属于收件业务流程的前端业务流程。

（2）SHL1.2 收件流程，是指收派员从接受订单到上门收取快件、填单、快件检查、做件、巴枪扫描并将快件运回分点部的过程。

（3）SHL1.3 发件流程，是指仓管员接收收派员收取的快件和运单，根据快件上的目的地代码将快件分拣、装车，在规定的时间内发车参加中转，同时将"本公司收件存根"联运单直接或间接交给输单员，并由输单员完成录单的整个操作过程。

（4）SHL2.1 中转流程，是指从快件到达中转场开始，经卸车、分拣、扫描、装车等一系列动作，至快件离开中转场止的整个过程。

（5）SHL2.2 出港流程，是指航空组从接收到货物信息，通过货代或自行操作，将货物配载至航空器，并将出港信息录入航管系统的全过程。

（6）SHL2.3 出口关务流程，是指审单员（含翻译员）、报检员、报关员审核出口报检报关单证，根据检验检疫及海关监管要求，办理出口货物检验检疫及海关手续的整个操作过程。

（7）SHL2.4 为国际转运流程，因为公司暂时未有国际转运业务操作，所以暂时不含国际转运流程，该流程将随着国际转运操作的开展而适时新增。

（8）SHL2.5 进口关务流程，是指审单员（含翻译员）、报检员、报关员审核进口报检报关单证，根据检验检疫及海关监管要求，办理进口货物检验检疫及海关手续的整个操作过程。

（9）SHL2.6 进港流程，是指通过航管系统提取到进港航班信息，通过货代或自行操作，将货物从机场提取交接给中转场，并将进港相关信息录入航管系统的全过程。

（10）SHL3.1 到件流程，是指仓管员与司机交接到达分点部的快件，并对所有快件做卸车、解包或解袋、货件分拣、扫描出仓将快件交给收派员，最后接收收派员派件结束后的运单和滞留件的整个操作过程。

（11）SHL3.2 派件流程，是指收派员完成与仓管员的出仓交接后，根据运单上的派件地址，在规定的时间内将快件送到正确的客户手上，并将派送成功后的运单和未派送成功的滞留件带回分点部交仓管员，将营业款交给指定人员；仓管员接收收派员交回的运单和滞留件，并完成运单交接及滞留件的跟进处理的整个操作过程。

在 11 个主流程中，收件和派件流程是其中的重点流程。

这 11 项主流程是根据顺丰速运公司目前的技术状况及运营条件确定的，随着公司技术的改进，信息化程度的提高，将对流程进行综合协调，将不必要的环节删除或者整合，进一步优化与完善操作流程，采用更有效、更经济的操作方式，提高快递服务质量。

（资料来源："SF 杯"第三届全国大学生物流设计大赛案例。）

【思考】

（1）案例中快件处理采用了哪些技术？

（2）说明最主要的收件派件流程是如何操作的。

任务三 快件派送

➤ 学习任务

完成一个快件的派送。

➤ 学习目标

（1）掌握快件派送流程，能顺利完成一个快件的派送。

（2）学会按不同的方法给快件排序。

（3）能设计派送路线，并对路线进行优化。

➤ 学习引导

一、快件派送流程

快件派送有按址派送、网点自取两种方式，其中按址派送是快递服务的主要方式。

1．按址派送流程

按址派送是指业务员从接收需要派送的快件开始，在规定的时间内送达客户处，将快件交给客户并由客户在运单上签收后，在规定的时间内，将运单的派件存根联、收取的到付营业款以及无法派送的快件统一带回派送处理点，完成运单、快件、款项交接的全过程。按址派送流程如图3-3-1所示。按址派送流程如下。

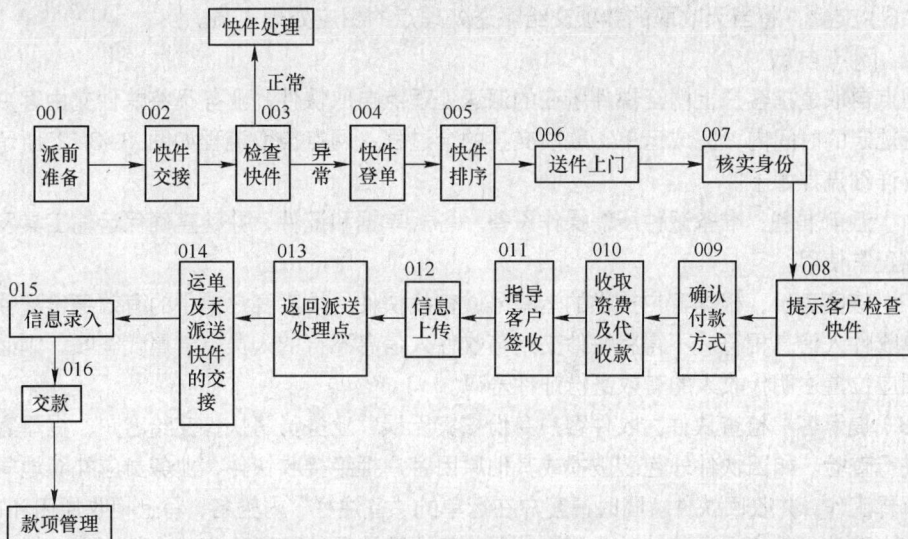

图 3-3-1 按址派送流程图

（1）派前准备，准备好需要使用的运输工具、操作设备、各式单证等。

（2）快件交接，领取属于自身派送范围的快件，与处理人员当面确认件数。

（3）检查快件，逐个检查快件，如有异常将异常快件交回处理人员。

（4）快件登单，通过手工或系统，对交接的快件完成派件清单的制作。

（5）快件排序，根据快件派送段的地理位置、交通状况、时效要求等合理安排派送顺序，将快件按照派送顺序进行排序整理。

（6）送件上门，将快件按照派送顺序妥善捆扎在运输工具上，途中确保人身及快件的安全，到达地点后妥善放置交通工具。

（7）核实身份，查看客户或客户委托代为签收人的有效身份证件。

（8）提示客户检查快件，将快件交给客户进行检验。因外包装破损或其他原因客户拒绝接收，应礼貌地做好解释工作并收回快件，同时请客户在运单的"备注栏"内签名，写上拒收原因和日期。

（9）确认付款方式，确认到付快件的具体付款方式。客户选择现付则按照运单上的费用收取；客户选择记账则在运单账号栏注明客户的记账账号。

（10）收取资费及代收款，向客户收取到付资费及代收款业务的相应费用。

（11）指导客户签收，派件业务员在运单上填写姓名或工号，请客户在运单的客户签字栏用正楷字签名，确认快件已经派送给收件客户。

（12）信息上传，客户签收后，立即使用扫描设备做派件扫描。采用电子签收方式，则请客户在扫描设备上签字。

（13）返回派送处理点，妥善放置无法派送的快件，确保在运输途中安全，在规定的时间内返回派送处理点。

（14）运单及未派送快件的交接，清点已派送快件的运单（派件存根联）、无法派送的快件的数量，核对与派送时领取的快件数量是否一致。将运单和无法派送的快件当面交给处理人员。

（15）信息录入，将已派送快件的相应信息准确、完整、及时地录入系统。

（16）交款，将当天收取的款项交给派送处理点的相应处理人员。

2. 网点自取

网点自取是指客户上门至快件所在的派送处理点自取快件，业务员将快件交由客户签收后，在规定的时间内，完成运单、款项交接的全过程。网点自取流程如图 3-3-2 所示。网点自取详细流程如下。

（1）派前准备，准备派件所需操作设备、各式单据和证件，并检查确保运输工具及操作设备能正常使用。

（2）核实身份，根据客户提供的运单号，查找快件。核实客户提供的有效身份证件是否与运单收件人信息相符。不得将快件交给与收件人信息不符的人员，若属代签收，则必须在运单相应位置注明代收人的有效身份证件号码。

（3）提示客户检查快件，收件客户身份核实无误，业务员将快件交给客户，提醒客户对快件进行查验。如因快件外包装破损或其他原因客户拒绝接收快件，业务员应礼貌地向客户做好解释工作，并收回快件。同时请客户在运单的"备注栏"内签名，写上拒收原因和日期。

（4）确认付款方式，如快件为到付，需与客户确认具体的付款方式，如客户选择现付则按照运单上的资费收取；客户选择记账，则在运单账号栏注明客户的记账账号。

（5）收款，若客户选择到付、现结或有代收货款业务，则向客户收取相应费用。客户结清款项后，将快件交给客户。

（6）客户签收，派件业务员在运单上填写姓名或工号，请客户在运单的客户签字栏用正楷字签名，确认快件已经派送给收件客户。

（7）信息上传，若有移动扫描设备，客户在运单上签收后，立即使用扫描设备做派件扫描。采用电子签收方式，则请客户在扫描设备上签字。

（8）整理运单，整理已经派送成功的快件运单，确保已派送的快件数量与运单数量一致。

（9）信息录入，按照已派送快件运单内容，将相应信息准确、完整、及时地录入系统。

（10）交款，将当天收取的款项交给派送处理点的相应处理人员。

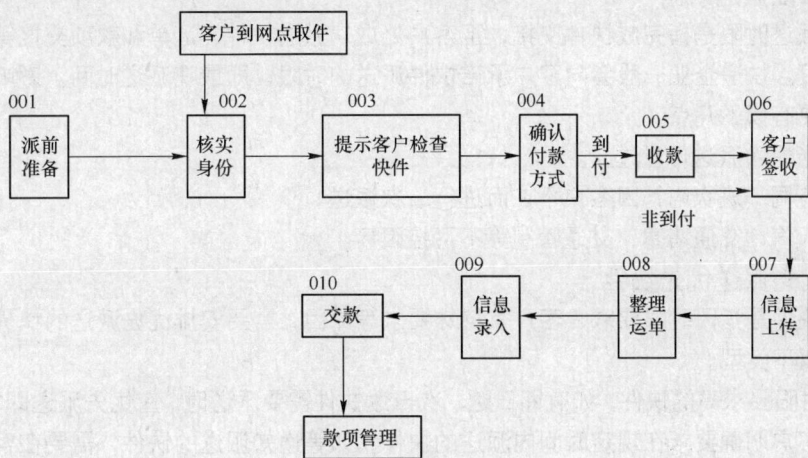

图 3-3-2　网点自取流程图

二、快件排序的方法

在快件实际派送过程中，各派送处理点根据快件业务量和业务员数量，将派送处理点的服务范围划分成多个派送服务段，每个段叫做派送段，每位快递业务员负责其中一个或多个派送段的快件派送。各派送业务员通常按照派送区域对快件进行排序，排序是整理快件的重点，是实现高效率派送的基础。快件排序的方法主要有以下几种。

（1）根据优先快件或特殊业务排序

优先对有特殊要求的快件进行排序。如等通知派送的快件，客户有较严格的时间要求，可能具体到某一天，也可能具体到某一天的某一小时，必须根据客户要求的时间及时派送；保价快件一般具有高价值、易碎、对客户有较高重要性等特点，若随身携带的时间越长，遗失或破损的概率越大，对于客户、快递企业以及业务员而言，都存在较大的风险，因此为了降低风险，对于此部分快件可优先派送。

（2）根据快件时效排序

将派送时效要求相同或相近的快件放到一起，先排列时效要求高的快件，再排列时效要求低的快件。

（3）根据由近而远地址排序

按照派送段由近及远的顺序将快件排列、整理。此条原则主要是基于派送的总时间考虑，选择由近及远的方式派送，不仅可以节省劳动强度，也可节省派送总时长。

（4）根据快件大小排序

基于快件的重量、数量、体积来考虑快件排序，大件先派送，可以减轻快件派送的劳动强度。

三、派送路线的设计

派送路线是指将业务员在派送快件时所经过的地点或路段，在派送前做好派送线路的设计，这对有效完成派送工作来说非常重要。合理设计派送路线可节约派送时间，提高派送效率。派送线路的设计应该考虑以下一些原则。

1. 保证派送时限

快件派送时限是指完成快件交接，至客户处成功派送快件、运单和款项交接等活动的最大时间限度。快递企业一般会向客户承诺快件派送的时限，即最晚派送时间。影响派送时限的因素主要有以下几点。

（1）当班次派送件量过大。

（2）在同一班次内，因客户不在而进行二次派送。

（3）天气、交通堵塞、交通管制等不可控因素。

2. 优先派送优先快件

优先快件是指因时限要求、客户有特殊要求等原因，需要安排优先派送的快件。优先派送主要有以下类型。

（1）时限要求高的快件，如有即日达、次日达快件需要派送时，应优先派送即日达快件。

（2）客户明确要求在规定时间内派送的快件，如等通知派送的快件，需要在客户要求的时间完成派送。

（3）二次派送的快件，即首次派送不成功，客户要求再次派送的快件。

3. 先重后轻，先大后小

先重后轻指优先安排重量较重的快件，再安排重量较轻的快件；先大后小指优先派送体积较大的快件，再派送小件快件。此原则只针对非轻泡货件，若既有非轻泡货件，又有轻泡货件时，则需根据实际情况灵活处理。

4. 减少空白里程

空白里程，是指完成当班次所有快件的派送所行走的路线的实际距离减去能够完成所有快件派送的有效距离。空白里程产生的是无用功，增加了业务员的劳动时间和劳动强度。造成空白里程的原因有以下几点。

（1）派送快件前，熟悉派送段，掌握每条路段、街道所包含的门牌号，如商场、超市、学校等场所，需要了解其布局，确保能以最短距离到达收件客户处。

（2）快件排序时，注意将同一客户的多票快件整理到一起，同时派送，避免多次派送。

（3）避免派送路线交叉过多或重叠。对于同一个派送段，应掌握多条派送线路，以最佳方式派送。

（4）业务员及时掌握派送段内的路况信息，避开交通管制或修路的路段。

5. 考虑道路情况

派送路线的设计，需要综合考虑派送段的路况、车流量，当班次的快件数量，快件时效要求等要素进行设计。

（1）遵守道路运输领域相应法律法规，选择允许派送车辆行驶的路段。

（2）派送路段路况。避开车流量或人流量较大的路段，减少运输时间。

（3）快件时效要求。减少运输时间，尽量避免在十字路口行驶，减少等待时间。

（4）行车安全。选择路况较好的路段，包括路面质量好、车道宽敞、车流量较小、坡度和弯道密度小。

总之，在实际操作中，派送路线的设计需要综合考虑各个原则。

➤ 任务实施

1. 任务描述

小李父母寄给他的包裹到了重庆，快递员怎样将包裹送到小李手上？

2. 准备工作

（1）学生以小组为单位，模拟快递公司营业点，4~6人1组，分别扮演客户、快递员、营业点处理员、信息录入员，完成快递派送任务。

（2）手持终端、背包、便携式电子称、笔、介刀、绑带等工具。

3. 完成情况评价

完成任务的过程记录与自我评价
（1）为完成这个任务，我做了（按工作顺序列出）：
（2）经过努力后，我完成了下列任务：
（3）在完成任务过程中，我遇到了下面的障碍：
（4）通过完成任务，我得到的经验和教训

任务完成状况的自我评价（在对应等级上划圈）
A. 未完成　　　B. 基本完成　　　C. 完成

➤ 案例与思考

履行迟延与损害赔偿

2008年11月20日，上海某机械公司电话通知美国某快递公司揽货员，11月21日有一份文件（标书）需要快递到也门共和国参加投标。当日下午，快递公司交给上海某机械公司一份运单，让其填写。11月21日上午，快递公司到上海某机械公司上门揽收托运标书，并在"公司收件代表签字处"签了名表示认可，但快递公司在收到上海某机械公司的标书后，未在当天将标书送往上海虹桥机场报关，直至11月23日晚，才办完标书的出境手续，该标书11月27日到达目的地，超过了26日投标截止日期，致使上海某机械公司失去了投标机会。上海某机械公司由此提起诉讼，要求快递公司退还运费人民币1432元，赔偿直接经济损失10360美元，并承担诉讼费用。

快递公司称，双方未就标书到达目的地日期有过明确约定，快递公司为上海某机械公司投递标书费时6天零5个小时，未超过国际快件中4~7天的合理运输时间，不构成延误标书。标书之所以在上海滞留两天，是上海某机械公司未按规定注明快件的类别、性质，以致快递公司无法报关，责任在上海某机械公司。

本案是一起因债务人履行迟延而导致损害赔偿的案件。认定快递公司是否构成履行迟延，关键在于确定具体的交货期限。所谓交货时间，是指完成货物交付的时间。从实际情况来看，交货期限是不明确的。《合同法》第六十二条第四款规定：履行期限不明确的，债务人可以随时履行，债权人也可以随时要求履行，但应当给对方必要的准备时间。本案中的合理时间包括两点：一为快递公司到上海某机械公司处提起托运物（标书）、签字认可后，办理报关手续后在正常情况下所需的时间；二为将货物（标书）从上海运到也门的时间，包括等候运输时间和货物在途时间。若合同一方未在上述合理期限内履行合同义务，则构成履行迟延。本案中快递公司在接受标书后，未按行业惯例于当天送往机场报关，在上海滞留两天半后才将标书报关出境，由此造成原告的标书在 27 日才到达目的地，这两天半时间不属于合理期限，由此导致延误，应当承担相应的法律责任。

法院认为，快递公司作为承运人，理应迅速、及时、安全的将原告所需投递的标书送达指定地点，但快递公司于 11 月 21 日上午接受标书后，未按行业惯例于当天送往机场报关，直到 23 日晚才将标书报关出境，以致标书在沪滞留两天半，快递公司的行为违背了快件运输迅速、及时的宗旨，其行为构成延误，应当承担相应的民事责任。上海某机械公司虽未按快递公司运单规定的要求填写运单，但快递公司在收到上海某机械公司所填运单后，未认真审核，责任在快递公司，因此，运单填写不适当使标书延误送达的理由不能成立。

法院经审理查明：快递公司交给上海某机械公司一份快递运单，让上海某机械公司填写，该运单背面印有"华沙公约及其修改议定书完全适用于本运单"和"托运人同意本运单背面条款，并委托美国快递公司为出口和清关代理"等字样。华沙公约及其修改议定书，我国政府均已加入和批准，该公约修改议定书第十一条第二项关于"在运载登记的行李和载运货物时，承运人的责任以每公斤 250 法郎为限，除非旅客或托运人在交运包件时，曾特别声明在目的地交付时的利益并缴付必要的附加费"和"如登记的行李或货物的一部分或行李、货物中的任何物件发生遗失、损坏或延误，用于决定承运人责任限额的重量，仅为该一包件或该数包件的总重量"的规定，在运单背面书写明确，故应视为双方均接受上述规定，快递公司应按"修改议定书"规定的承运人最高责任限额赔偿原告经济损失。运单上填写总重量为 8 公斤，因此，快递公司应赔偿上海某机械公司经济损失 2000 法郎（折合人民币 12695.47 元）。

【思考】

（1）上海某机械公司要求快递公司退还运费 1432 元人民币是否合理？为什么？

（2）你认为本案例中，法院判快递公司向上海某机械公司赔偿经济损失 2000 法郎是否合理？请阐述理由。

（3）简述本案例给你的启示。

▶ 能力扩展

1. 思考题

（1）简述派送流程。

（2）快件排序有哪些方法？

（3）派送路线的设计原则有哪些？

（4）影响派送时限的主要因素是什么？

（5）优先派送快件的主要类型是什么？

2．案例分析

运费该由谁付？

2008 年 11 月 9 日，博亚电器制造有限公司（简称博亚公司）委托民航快递有限公司（简称民航快递）以快递方式托运一批蒸汽清洁器到美国，约定付款方式为由收件人支付运费的"货到付款"。为保证快递公司能收到运费，博亚公司向民航快递出具了《出口到付付款保证函》，保证：如果收件人自发件之日起 3 个月仍不履行付款义务，将承担所有发生的费用；所有货物按照民航快递承运的标准条款进行操作，民航快递以单号为"V00224850898"的运单委托 UPS 公司承运该批货物。2008 年 11 月 14 日，货物到达目的地，收货人收货后拒付运费。UPS 公司于 2009 年 2 月 11 日向民航快递催收该 V00224850898 号运单的运费 8372.62 美元（折合人民币 67985.67 元），该款已经由民航快递的上级主管公司民航快递有限责任公司广州分公司支付给 UPS 公司。2009 年 6 月 19 日，民航快递向法院提起诉讼，请求判令博亚公司支付拖欠的运费 67985.67 元及从 2009 年 1 月 12 日起计算按中国人民银行规定的同期贷款利率计算的利息、公证费 1500 元及诉讼费用由博亚公司承担。

民航快递已经按照合同约定将货物运至博亚公司指定的收货人，收货人收货后拒付运费，博亚公司应按照《出口到付付款保证函》的约定向民航快递支付相关费用，但博亚公司却拒绝支付。博亚公司辩称民航快递与谢亚红签订的《出口到付付款保证函》跟博亚公司无关。谢亚红并非博亚公司的员工，博亚公司根本没有委托谢亚红与民航快递签订运输合同，而且保证函上加盖的公章并非博亚公司的公章，博亚公司的公章是中文字样的，并非英文字样，谢亚红与民航快递签订的《出口到付付款保证函》是其个人行为，与博亚公司无关。博亚公司与民航快递之间根本就没有签订任何运输合同，更加不存在拖欠运费的事实。根据民航快递提供的证据可知，博亚公司与民航快递签订运输合同的经办人谢亚红是博亚公司的市场部经理。

【思考】

（1）博亚公司与民航快递签订的《出口到付付款保证函》是否有效？

（2）博亚公司是否应该支付给民航快递拖欠的运费 67985.67 元？说明理由。

（3）如果你是法官，你怎样判？

任务四 快件理赔

➤ 学习任务

对快递公司某快件进行理赔处理。

➤ 学习目标

（1）熟悉快递公司理赔的基本流程。

（2）掌握客户索赔的因素及赔付的原则。

（3）掌握客户索赔的程序以及理赔员应尽的义务。

（4）能撰写快递索赔函及填写快递理赔表，并对理赔流程进行优化。

➤ 学习引导

一、快件理赔

快件理赔是快递公司执行快递运单，履行运单义务，承担保险责任的具体体现，是快递公司在递送的过程中发生事故后，快递公司对寄件人所提出的索赔案件的处理。寄件人遭受灾害事故后，应立即对快递公司提出索赔申请，根据快递运单的规定审核提交的各项单证，查明损失原因是否属保险（保价）范围，估算损失程度，确定赔偿金额，最后给付结案。如损失系第三者的责任所致，则要寄件人移交向第三者追偿损失的权利。

通过快件理赔，可以检验承保业务的质量，暴露防灾防损工作中的薄弱环节，进一步改进和提高公司的经营管理工作。理赔工作做得好，寄件人的损失才可能得到应有的补偿，快递公司的信誉才可能提高。

1. 理赔对象

快件赔付的对象应为寄件人或寄件人指定的受益人。

2. 索赔因素

索赔因素主要包括快件延误、丢失、损毁和内件不符。

（1）快件延误是指快件的投递时间超出快递服务组织承诺的服务时限，但尚未超出彻底延误时限，（根据快递服务的类型，彻底延误时限应包括同城快件为 3 个日历天；国内异地快件为 7 个日历天）即超过《中华人民共和国邮政法》规定的天数就可以向快递公司索赔。

（2）快件丢失是指快递服务组织在彻底延误时限到达时仍未能投递快件，与顾客有特殊约定的情况除外。

（3）快件损毁是指快递服务组织寄递快件时，由于快件封装不完整或者快递服务组织自身递送等原因，致使快件失去部分价值或全部价值。与顾客有特殊约定的情况除外。

（4）内件不符是指内件的品名、数量和重量与快递运单不符。有下列情形之一的，快递服务组织可不负赔偿责任。

① 由于顾客责任或者所寄物品本身的原因造成快件损失的。

② 由于不可抗力的原因造成损失的（保价快件除外）。

③ 顾客自交寄快件之日起满一年未查询又未提出赔偿要求的。

二、赔偿原则

快递服务组织与顾客之间有约定的可以协商解决，没有约定的可按以下原则执行。

1. 快件延误

延误的赔偿应为免除本次服务费用（不含保价等附加费用）。由于延误导致内件直接价值丧失，应按照快件丢失或损毁进行赔偿。

2. 快件丢失

快件丢失赔偿主要包括以下内容。

（1）快件发生丢失时，免除本次服务费用（不含保价等附加费用）。

（2）购买保价（保险）的快件，快递服务组织按照被保价（保险）金额进行赔偿。

（3）对于没有购买保价（保险）的快件，按照《邮政法》实施细则及相关规定办理。

3．快件损毁

快件损毁赔偿主要包括以下内容。

（1）完全损毁，指快件价值完全丧失，参照快件丢失赔偿的规定执行。

（2）部分损毁，指快件价值部分丧失，依据快件丧失价值占总价值的比例，按照快件丢失赔偿额度的相同比例进行赔偿。

4．内件不符

内件不符赔偿主要包括以下内容。

（1）内件品名与寄件人填写品名不符，按照完全损毁赔偿。

（2）内件品名相同，数量和重量不符，按照部分损毁赔偿。

三、受理索赔期限

快递服务组织受理索赔期限应为收寄快件之日起 1 年内。交寄快件之日起满 1 年未查询又未提出赔偿要求的则不需要赔付。因此，快递行业明确要求对各企业 1 年内发生的所有单据应完好保存，是顾客查询快件信息和提出索赔的唯一且有效的凭证。

四、索赔流程

1．顾客索赔流程

（1）索赔申告

寄件人在超出快递服务组织承诺的服务时限，并且不超出快件受理索赔期限内，可以依据索赔因素（快件延误、丢失、损毁和内件不符）向快递服务组织提出索赔申告。快递服务组织应提供索赔申告单给寄件人，寄件人填写后递交给快递服务组织。《快件索赔函》样本如图 3-4-1 所示。

（2）索赔受理

快递服务组织应在收到寄件人的索赔申告单 24 小时内答复寄件人，并告知寄件人索赔处理时限。

（3）索赔处理时限

索赔处理时限指从快递服务组织就索赔申告答复寄件人开始，到快递服务组织提出赔偿方案的时间间隔。

快递服务组织除了与寄件人有特殊约定外，应不超过索赔处理时限（同城和国内异地快件为 30 个日历天）。

（4）赔金支付

快递服务组织与寄件人就赔偿数额达成一致后，应在 7 个日历天内向寄件人或寄件人指定的受益人支付赔金。如果对保价（缴保价费的比例为快件价值的 5‰）的快件应该全额赔偿，对保险的快件赔偿运费的 2～3 倍。

（5）索赔争议的解决

寄件人与快递服务组织就是否赔偿、赔偿金额或赔金支付等问题可先行协商，协商不一致的，可依法选择投诉、申诉、仲裁、起诉等方式，如选择仲裁，应在收寄时约定仲裁地点和仲裁机构。

2．理赔员工作流程

理赔员的工作就是要及时地处理每天的理赔事故，且工作流程必须按照以下进行。

快件索赔函

×××公司：

我（委托人：A）于 2009 年 2 月 8 日上午委托你公司（受托人）办理国内快递业务，快递物品为全新三星 G608 手机一部及相关手机附件，该笔业务由××发往××，业务受理单号码：1633096419。

业务受理时由你公司工作人员××上门亲自取件，取件地址：××区××街道××号。在取件时，委/受托人双方当面核对物品真实无误后，由××亲自装入你公司自制的专用包装带内。包装完毕，××询问运费支付是否采取现结方式。经委托人确认后，其收取运费 10 元整，此外再未提示有其他任何附加费用。在填写完业务受理单并粘贴到物品包装上后，整个业务受理过程结束。

此过程见证人包括：委/受托人、取件时在场的其他人员。

2009 年 2 月 10 日下午，快递物品送达收件人××处，到达时外包装完好，而收件人拆包后仅发现手机附件，手机本身并不在专用包装内，因此内件缺少（属于理赔里的内件不符）。收件人当场对送货人提出疑问，并拒收该物品，得到快递员同意。

我（委托人）认为：

（1）你公司在业务受理时未履行正规流程。根据你公司业务受理要求：运费的计算以重量为准，计量单位为千克。在取件时，××未对本物品重量进行称量，因此单据上未填写物品重量；

（2）对于由你公司亲自封装好，后拆包发现其内件缺少的物品，赔偿应由你公司负全责，并按原价全额赔偿委托人损失。该手机购买于 2009 年 2 月 1 日，购买价格 2000 元。该价格为真实价格，建议贵公司查询相关行情，确认该产品价格合理性。

介于当前物流公司对赔偿事件处理时间普遍拖延较长。而客户关心的首先是索赔，其次才是调查结果。请贵公司在至今日起 3 天内给予原价赔偿。此事件若为人为偷盗，则属违法行为，请贵公司认真调查事件真相，以最快的时间进行索赔。希望公司标语"顾客永远是上帝"不会是一句空话。

后附：委托人身份证（复印件）、手机购买发票（复印件）、送货单（复印件）。

申请索赔人签名：

日期：

图 3-4-1　快件索赔函样本

（1）查看昨天及以往理赔事宜，有哪些处理了，哪些还没有处理。做一个汇总表包括赔付对象、赔付原因、发生事故时间、地点、赔付金额、赔付状态（已处理、未处理）、快件的所属地。快递理赔管理表如表 3-4-1 所示。

（2）查看网站内的公告，确定今天的赔付事宜，并添加到汇总表。

（3）留根存档并向上级汇报情况。

（4）根据上级的批复将最新的理赔结果上传至本公司网站并在第一时间通知顾客理赔的进展及结果。

表 3-4-1　　　　　　　　　　　快递理赔管理表

快递理赔管理						
快件所属地	快件运单号	事故发生时间	事故处理时间	赔付原因	赔付状态	赔付金额（元）
汇总统计						

➤ **任务实施**

1. 任务描述

重庆积累科技公司在 2010 年 5 月 28 日用申通快递发送客户的发票到上海浦东某公司。发票金额 ¥40000，该发票于 2010 年 5 月 29 日在上海被送货员丢失，快递运单号 18099912345，运费为 30 元。公司于 2010 年 6 月 1 日证实快件遗失的情况下进行索赔，浦东分部来过电话要求私了（说是个人、浦东分部愿意赔偿 ¥500），但是发票将会导致两个公司损失至少在 3000 元左右。

（1）完成重庆积累科技公司索赔申告任务。

（2）完成快递公司理赔处理流程及填写快递理赔管理表。

（3）理赔结果处理。

2. 准备工作

（1）以小组为单位，将学生分成 4 人 1 个小组，1 名为小组长，负责小组人员分工，完成理赔的相关流程。

（2）以小组为单位，教师组织学生共同对理赔中的重难事项进行确定并提出理赔流程处理建议。

3. 完成情况评价

完成任务的过程记录与自我评价
（1）为完成这个任务，我做了（按工作顺序列出）：
（2）经过努力后，我完成了下列任务：
（3）在完成任务过程中，我遇到了下面的障碍：
（4）通过完成任务，我得到的经验和教训

任务完成状况的自我评价（在对应等级上划圈）
A. 未完成　　　B. 基本完成　　　C. 完成

➤ 案例及思考

某顾客于2010年1月13日上午委托重庆某快递公司寄了4件货从重庆市九龙坡区石坪桥至重庆渝北两路，运单号码：978000116419。其中有1台电磁炉，支付给快递员包装费，由快递员回去包装。可是等货寄到以后，发现根本没有包装，电磁炉已经被摔坏，寄件人联系了当时的快递员，快递员说可以拒收退回去，公司会检查，能修的修好，不能修的按运费的两倍赔给寄件人，4件货运费80元，1台电磁炉运费是15元，没有保价。

【思考】

（1）进行索赔时要按其流程来办理，请撰写一份快递索赔函向公司反映情况。

（2）赔偿时是按4件货的运费赔偿？还是按1件货的运费赔偿？怎么赔偿才合理？

➤ 能力扩展

1. 单项选择题

（1）快递服务组织受理索赔期限应为收寄快件之日起（   ）年内。

A. 1　　　　　　　B. 2　　　　　　C. 3　　　　　　D. 4

（2）（   ）是快递公司执行快递运单，履行运单义务，承担保险责任的具体体现。

A. 快件收寄　　　B. 快件处理　　　C. 快件理赔　　　D. 快件派送

（3）（   ）是指快递服务组织在彻底延误时限到达时仍未能投递快件，与顾客有特殊约定的情况除外。

A. 快件损毁　　　B. 快件延误　　　C. 内件不符　　　D. 快件丢失

（4）下列哪些不是属于快件赔付的对象（   ）？

A. 收件人　　　　B. 寄件人　　　　C. 寄件人指定的受益人

（5）快递服务组织与寄件人就赔偿数额达成一致后，应在（   ）个日历天内向寄件人或寄件人指定的受益人支付赔金。

A. 3　　　　　　　B. 7　　　　　　C. 9　　　　　　D. 14

2. 思考题

（1）快件索赔的因素主要有哪些？

（2）快件丢失赔偿主要包括哪些？

（3）简述顾客索赔的流程。

管理篇

项目四　仓储合同的签订及履行

任务一　仓储合同的签订

▶ 学习任务

以某仓库或配送中心的名义与客户订立仓储合同。

▶ 学习目标

（1）熟悉仓储合同的特征。
（2）能够描述仓储合同的主要条款、仓储合同订立的原则与程序。
（3）熟悉仓储合同当事人各方的权利与义务。
（4）能够描述仓储合同违约责任的免除情况。
（5）能够识别仓储合同违约的表现形式，熟悉违约的承担方式。
（6）能够草拟仓储合同。

▶ 学习引导

一、仓储合同的定义与种类

1. 仓储合同的定义

仓储合同，是指保管人储存存货人交付的仓储物，存货人支付仓储费的合同。其中，负责接受并储存仓储物的一方当事人为保管人，交付仓储物并支付仓储费的一方当事人为存货人。仓储合同具有以下法律特征。

（1）保管人必须是具有仓库营业资质的人，即具有仓储设施、仓储设备，专门从事仓储保管业务的人。这是仓储合同主体上的重要特征。

（2）仓储合同的对象仅为动产。不动产不可能成为仓储合同的对象。

（3）仓储合同为诺成合同。仓储合同自成立时起生效。

（4）仓储合同为不要式合同。可以是书面形式，也可以是口头形式。

（5）仓储合同为双务、有偿合同。保管人承担储存、保管的义务，存货人承担支付仓储费的义务。

（6）仓单是仓储合同的重要特征。

2．仓储合同的种类

（1）一般保管仓储合同

一般保管仓储合同，是指仓库经营人提供完善的仓储条件，接受存货人的仓储物进行保管，保管期届满时，将原先收保的仓储物原样交还给存货人而订立的仓储合同。该仓储合同的仓储物为确定物，保管人需要原样返还。

（2）混藏式仓储合同

混藏式仓储合同，是指存货人将一定品质数量的种类物交付给保管人，保管人将不同存货人的同样仓储物混合保存，存期届满时，保管人只需以相同种类、品质、数量的商品返还给存货人，并不需要原物归还的仓储方式而订立的仓储合同。

这种仓储方式常见于粮食、油品、矿石或保鲜期较短的商品的储藏。混藏式仓储合同的标的物为确定种类物，保管人严格按照约定的数量、质量承担责任，且没有合理损耗的权利。混藏式仓储合同具有保管仓储物价值的功能。

（3）消费式仓储合同

消费式仓储合同，是指存货人在存放商品时，同时将商品的所有权转移给保管人，保管期满时，保管人只需将相同种类、品质、数量的替代物归还给存货人而订立的仓储合同。存放期间的商品所有权由保管人掌握，保管人可以对商品行使所有权。消费保管的经营人一般具有商品消费的能力，如面粉加工厂的小麦仓储、加油站的油库仓储、经营期货交易的保管人等。消费式仓储合同的显著特征是涉及仓储物所有权转移到保管人，自然地保管人需要承担所有人的权利和义务。

（4）仓库租赁合同

仓库租赁合同，是指仓库所有人将所拥有的仓库以出租的方式开展仓储经营，由存货人自行保管商品时签订的合同。保管人只提供基本的仓储条件，进行一般的管理，如环境管理、安全管理等，并不直接对所存放的商品进行管理。仓库租赁合同严格意义上来说不是仓储合同，只是财产租赁合同，但是由于出租方具有部分仓储保管的责任，具有仓储合同的一些特征。

（5）仓储多种经营合同

仓储多种经营是指仓储企业为了实现经营目标，提供多功能物流服务的经营方式。如在开展仓储业务的同时，还开展运输中介、商品交易、配载与配送、仓储增值服务等。

二、仓储合同的主要条款

仓储合同没有严格的条款规定，当事人可根据需要依法约定合同事项。通常情况下，仓储合同当事人根据《中华人民共和国合同法》（以下简称"合同法"）、《仓储保管合同实施细则》的有关规定，协商合同的条款，一般包括以下内容。

1．仓储物的品名或品类

仓储物的品名或品类是指所存仓储物的名称，即全称、标准名称或类别的标准名称。在订立仓储合同时，必须明确清晰规定仓储物的全名或品类。如果有代号的，应标明代号的全名，不符合法律规定的仓储物不能保管。

2．仓储物的数量、质量、包装

仓储物的数量指所存仓储物的多少，在确定合同数量时，有国家计划的应首先依据国家计划来确定。在合同中应明确规定仓储物的总量、计量单位等，数字要清晰无误。

仓储物的质量指所存仓储物的优劣、好坏。在确定仓储物质量时，要采取相关标准。如果是国际仓储业务则应尽量使用国际标准。目前，我国实行的标准有国家标准、行业标准、企业标准和协商标准。先执行国家标准，无国家标准再考虑行业标准，无国家、行业标准时可考虑企业标准，前3种都没有时当事人可以协商标准。在确定质量时，要写明质量标准的全名。在使用协商标准时，当事人对质量的要求要清楚、明确、详细、具体地写入合同中。

仓储物的包装指对仓储物表面上的包装，包装的目的是保护仓储物不受损害。仓储物的包装有国家标准或专业标准的，应按国家标准或专业标准确定，没有国家或专业标准的，当事人在保证储存安全的前提下，可以协商议定。

3. 仓储物验收的内容、标准、方法、时间、资料

存货人交付仓储物给保管人储存时，保管人负责验收。存货人交付仓储物时包括仓储物和验收资料。保管人验收时对仓储物的品名、规格、数量、质量和包装状况等按包装上的标记或外观直辨进行验收；无标记的以存货人提供的验收资料为准。散装仓储物按国家有关规定或合同约定验收。验收方法在合同中确定具体采用全验还是按比例抽验。验收期限从仓储物和验收资料全部送达保管人之日起，至验收报告送出之日止。

4. 储存条件和保管要求

合同双方当事人应根据仓储物的性质，商议选择不同的储存条件，在合同中明确约定。保管人如因仓库条件所限，达不到存货人的要求，则不能勉强接受。对某些较特殊的仓储物，如易燃、易爆、易渗漏、有毒等危险仓储物，在储存时，需要有专门的仓库、设备以及专门的技术要求，这些都应在合同中注明。必要时，存货人应向保管人提供仓储物储存、保管、运输等方面的技术资料，以防止发生仓储物毁损、仓库毁损或人员伤亡。特殊仓储物需特殊储存条件、储存要求的，应事先交代明白。

5. 仓储物进出库手续、时间、地点、运输方式

由存货人或运输部门、供货单位送货到库的，或由保管人负责到供货单位、车站、港口等处提运的仓储物，必须按照正常验收项目进行验收，或按国家规定当面交接清楚，分清责任。交接中发现问题，供货人在同一城镇的，保管人可以拒收；外埠或本埠港、站、机场、邮局到货，保管人应予接货，妥善暂存，并在有效验收期内通知存货人和供货人处理。对于仓储物的出库，也应明确存货人自提或保管人送货上门或者保管人代办运输的责任。

6. 仓储物的损耗标准和损耗处理

仓储物在运输过程和储存中会发生数量、重量的减少，对这些损耗，合同应明确规定一个标准以作为划分正常与非正常损耗的界限。正常损耗不认为是损耗，视为符合合同要求履行；非正常损耗由运输或保管中的责任人负责。

7. 计费项目与标准、结算方式与时间、银行账号

计费项目与标准指保管人收取费用的项目和标准，有国家规定的计费项目和标准的，按国家规定标准和项目执行，没有国家规定的，当事人可以协商议定。结算的方式是指存货人和保管人以何种方式结算。结算时间是指双方约定的结算时间界限。银行账号是指各自的银行名称、账号。以上条款均须在合同中明确、详细规定，以免发生争议。

8. 责任划分和违约处理

合同中应明确规定存货人和保管人在仓储物入库、验收、保管、包装、出库等方面的责任，划清责任界限。违约处理是指对保管人和存货人的违约行为如何处理。违约处理的方式有协商、调解、仲裁、诉讼等方式，违约责任承担方式有支付违约金、赔偿金等。这些在合

同中也应明确规定。

9. 合同的有效期限

合同的有效期限即仓储物的储存期限。合同一般应规定储存期限，但有的合同也可不规定储存期限，只要存货人按时支付仓储费合同即继续有效。

10. 变更和解除合同的期限

在确定变更或解除合同期限时，有国家规定的应按国家规定执行，没有国家规定的，当事人应在仓储合同中明确规定变更或解除的期限。此期限的确定应该合理，要考虑国家利益及当事人利益。

11. 其他事项

仓储合同有时还涉及其他事项，如与仓储合同有关的运输、保险等。这些事项也应在仓储合同中明确规定或另订合同。

三、仓储合同的订立

1. 仓储合同订立的原则

仓储合同的订立，是存货人与保管人之间依意思表示而实施的能够引起权利与义务关系发生的民事法律行为。订立仓储合同，应当遵循以下基本原则。

（1）平等原则

平等原则是指当事人双方的法律地位一律平等。无论谁为存货人，也不论谁为保管人，双方均享有独立的法律人格，独立地表达自己的意思，双方是在平等基础上的利益互换。

（2）公平及等价有偿原则

公平及等价有偿原则要求仓储合同的双方当事人依价值规律来进行利益选择，禁止无偿划拨、调拨仓储物，也禁止强迫保管人或存货人接受不平等的利益交换。合同双方都要承担相应的合同义务，享受相应的合同权利。

（3）自愿与协商一致原则

自愿意味着让存货人与保管人完全地依照自己的知识、判断去追求自己最大的利益。协商一致是在自愿基础上寻求意思表示一致，寻求利益的结合点。

2. 仓储合同订立的程序

《合同法》将合同的订立程序分成要约和承诺两部分。从实际情况看，订立仓储合同主要有两个阶段，即准备阶段和实质阶段，实质阶段又包括要约和承诺两个阶段。

（1）准备阶段

在许多场合，当事人并非直接提出要约，而是经过一定的准备，进行一些先期性活动，才考虑订立合同。其中包括接触、预约和预约邀请，其意义在于使双方当事人相互了解，为双方进入实质的缔约阶段创造条件，扫除障碍。

（2）实质阶段

① 要约

要约，是指一方当事人向另一方发出的以订立合同为目的而提出的合同条件。发出要约的当事人称为要约人，而要约所指向的当事人则称为受要约人。一项要约要取得法律效力须符合三项规定：一是要约必须是特定人的意思表示；二是要约的内容必须明确具体，包括足以决定合同内容的主要条款；三是要约一经受要约人承诺，要约人即受该意思表示的约束。

在仓储合同中，一般来说，要约的内容至少应当包括以下内容：标的物数量、质量、仓储费用。即使没有具体的数量、质量和仓储费用表述，也应当可以通过具体的方式来确定这些内容。根据仓储合同的特点和现实环境，仓储合同的要约最好是书面发出，特别是大批货物的储存与保管，更是要提出可行的储存计划。

② 承诺

承诺是受要约人完全同意要约内容的意思表示。承诺必须是在要约的有效期限内做出，并与要约的内容完全一致。除受要约人之外的任何第三人所做的承诺不是法律上的承诺，而仅仅是一项要约。受要约人对要约内容的任何扩充、限制或者其他变更，都只能构成一项新要约，而非有效的承诺。

仓储合同是诺成合同，合同的成立与生效同时发生，该效力的发生基于一个有效的承诺。

四、仓储合同的履行

1. 当事人的权利与义务

（1）存货人的权利

① 将约定仓储物交付仓储。

② 交付仓储物时，要求保管人给付仓单。

③ 凭仓单提取仓储物。

④ 转让仓储物。

⑤ 仓储合同中没有约定仓储时间的，随时提取仓储物。

⑥ 仓储合同中约定仓储时间的，存货人仍有提前提取仓储物的权利。

⑦ 因保管人的原因造成仓储物损坏、灭失，有向保管人索取赔偿的权利。

（2）存货人的义务

① 存货人应依合同的约定，支付仓储费（包括运费、修缮费、保险费、转仓费、仓储费等）。

② 按合同的约定交付仓储物并及时入库。

③ 需包装的物品，应将其妥善包装。

④ 向保管人提供有关仓储物验收的资料。

⑤ 仓储易燃、易爆、有毒、有害、有腐蚀、有放射性等危险物品或变质物品，存货人应说明其性质，并提供相关资料。

⑥ 按合同约定，按期提取仓储物；如果因延迟提取，应承担赔偿责任。

（3）保管人的权利

① 向存货人收取仓储费。

② 按照约定对入库仓储物进行验收。

③ 《合同法》第三百八十三条中规定："储存易燃、易爆、有毒、有腐蚀性、有放射性等危险物品或者易变质物品，存货人应当说明该物品的性质，提供有关资料。存货人违反前款规定的，保管人可以拒收仓储物，也可以采取相应措施以避免损失的发生，因此产生的费用由存货人承担。"

④ 要求存货人按期提取仓储物。合同约定的仓储期限届满时，要求存货人按期提取货物，因存货人逾期提取仓储物，有权加收仓储费；合同没有约定仓储期限，保管人在给予了存货人必要的准备时间，有权随时要求存货人提取仓储物。

⑤ 有权提存仓储物。《合同法》第三百九十三条规定："储存期间届满，存货人或者仓

单持有人不提取仓储物的，保管人可以催告其在合理期限内提取，逾期不提取的，保管人可以提存仓储物。"

（4）保管人的义务

① 向存货人交付仓单。

② 储存易燃、易爆、有毒、有腐蚀性、有放射性等危险物品的，应当具备相应的保管条件。

③ 按合同约定对仓储物进行检查验收。

④ 按合同约定，妥善保管仓储物。发现仓储物有不安全因素时应及时通知存货人，并采取有效措施，减少存货人的损失，这种情况包括：发现仓储物变质或损坏；第三人对仓储物主张权利而起诉扣押；仓储物数量发生变化；仓储物发生失效期等。

⑤ 接受存货人的要求，允许对仓储物进行检查或提取样品。

⑥ 到期返还仓储物。仓储物约定的保管期限未到，存货人有权提前要求保管人返还仓储物，保管人不能拒绝，但不减收仓储费。

2．仓储合同的生效

《合同法》第三百八十二条规定："仓储合同自成立时生效。"可见，仓储合同从成立时生效，而不是等到仓储物交付才生效。在仓储合同中，保管人是具有专业性和赢利性的从事仓储营业服务的民事主体，合同一旦成立，在仓储物交付之前其必然要耗费一定的人力、物力、财力为履行合同做必要准备，若存货人此时反悔不交付货物，必然给对方带来损失。仓储合同作为诺成性合同，只要当事人意思表示一致就可成立、生效，双方当事人必须受合同效力的约束，上述损失就可依违约损失获得赔偿。显然，法律的用意在于强调仓储合同的严肃性、稳定性，任何一方在仓储行为中都要做出慎重的、负责的意思表示，不可随意为之。

3．仓储合同的变更

仓储合同的变更是指对已经合法成立的仓储合同的内容在原来合同的基础上进行修改或者补充。仓储合同的变更并不改变原合同关系，是原合同关系基础上的有关内容的修订。

仓储合同的变更程序与合同订立程序相同，即先由一方发出要约，提出变更请求，另一方做出承诺，双方意思表示一致，变更成立。但是，受变更要约的一方必须在规定的期限内答复。仓储合同变更后，被变更的内容即失去效力，存货人与保管人应按变更后的合同来履行义务。仓储合同的变更，一般不涉及已经履行的部分，其效力仅及于未履行的部分。任何一方当事人不得因仓储合同的变更而要求另一方返还在此之前所做的履行。仓储合同变更后，因变更而造成对方损失的，责任方应当承担损害赔偿责任。

五、仓储合同的解除

仓储合同的解除则是将未履行的合同或合同还未履行部分不再履行，使希望发生的权利义务关系消亡，合同履行终止。

1．仓储合同解除的方式

（1）存货人与保管人协议解除合同

协议解除合同和协议订立合同一样，是双方意见一致的结果，具有至高的效力。解除合同协议可以在合同生效后、履行完毕之前由双方协商达成；也可以在订立合同时订立解除合同的条款，当约定的解除合同的条件出现时，一方通知另一方解除合同。

（2）出现法律规定的仓储合同解除条件而解除合同

这是当事人一方依照《合同法》规定的有权采取解除合同的法律规定的行为。《合同法》第九十四条规定，有下列情况之一的，当事人可以解除合同：因不可抗力致使合同不能实现目的；在履行期限届满之前，当事人一方明确表示或者以自己的行为表明不履行主要债务；当事人一方延迟履行主要债务，经催告后在合理期限内仍未履行；当事人一方延迟履行债务或者有其他违约行为致使不能实现合同目的；法律规定的其他情形。

2．仓储合同解除的程序

仓储合同中享有解除权的一方当事人在主张解除合同时，必须以通知的形式告知对方当事人。只要解除权人将解除合同的意思表示通知对方当事人，就可以发生仓储合同即时解除的效力，无须对方当事人答复，更无须其同意，对方有异议的，可以请求法院或者仲裁机构确认解除合同的效力，即确认行使解除权的当事人是否享有合同解除权。原则上仓储合同的解除权人应以书面形式发出通知，便于举证自己已经尽了通知之义务。仓储合同的解除权人应当在法律规定或者与另一方当事人约定的解除权行使期限内行使解除权，否则，其解除权将归于消灭。在仓储合同中，除非有特别约定，仓储物所有权并不发生转移，所以仓储合同的解除是没有溯及力的。

3．仓储合同解除的后果

合同解除后，因为仓储合同所产生的存货人和保管人的权利义务关系消灭，所以对于未履行的合同条款终止履行。合同解除并不影响合同的清算条款的效力，双方仍需要按照清算条款的约定承担责任和赔偿损失，需承担违约责任的一方仍要依据合同约定承担违约责任、采取补救措施和赔偿损失的责任。如违约的存货人需要对仓库空置给予补偿，造成合同解除的保管人要承担运输费、转仓费、仓储费差额等损失赔偿。

六、仓储合同违约责任和免责

仓储合同的违约责任是指仓储合同的当事人在存在仓储违约行为时所应该依照法律或者双方的约定而必须承担的民事责任。

1．仓储合同违约责任的承担方式

违约责任的承担方式往往以弥补对方的损失为原则，违约方需对对方的损失，包括直接造成的损失和合理预见的利益损失给予弥补。违约责任的承担方式有支付违约金、损害赔偿、继续履行、采取补救措施等。

（1）支付违约金

违约金是指一方违约应当向另一方支付的一定数量的货币。从性质上讲，违约金是"损失赔偿额的预定"，具有赔偿性，同时，又是对违约行为的惩罚，具有惩罚性。

违约金分为法定违约金和约定违约金两种。法定违约金是指法律或法规有明确规定的违约金。对于仓储合同，我国法律只规定了固定比率的违约金，即按有关法规具体规定了违约金的交付比率。约定违约金是指仓储合同当事人在签订合同时协商确定的违约金。约定违约金是仓储合同当事人的自主意思表示，没有比例幅度，完全由存货人与保管人协商确定。当法定违约金与约定违约金发生冲突时，约定违约金优先适用，但在充分尊重约定的前提下，依诚实信用及公平原则，国家对约定违约金进行适度干预也是完全必要的。

（2）损害赔偿

损害赔偿是指合同的一方当事人在不履行合同义务或履行合同义务不符合约定的情形

下，在违约方履行义务或者采取其他补救措施后，对方还有其他损失时，违约方承担赔偿损失的责任。在合同约定有违约金的情况，损害赔偿的赔偿金是用来补偿违约金的不足部分，如果违约金已能补偿经济损失，就不再支付赔偿金。但是如果合同没有约定违约金，只要造成了损失，就应向对方支付赔偿金。由此可见，赔偿金是以弥补损失为原则的，是对受害方实际损失的补偿。

（3）继续履行

继续履行是指一方当事人在不履行合同时，对方有权要求违约方按照合同规定的标的履行义务，或者向法院请求强制违约方按照合同规定的标的履行义务，而不得以支付违约金和赔偿金的办法代替履行。

通常继续履行有下列的构成要件：① 仓储合同的一方当事人有违约行为；② 违约一方的仓储合同当事人要求继续履行；③ 继续履行不违背合同本身的性质和法律；④ 违约方能够继续履行。在仓储合同中，是否需要继续履行，取决于仓储合同非违约一方的当事人，他可以请求支付违约金、赔偿金，也可以要求继续履行。

（4）采取补救措施

所谓补救措施，是指在违约方给对方造成损失后，为了防止损失的进一步扩大，由违约方依照法律规定承担的违约责任形式。如仓储物的更换、补足数量等。从广义而言，各种违反合同的承担方式，如损害赔偿、违约金、继续履行等，都是违反合同的补救措施，它们都是使一方当事人的合同利益在遭受损失的情况下能够得到有效的补偿与恢复。因此，这里所称的采取补救措施仅是从狭义上而言，是上述补救措施之外的其他措施。在仓储合同中，这种补救措施表现为当事人可以选择偿付额外支出的保管费、保养费、运杂费等方式，一般不采取实物赔偿方式。

2. 仓储合同违约责任的免除

仓储合同订立后，由于有不可归责于违约方的事由，违约方的违约责任就可以依法免除。仓储合同违约责任的免除有以下几种情况。

（1）不可抗力

不可抗力是指当事人不能预见、不能避免并且不能克服的客观情况。它包括自然灾害和某些社会现象。如火山爆发、地震、台风、冰雹和洪水侵袭、战争、罢工等。因不可抗力造成仓储合同不能履行或不能完全履行，违约方不承担民事责任。不可抗力的免责是有条件的，在不可抗力发生以后，作为义务方必须采取以下积极的措施才可以免除其违约责任。

① 发生不可抗力事件后，应当积极采取有效措施，尽最大努力避免和减少损失，如果当事人有能力避免损失的加剧，但未采取有效措施致使损失扩大，扩大的损失不属于不可抗力造成的损失。

② 发生不可抗力事件后，应当及时向对方通报不能履行或延期履行合同的理由。使对方根据合同不能履行的具体情况，采取适当措施，尽量避免或减少由此而造成的损失。如果遭受不可抗力的一方没有及时通报，由此而加重了对方的损失，则加重部分不在免责之列。

③ 发生不可抗力事件后，应当取得有关证明。即遭遇不可抗力的当事人要取得有关机关的书面材料，证明不可抗力发生以及影响当事人履行合同的情况，如果日后发生纠纷，也可以做到有据可查。

（2）仓储物自然特性

根据《合同法》及有关规定，由于储存货物本身的自然性质和合理损耗，造成货物损失的,当事人不承担责任。如原我国内贸部发布的《国家粮油仓库管理办法》中规定,一般粮食保管自然损耗率(即损耗量占入库量的百分比)为:保管时间在半年以内的,不超过 0.10%;保管时间在半年以上至 1 年的,不超过 0.15%;保管时间在 1 年以上直至出库,累计不超过 0.20%。因此,在此范围内的损耗属于合理损耗,保管人对此不承担任何责任。

(3)存货人的过失

由于存货人的原因造成仓储物的损害,如包装不符合约定、未提供准确的验收资料、隐瞒和夹带、存货人的错误指示和说明等,保管人不承担赔偿责任。

(4)合同约定的免责

基于当事人的利益,双方在合同中约定免责事项,对负责事项造成的损失,不承担互相赔偿责任。如约定货物入库时不验收重量,则保管人不承担重量短少的赔偿责任;约定不检验货物内容质量的,保管人不承担非作业保管不当的内容变质损坏责任。

七、仓储合同样本

仓储合同

存货人:CDDM 有限公司(以下简称甲方)

保管人:NTT 物流有限公司(以下简称乙方)

根据《中华人民共和国合同法》和《仓储保管合同实施细则》的有关规定,存货人和保管人就仓库租赁及保管业务,经双方协商一致,签订本合同。

第一条 仓储业务范围

甲方委托乙方管理甲方产品,乙方负责根据甲方的需求计划提供仓库面积、提供货物保管、货物收发、出入库扫码及货物装卸服务。

第二条 货物名称、规格、数量、质量、包装

(1)货物名称:DM 空调成品、促销品。

(2)规格:以包装箱标示尺寸为准。

(3)数量:按照存货人的计划数量。

(4)质量:按照国家规定标准。

(5)货物包装:甲方按照国家规定标准执行,没有统一规定包装标准的,应保证货物运输和储存安全的原则下进行包装,否则乙方有权拒绝储存。

第三条 仓库租赁面积及仓库地址

乙方根据甲方仓储面积需求情况,负责组织租赁外协仓库,仓库合同面积为 3200 平方米。

仓库地址:＿＿＿＿＿＿＿＿＿＿＿＿＿＿＿＿＿＿＿＿

第四条 乙方租赁仓库条件要求

乙方租赁的外协仓库应符合空调储存条件(不漏雨、不潮湿、尽量配置垫仓板),消防器材、照明设备等设施完善、状态良好,道路达到空调运输挂车车辆通行条件,有雨篷、装卸货平台等必备附属设施,乙方自营仓库应配置叉车、手动液压拖车等必备装卸工具。仓库所用水、电、办公场所由乙方自行负责。

第五条 货物入库、验收及信息反馈

(1)甲方送货车辆至乙方仓库后,乙方应派人现场验收货物,核对送货单与实物名称、型号、数量是否相符，并据实签收送货回单，与送货人办理货物交接手续，如发现包装破损、产品损坏、货物短少、溢出等，乙方应在货单上详细列明具体数量及产品条码，以便甲方向责任方索赔或追查原因。

（2）如出现重大差异或产品品质损坏，乙方应及时通知所在地甲方，由双方共同进行现场验收。

（3）乙方收货后，在产品收货单签字并盖章确认。

第六条　货物出库、条码采集及出库效率规定

（1）乙方凭甲方开具的产品销售单、产品调拨单原件发货，发货单须加盖公章及甲方有效印鉴，乙方不接受甲方任何人员以白条或口头通知发货。

（2）乙方负责对甲方提货人员提货单证有效性进行检验，提货单证如出现涂改，字迹不清或印鉴不全，乙方应控制不予发货并及时通知甲方人员处理。

（3）甲方产品严格执行出库扫码的规定，由乙方负责通过扫码机进行出库条码数据采集，未经扫码的产品严禁出仓，如违反规定，造成条码数据丢失，乙方必须承担相应的处罚。

（4）乙方负责根据甲方出库量大小配置足够的仓管人员、装卸人员，同时保证在收到提货单后20分钟内发货，单车装卸时间不超过35分钟，如因乙方原因造成客户投诉的，每发生一次投诉，甲方将给予乙方120～180元/次处罚。

第七条　货物保管要求

（1）仓库货物必须严格按照包装箱标示的堆码方向、高度、层数等进行堆码，未经甲方同意，严禁超高堆码，否则造成产品损坏，由乙方承担损失。

（2）乙方负责仓库货物日常巡查，发现堆垛歪斜、包装变形等异常情况应及时整改，如发现产品品质变化，应及时通知甲方人员处理。

（3）仓库货物堆垛应整齐有序，保持一定的踩距、柱距、货距，以便于收发货作业及库存盘点。

（4）正品、残次品、包装破损品、市场外退机等不同品质或类别的产品应分开堆码，分开保管，不得混放、串放。

第八条　退换货规定

（1）甲方货物一经出仓，乙方人员不得私自进行调换或私自接受甲方客户退货，所有退换货必须严格遵守甲方颁布的退换货制度规定。

（2）零星退换货要求由退货人填制退换货申请表，经甲方售后人员签字同意，批量退货要求由公司批文并由当地售后人员签字，否则，一律不准退换。

（3）市场售后机退货，要求粘贴退换货申请表及封箱条等随机标识，随机标识不完整、包装缺失，乙方有权拒收或要求甲方协助处理，若乙方未严格执行退换货规定，甲方有权对乙方违规行为进行处罚。处罚标准：60～80元/次。

（4）退换货产品入库验收及信息反馈参照正常入库产品验收流程执行，市场外退机入库乙方只凭随机标识所列型号验收货物，如包装内产品型号与随机标识不符或部件短缺的，乙方不承担责任。

第九条　保管责任及损失赔偿

（1）乙方负责甲方货物保管及收发货作业，乙方必须严格遵守甲方各项存货管理制度，如先进先出、出库扫码、存卡管理、定期盘点等。

（2）乙方必须保证账、卡、物相符，甲方将定期或不定期对乙方所管理的仓库进行检查，如检查中发现账、卡、物不符或仓库管理达不到要求的,甲方有权责令乙方整改或对乙方进行经济处罚。处罚标准:180~260元/次。

(3)乙方在货物保管期间,如因乙方保管原因造成货物短少或其他经济损失的,乙方负责按价进行赔偿。若仓库被偷、被盗或火灾事故等属于财产险保险范围内的,由甲方向保险方索赔。

第十条 仓储费用计算方法及仓库面积增减变动

乙方根据甲方提供的仓储面积需求计划组织仓库资源,双方按约定的面积及合同价格结算仓储费用,双方仓库租赁合同价格为20元/平方米·月(含管理费用)。

若因空调销售市场或甲方销售策略变动,导致实际需求面积与预计需求面积变化较大时,乙方应负责协助甲方扩租面积或提前退仓。甲方增仓或提前退仓均应于1个月前通知乙方,增仓、退仓费用从实际执行之日起开始计算,不足整月的按整月计。

第十一条 仓库装卸、出库扫码及费用计算

(1)乙方所负责管理的仓库,由乙方提供装卸服务,乙方必须严格遵守甲方货物装卸相关规定,避免因人为原因导致货物损坏造成经济损失,否则甲方有权向乙方索赔或给予经济处罚。处罚措施:责任方承担产品修复费用或给予200~300元经济处罚。

(2)装卸费用,双方按仓库实际进出量及约定的装卸费率标准计算。装卸费率标准:分体__1__元/套,柜机__2__元/套(外机60%、内机40%),促销品0.3元/件。每月末由甲方物流人员或稽查人员与乙方人员确认当月所在地仓库进出量,编制仓库装卸费用结算表,经双方确认后,统一由乙方提供相关发票后由甲方办理费用支付手续。

(3)乙方负责通过扫码机采集所有出库产品条码,扫码机由甲方负责根据实际出库量大小进行调配使用,扫码机采购、配置、维修由甲方负责,费用由甲方承担。

(4)乙方所采集的条码数据应于24小时内上传至甲方条码管理系统,并做好本地数据备份,以备查询。若因乙方处理不当,造成数据丢失,乙方应及时通知甲方采取补救措施,否则,甲方将追究乙方责任。

(5)乙方应保证条码数据完整、上传及时,如因漏扫、不扫或数据处理不及时造成数据丢失,甲方有权对乙方进行经济处罚,处罚标准:15元/条,但全年最高累计处罚金额不得大于1万元。

(6)甲方支付乙方条码采集及数据处理固定费用计1200元/月,费用按月支付。

(7)甲方的出入库单据由甲方提供给乙方使用,甲方如果不配备物流主管,乙方可以提供,但是每月需要向乙方交纳1200元/月的代理费用。

第十二条 合同变更和解除合同的期限

由于不可抗力事故,致使直接影响合同的履行或者不能按约定的条件履行时,遇有不可抗力事故的一方,应立即将事故情况通知对方。按照事故对履行合同影响的程度,由双方协商解决是否解除合同,或者部分免除履行合同的责任,或者延期履行合同。

第十三条 结算方式

乙方每月月月底将结算费用报甲方确认后,开具正式的发票,交于甲方。甲方应于次月20日前支付上月费用。

第十四条 合同纠纷解决方式

本合同发生争议,由双方协商解决,协商不成,任何一方可向签约地人民法院提起诉讼,由法院裁决。

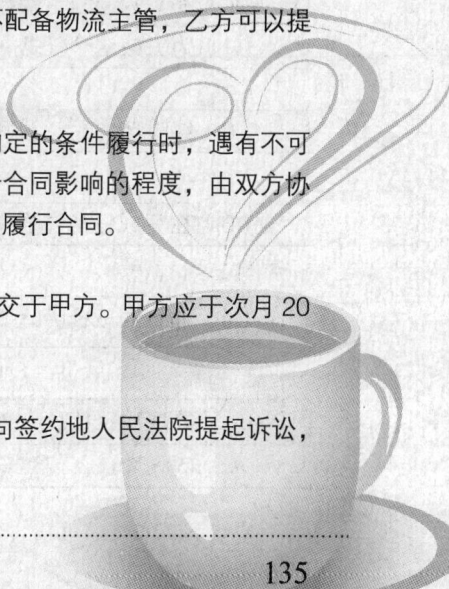

第十五条　合同效力与期限

本合同有效期为：2009 年 1 月 1 日至 2010 年 12 月 31 日为止。

本合同一式四份，甲乙双方各执两份。

第十六条　未尽事项

本合同未尽事项，按《中华人民共和国合同法》执行，或由双方协商解决，或签订补充协议作为本合同的有效附件。

甲方：CDMD 有限公司　　　　　　　　　　乙方：NTT 物流有限公司

代表人：　　　　　　　　　　　　　　　　代表人：

签约日期：　　　　　　　　　　　　　　　签约日期：

➤ 任务实施

1．任务描述

李星刚到恩太物流有限公司市场营销部任营销代表。恩太物流有限公司是一家 4A 级第三方物流企业，在全国 30 个省会城市及 36 个二级城市建立了分支机构，为客户提供高效仓储、快准运输、精益配送、整体物流方案策划、物流咨询、冷链物流等物流服务。公司设置了市场营销部、运营部、行政与人力资源部等部门。市场营销部负责客户开发和维护，包括与客户洽谈并订立合作协议。

李星通过朋友介绍寻找到第一家目标客户 JY 食品有限公司。该公司主要生产快速食品，如方便面、饼干、糖果、饮料等。假如你是李星，请完成以下工作。

（1）做好业务洽谈的各项准备工作。

（2）能够有效利用商务洽谈技巧与客户展开业务洽谈。

（3）在洽谈基础上拟订仓储合同文本。

（4）签订仓储合同。

2．准备工作

将学生分成偶数组，每组约 6~12 人；任命 1 人为小组长，负责小组人员分工。每两个组一起模拟完成本任务，其中一组扮演存货人（客户），另一组扮演保管人（仓库或配送中心）。

3．完成情况评价

完成任务的过程记录与自我评价
（1）为完成这个任务，我做了（按工作顺序列出）：
（2）经过努力后，我完成了下列任务：
（3）在完成任务过程中，我遇到了下面的障碍：
（4）通过完成任务，我得到的经验和教训

任务完成状况的自我评价（在对应等级上划圈）
A．未完成　　　B．基本完成　　　C．完成

> 案例与思考

减少保管费是否合理

个体户赵某在 QJ 仓库寄存彩电一批 100 台，价值共计 100 万元。双方商定：赵某彩电自 2010 年 1 月 15 日至 2 月 15 日期间由 QJ 保管，赵某分三批取走；2 月 15 日赵某取走最后一批彩电时，支付保管费 2000 元。

2 月 15 日，赵某前来取最后一批彩电时，双方为保管费的多少发生争议。赵某认为自己的彩电实际是在 1 月 25 日晚上才入 QJ 仓库，应当少付保管费 250 元。QJ 仓库拒绝减少保管费，理由是仓库早已为赵某彩电的到来准备了地方，至于赵某是不是准时进库是赵某自己的事情，与仓库无关。

赵某认为 QJ 仓库位于江边码头，自己又通知了彩电到库的准确时间，QJ 仓库不可能空着货位。只同意支付 1750 元保管费。

QJ 仓库于是拒绝赵某提取所剩下的彩电。

【思考】

（1）赵某要求减少保管费是否合理？为什么？

（2）QJ 仓库在赵某拒绝足额支付保管费的情况下是否可以拒绝其提取货物？说明理由。

> 能力扩展

1. 单选题

（1）下列选项中属于仓储合同当事人是（　　）。

A. 运输商　　　　　B. 保管人　　　　　C. 经纪人　　　　　D. 代理人

（2）仓储合同属于（　　）合同。

A. 协议合同　　　　B. 诺成合同　　　　C. 书面合同　　　　D. 口头合同

（3）下列不属于仓储合同免责情形是（　　）。

A. 火山爆发　　　　B. 罢工　　　　　　C. 政府拉电　　　　D. 决策失误

2. 多选题

（1）仓储合同免责的几种情形有（　　）。

A. 不可抗力　　　　　　　　　　　B. 补货仓储物自然特性

C. 存货人的过失　　　　　　　　　D. 合同约定的免责

（2）订立仓储合同的原则包括（　　）。

A. 平等原则　　　　　　　　　　　B. 等价有偿原则

C. 自愿与协商一致原则　　　　　　D. 公平原则

3. 判断题

（1）仓储合同的标的是指存货人交存的仓储物。（　　）

（2）仓储合同书由合同名称、合同编号、合同条款 3 部分构成。（　　）

（3）仓储合同属于诺成性合同。（　　）

（4）存货人是指将仓储物交付仓储的一方的合同当事人。（　　）

（5）因仓储物的特性、超过有效储存期造成仓储物变质、损坏的损失，保管人须承担赔偿责任。（　　）

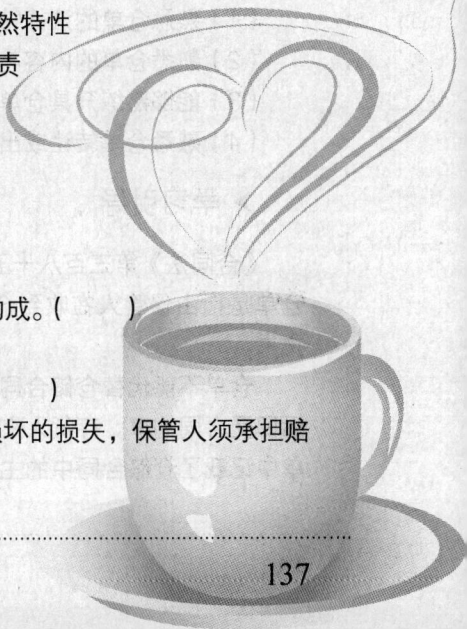

4. 思考题

（1）仓储合同的主要条款有哪些？

（2）订立仓储合同应遵循哪些原则，订立的基本程序是怎样的？

（3）仓储合同的违约行为有哪些？承担违约责任的方式有哪些？

5. 案例分析

世纪储运的要求是否合理？

2009年4月3日，J市东方粮油公司与该市世纪储运公司签订一份仓储保管合同。合同主要约定：由世纪储运公司为东方粮油公司储存保管小麦60万公斤，保管期限自同年5月10日至9月10日，储存费用为50000元，任何一方违约，均按储存费用的20%支付违约金。合同签订后，世纪储运公司即开始清理其仓库，并拒绝其他公司在这3个仓库存货的要求。同年5月8日，东方粮油公司书面通知世纪储运公司：因收购的小麦尚不足10万公斤，故不需存放贵公司仓库，双方于4月3日所签订的仓储合同终止履行，请谅解。世纪储运公司接到东方粮油公司书面通知后，遂电告东方粮油公司：同意仓储合同终止履行，但贵公司应当按合同约定支付违约金10000元。东方粮油公司拒绝支付违约金，双方因此而形成纠纷，世纪储运公司于同年9月21日向人民法院提起诉讼，请求判令东方粮油公司支付违约金10000元。东方粮油公司答辩称，合同未履行，因而不存在违约的问题。

【思考】

（1）该仓储合同是否生效？世纪储运公司的要求是否合理？

（2）法院如果受理，可能会有怎样的判决？

任务二 制作仓单

➤ 学习任务

以仓库（配送中心）的名义为客户办理仓单签发、分割、凭单提货业务，协助客户完成仓单的转让、出质等业务。

➤ 学习目标

（1）熟悉仓单的法律特征。

（2）熟悉仓单的内容与格式。

（3）能够熟练开具仓单。

（4）熟悉仓单转让或出质方面的规定。

➤ 学习引导

《合同法》第三百八十五条规定："存货人交付仓储物的，保管人应当给付仓单。"可见，仓单是指由保管人在收到仓储物时向存货人签发的表示已经收到一定数量的仓储物的法律文书。

仓单不能代替仓储合同。无论当事人采用书面形式还是口头形式，当事人订立仓储合同后即受合同约束。存货人交付仓储物是履行合同，而保管人给付仓单也是履行合同。尽管仓单中记载了仓储合同中的主要内容，但仓单不是仓储合同，只是作为仓储合同的凭证。仓单与仓储合同的关系同提单与海上货物运输合同的关系一样，依我国海商法第四十四条规定，提单是作为海上货物运输合同的凭证。

一、仓单的法律特征

1. 仓单为仓储物所有权和提货凭证

存货人只是将仓储物的储存保管责任转交给保管人而非物权的转移。存货人或者仓单持有人应当凭仓单提取仓储物。

2. 仓单为要式证券

《合同法》第三百八十六条规定："保管人签名或者盖章"，仓单且须具备一定的法定记载事项，故为要式证券。

3. 仓单为文义证券

当事人的权利、义务由仓单记载的事项决定。

4. 仓单为自付证券

仓单由保管人自己签发、自己给付。

5. 仓单为有价证券

仓单具有流通性，在已背书时并履行相应手续后就可转让。

二、仓单的内容与格式

1. 仓单的内容

《合同法》第三百八十六条的规定，保管人应当在仓单上签字或者盖章。仓单包括下列事项：

（1）存货人的名称或者姓名和住所；

（2）仓储物的品种、数量、质量、包装、件数和标记；

（3）仓储物的损耗标准；

（4）储存场所；

（5）储存期间；

（6）仓储费；

（7）仓储物已经办理保险的，其保险金额、期间以及保险人的名称；

（8）填发人、填发地和填发日期。

2. 仓单的格式

仓单作为由保管人在收到仓储物时向存货人签发的表示已经收到一定数量的仓储物的法律文书，目前是由各仓储单位自行编制，没有统一的格式。表 4-2-1 是 A 仓储企业仓单的正面；表 4-2-2 是该仓单的反面，该仓单为一式四联。

三、仓单生效的条件

仓单生效必须具备两个条件。

1. 保管人须在仓单上签字或者盖章

保管人在仓单上签字或者盖章表明保管人对收到存货人交付仓储物的事实进行确认。保管人未签字或者盖章的仓单说明保管人还没有收到存货人交付的仓储物，故该仓单不发生法律效力。当保管人为法人时，由其法定代表人或其授权的代理人及雇员签字；当保管人为其

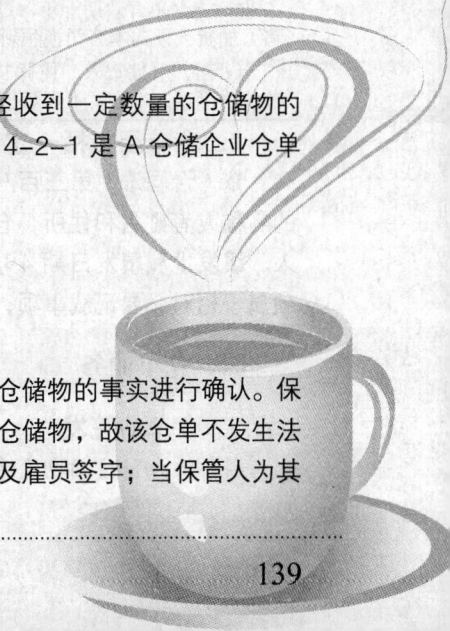

他经济组织时,由其主要负责人签字;当保管人为个体工商户时,由其经营者签字。盖章指加盖保管人单位公章。签字或者盖章由保管人选择其一即可。

表4-2-1　　　　　　　　　　　A仓储企业仓单的正面

仓 单

公司名称:

公司地址:

储货人:	批号:
电话:	发单日期:
传真:	起租日期:

兹收到下列货物依本公司条款(见后页)储仓

唛头及号码	数量	所报货物	每件收费	每月仓租	进仓费	出仓费

总件数:	经手人:
总件数(大写):	
备注:	
核对人:	

表4-2-2　　　　　　　　　　　A仓储企业仓单的反面

存 货 记 录

日期	提单号码	提货单位	数量	结余	备注

储货条款

一、本仓库所载之货物种类、唛头(进出口货物包装上的标记)、箱号等,均系按照储货人所称填写,本公司对货物内容、规格等概不负责。

二、货物在入仓交接过程中,若发现与储货方填列内容不符,我公司有权拒收。

三、本仓库不储存危险物品,客户保证入库货物绝非为危险品,如果因储货人的货物品危及我公司其他货物造成损失时,储货方必须承担因此而产生的一切经济赔偿责任。

四、本仓单有效期一年,过期自动失效。已提货的仓单和提货单档案保留期亦为一年。期满尚未提清者,储货人须向本公司换领新仓单。本仓单须经我公司加印硬印方为有效。

五、客户(储货人)凭背书之仓单或提货单出货。本公司收回仓单和提货单,证明本公司已将该项货物交付无误,本公司不再承担责任。

2. 仓单须包括一定的法定必要记载事项

依《合同法》第三百八十六条的规定,仓单的法定应记载事项共有8项,其中,存货人的名称或者姓名和住所,仓储物的品种、数量、质量、包装、件数和标记,储存场所,填发人、填发地和填发日期4项为绝对必要记载事项,不记载则不发生相应的证券效力;其余4项属于相对必要记载事项,如当事人不记载则按法律的规定来处理。

四、仓单业务

1. 仓单的签发

当存货人将仓储物交给保管人时,保管人应对仓储物进行验收,确认仓储物的状态,在全部仓储物验收合格后签发仓单。保管人在开具仓单时，必须将所有接收的仓储物的实际情况如实记录在仓单上，特别是对仓储物的不良状态更需准确记录，以便到期时能按仓单的记载交还仓储物。

在我国，合同法采用一券主义，即保管人只填发一张仓单，该仓单除作为已收取仓储物的凭证和提取仓储物的凭证外，既可以通过背书转让仓单项下货物的所有权，也可以用于出质。在实际工作中，大多数保管人的做法是只签发一份正式仓单交给存货人，保管人保留一份存根。

2．凭单提货

在储存期满或仓单有效期限内，仓单持有人向保管人提交仓单，出示身份证明，经保管人核对无误后，并按程序提取仓储物。

3．仓单的转让

《合同法》第三百八十七条规定："仓单是提取仓储物的凭证。存货人或者仓单持有人在仓单上背书并经保管人签字或者盖章的，可以转让提取仓储物的权利。"本条是关于仓单转让和出质的规定。

仓单作为有价证券，可以流通。流通的形式有两种：一是转让仓单，即转让仓单项下仓储物的所有权；二是以仓单出质，质权人即享有提取仓单项下仓储物的权利。无论是仓单转让还是仓单出质，都应当通过法定的形式才能生效。

存货人转让仓单应当在仓单上背书并经保管人签字或者盖章始生效力。如果只在仓单上背书但未经保管人签字或者盖章，即使交付了仓单，转让行为也不生效力。所谓"背书"，是指存货人在仓单的背面或者粘单上记载被背书人（受让人）的名称或姓名、住所等有关事项的行为，背书转让格式可参照表4-2-3。背书转让的出让人为背书人，受让人为被背书人。为什么要经保管签字或者盖章呢？因为保管人是仓储物的合法占有人，而仓储物的所有权仍归存货人，为保护存货人的所有权，防止其他人以不法途径获得仓单，从而损害存货人的利益，也使保管人自己免于承担不应有的责任，因此存货人转让仓单的，除存货人应当在仓单上背书外，还应当由保管人在仓单上签字或者盖章，仓单转让的行为才发生效力。

表4-2-3　　　　　　　　仓单背书转让

兹将本仓单转让给XX（被背书人的完整名称）。

XX（背书人的完整名称）

背书经办人签名

日　期

仓单可以进行多次背书转让，第一次背书的存货人为第一背书人。在第二次转让时，第一次被背书人就成为第二背书人，因而背书过程是衔接的完整过程，任何参与该仓单转让的人都在仓单的背书过程中记载。需说明的是，如果仓单中明确记载了不得背书的，而该仓单持有人即使做了背书，也不能发生转让提取仓储物权利的效力。

4．仓单的出质

存货人以仓单出质的，应当与质权人签订质押合同，在仓单上背书并经保管人签字或者盖章，并将仓单交付质权人，质押合同始生效力。因为一旦债务人不能在债务履行期间届满前履行债务，质权人就享有提取仓储物的权利。因此，如果没有存货人（出质人）在仓单上背书和保管人在仓单上签字或者盖章，质权人就不能提取仓储物，同样，也只有存货人在仓单上背书和保管人的签字或者盖章，才有助于保护存货人的所有权和保管人的合法占有权。

5. 仓单的分割

存货人将一批仓储物交给保管人，因转让需求，要求保管人签发分为几份仓单，或者仓单持有人要求保管人将原先的一份仓单拆成多份，以便向不同人转让，这就需要将原仓单进行分割。分割后的各份仓单所载的仓储物总和应与原仓单仓储物总数相同。保管人对已经签发的仓单进行了分割，必须将原仓单收回。

6. 仓单灭失的提货

原则上提货人不能提交仓单，保管人不能交付仓储物。在实际业务办理过程中会遇到仓单因故损毁或灭失，无单提货的情况。仓单灭失的提货方法一般有两种。

一是通过人民法院的公示催告使仓单失效。当 60 天公示期满无人争议，法院可以判决仓单无效，申请人可以向保管人要求提取仓储物。

二是提供担保提货。提货人向保管人提供仓储物的担保后提货，由保管人掌握担保财产，将来另有人出示仓单而不能交货赔偿时，保管人使用担保财产进行赔偿。该担保在可能存在的仓单失效后，方可解除担保。

➤ 任务实施

1. 任务描述

以恩太物流有限公司的名义模拟完成：为客户办理仓单签发、分割、凭单提货业务，协助客户完成仓单的转让、出质等业务。

2. 准备工作

（1）将学生分成 3 人 1 组，分别扮演保管人、存货人（背书人）、被背书人。被背书人兼任小组长，负责小组人员分工。

（2）准备模拟的情景剧本。

3. 完成情况评价

完成任务的过程记录与自我评价
（1）为完成这个任务，我做了（按工作顺序列出）：
（2）经过努力后，我完成了下列任务：
（3）在完成任务过程中，我遇到了下面的障碍：
（4）通过完成任务，我得到的经验和教训

任务完成状况的自我评价（在对应等级上划圈）
A. 未完成　　　B. 基本完成　　　C. 完成

➤ 能力扩展

1. 单选题

（1）关于仓单的法律特征表述不正确的是（　　　　）。

A. 仓单为不要式证券　　　　　　B. 补货仓单为自付证券

C. 仓单为有价证券　　　　　　　D. 仓单为仓储物所有权和提货凭证

（2）关于仓单转让表述不正确的是（　　　　）。

A. 转让的是仓单项下仓储物的所有权

B. 仓单经已背书并履行相应手续后就可转让

C. 只在仓单上背书但未经保管人签字或者盖章，转让行为也不生效力

D. 仓单不可多次转让

2. 多选题

（1）仓单绝对必要记载事项有（　　　　）。

A. 存货人的名称或者姓名和住所

B. 仓储物的品种、数量、质量、包装、件数和标记

C. 储存场所

D. 填发人、填发地和填发日期

（2）关于仓单灭失的提货表述正确的有（　　　　）。

A. 提货人可通过人民法院的公示催告使仓单失效方式提货

B. 提货人可通过提供担保的方式提货

C. 提货人可通过登报公示使仓单失效方式提货

D. 提货人可通过广播公示使仓单失效方式提货

3. 思考题

（1）仓单有什么功能？有什么内容？

（2）仓单如何签发？怎样凭仓单提货？

（3）仓单如何转让？何为背书？

项目五　配送路线的选择

任务一　配送路线的选择

➤ 学习任务

为某商业型配送中心确定配送路线。

➤ 学习目标

（1）能够根据客户分布和订单情况确定配送路线。
（2）根据已有方案优化配送路线。

➤ 学习引导

一、配送货物由一配送中心直送某客户

直送问题的优化是要寻找物流网络中的最短线路问题，解决的方法有很多，破圈法较常用。
破圈法的"圈"指的是回路，其基本思想是：在给定的图中任意找出一个回路，删去该回路中权最大的边。然后在余下的图中再任意找出一个回路，再删去这个新找出的回路中权最大的边，一直重复上述过程，直到剩余的图中没有回路。这个没有回路的剩余图便是最小路径。
例：某货物从 V1 配送中心到 V6 客户，具体路线图如图 5-1-1 所示。

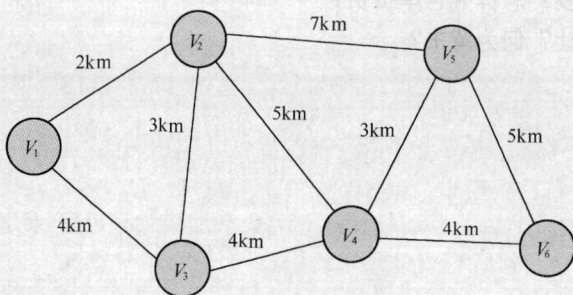

图 5-1-1　某配送中心到客户的路线图

根据破圈法去掉回路可以得到图 5-1-2，于是得到最短配送路线为 $V_1 \rightarrow V_2 \rightarrow V_4 \rightarrow V_6$，则配送里程为：2+5+4=11km。

二、配送货物由一配送中心配送多个客户

1. 节约里程法的基本思路

节约里程法又叫车辆调度程序法（Vehicle Scheduling Program，VSP），其基本原理是：

根据配送中心的运输能力和配送中心到各个客户以及各个客户之间的距离，来制订使总的车辆运输的吨公里数最小的配送方案。为达到高效率的配送，使配送的时间最小、距离最短、成本最低，而寻找的最佳配送路线。

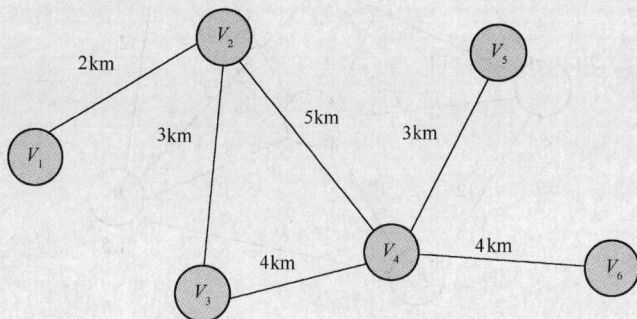

图 5-1-2　破圈后图形

设 P 为配送中心，分别向客户 A 和客户 B 送货。设 P 点到客户 A 和客户 B 的距离分别为 a 和 b。客户 A 和客户 B 之间的距离为 c，两种送货方案配送距离越小说明配送方案越合理。在三角形中，显然 $a+b>c$，选择方案 B 可以节约（$a+b-c$）的里程。

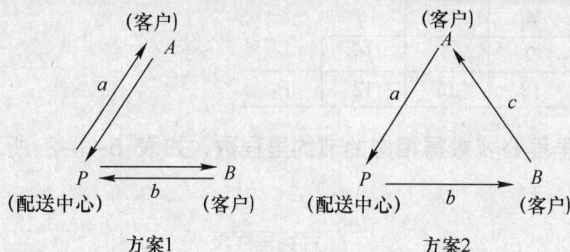

图 5-1-3　节约里程法理解图

利用节约法制订出的配送方案除了使配送总吨公里数最小外，还应满足以下条件：

（1）满足所有用户的需求；

（2）不使任何一辆车超载；

（3）每辆车每天的总运行时间或行驶里程不超过规定的上限；

（4）用户到货时间要求（不得超过规定时间）。

2. 配送路线选择实例

已知配送中心 P_0 向 5 个客户配送货物，其配送路线网络、配送中心与用户的距离以及用户之间的距离如图 5-1-4 所示。图 5-1-4 中括号内的数字表示客户的需求量（单位：吨），线路上的数字表示两结点之间的距离，配送中心有 3 台 2 吨卡车和两台 4 吨两种车辆可供使用。

（1）试利用节约里程法制订最优的配送方案。

（2）设卡车行驶的速度平均为 40 公里/小时，试比较优化后的方案比单独向各客户分送可节约多少时间？

第一步，做运输里程表，列出配送中心到用户及用户间的最短距离，如表 5-1-1 所示。

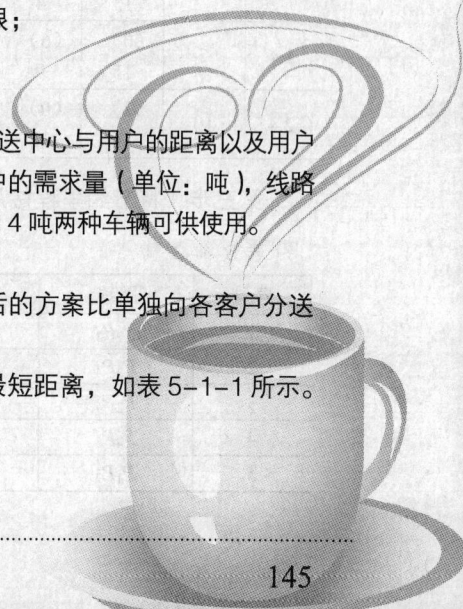

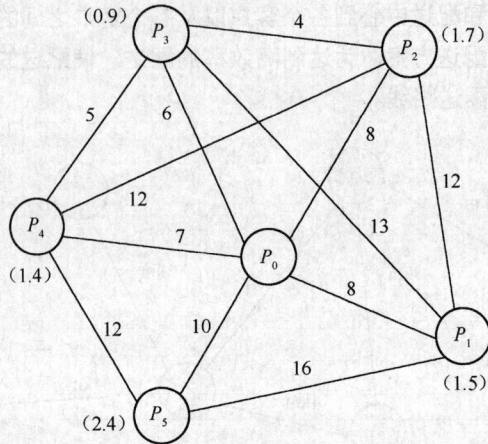

图 5-1-4　配送中心与客户距离分布

表 5-1-1　　　　　　　　　　　运输里程表

需要量	P_0					
1.5	8	P_1				
1.7	8	12	P_2			
0.9	6	13	4	P_3		
1.4	7	15	9	5	P_4	
2.4	10	16	18	16	12	P_5

第二步，按节约里程公式求得相应的节约里程数，如表 5-1-2 所示"（ ）"内的数字为节约里程数。

表 5-1-2　　　　　　　　　　　节约里程表

需要量	P_0				
1.5	8	P_1			
1.7	8	(4) 12	P_2		
0.9	6	(1) 13	(10) 4	P_3	
1.4	7	(0) 15	(6) 9	(8) 5	P_4
2.4	10	(2) 16	(0) 18	(0) 16	(5) 12	P_5

第三步，将节约里程按从大到小顺序排列，如表 5-1-3 所示。

表 5-1-3　　　　　　　　　　　节约里程排序表

序号	路线	节约里程（S_{ij}）	序号	路线	节约里程（S_{ij}）
1	P_2P_3	10	6	P_1P_5	2
2	P_3P_4	8	7	P_1P_3	1
3	P_2P_4	6	8	P_2P_5	0
4	P_4P_5	5	9	P_3P_5	0
5	P_1P_2	4	10	P_1P_4	0

第四步，确定单独送货的配送线路，如图 5-1-5 所示。

得初始方案配送距离=39×2=78kM

第五步，根据载重约束与节约里程大小，顺序连接各客户结点，形成两个配送路线。即 A、B 两个配送方案，如图 5-1-6 所示。

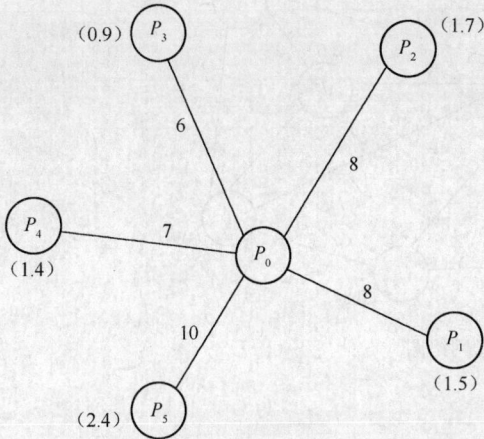

图 5-1-5　配送线路

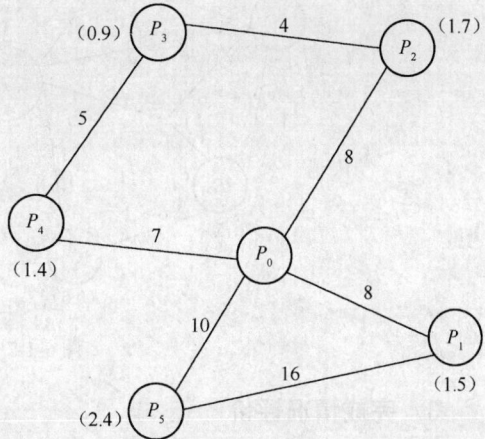

图 5-1-6　优化配送方案

① 配送线路 A：$P_0 \to P_2 \to P_3 \to P_4 \to P_0$

运量 $q_A = q_2 + q_3 + q_4 = 1.7 + 0.9 + 1.4 = 4t$

用一辆 4 吨车运送，节约距离 $S_A = 10 + 8 = 18km$

② 配送线路 B：$P_0 \to P_5 \to P_1 \to P_0$

运量 $q_B = q_5 + q_1 = 2.4 + 1.5 = 3.9t < 4t$

用一辆 4 吨车运送，节约距离 $S_B = 2km$

第六步，与初始单独送货方案相比，计算总节约里程与节约时间。

总节约里程：$\Delta S = S_A + S_B = 20 \ km$

与初始单独送货方案相比，可节约时间：$\Delta T = \Delta S / V = 20/40 = 0.5h$

▶ 任务实施

1. 任务描述

某一配送网络如图 5-1-7 所示，P 为配送中心所在地，$A \to J$ 为客户所在地，括号内的数字为配送量，单位为吨，线路上的数字为道路距离，单位为千米。为了尽量缩短车辆运行距离，必须求出最佳配送路线。现有可以利用的车辆最大装载量为 2 吨和 4 吨的两种箱式货车，并限制车辆一次运行距离在 30 千米以内。

（1）利用节约里程法制订最优的配送路线。

（2）最优配送方案需要运输车辆各几辆？

2. 准备工作

（1）根据个人对问题的不同理解，选择确定路线的方法，个人独立完成。

（2）课余时间完成。

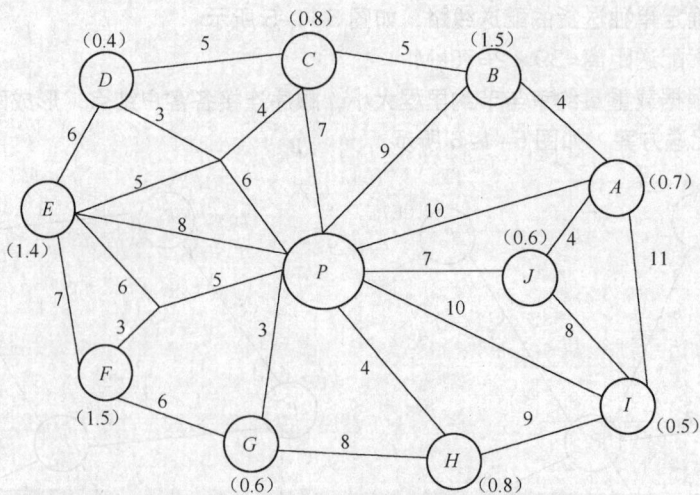

图 5-1-7　配送网络图

3. 完成情况评价

完成任务的过程记录与自我评价
（1）为完成这个任务，我做了（按工作顺序列出）：
（2）经过努力后，我完成了下列任务：
（3）在完成任务过程中，我遇到了下面的障碍：
（4）通过完成任务，我得到的经验和教训

任务完成状况的自我评价（在对应等级上划圈）
A. 未完成　　　B. 基本完成　　　C. 完成

➤ 案例与思考

长春市烟草专卖局（公司）优化物流配送线路

自 2007 年 6 月开始，吉林长春市烟草专卖局（公司）变固定配送模式为弹性配送模式，对配送线路进行优化，有效节省了配送成本，提高了配送服务水平。采用新的配送模式后，长春市局（公司）每大箱卷烟的平均配送成本较以前节约了 2.94 元，基本达到了卷烟物流配送成本全国平均水平。

吉林长春市烟草专卖局（公司）是全国 36 家重点卷烟商业企业之一，也是吉林省重点卷烟商业龙头企业。全市共有 70 条配送线路，24000 个零售客户，卷烟年销售量近 24 万箱。如何降低卷烟配送成本，一直是摆在领导班子面前的重大问题。

为此，长春市局（公司）进行了不懈的探索和努力。2003 年 10 月，他们对物流资源进行有效整合，将过去的 6 个库合为 1 个库，实行"一库制"管理，并建立起了现代化烟草物流配送中心。同时，他们将配送货物、车辆和配送人员实行统一管理，将运输、仓储、装卸、搬运、分拣、配送、信息处理等功能有机结合起来，形成完整的供应链，为客户提供了多功能、一体化的综合性服务，使物流配送工作迈上了一个新台阶。

从 2007 年初开始，公司通过对成本进行细致地核算和分析，进一步优化了配送路线，并采取措施降低卷烟配送成本。过去，长春市局（公司）卷烟配送一直采用分区配送的办法，全市的 5 个行政区域按客户的数量配置一定的车辆、司机和送货员。采用这种送货方式，公司每天要动用 29 辆送货车和 50 多名司机和送货员。即使这样，还需要七八辆车再重复送货一次。每出一次车的费用都要在百元以上，按这种方法送货，不但加大了工作量，也增加了配送成本。针对这一问题，长春市局（公司）领导下决心整合资源，从源头上解决问题。

为了对原有的送货线路进行优化，长春市局（公司）领导亲自对送货线路进行现场考察，对车辆的装载量、往返时间都进行认真测算。通过实地调研和反复研究，长春市局（公司）决定打破过去按区域送货的方式，对货物配送线路进行优化调整。他们详细记录了每辆送货车和每条送货线路的送货量、送货户数、往返时间、送货里程、实际耗油、定额耗油、客户满意度等数据，进而对线路优化前后的费用数据进行分析对比，最后确定了合理高效、低成本的线路优化方案。

按照吉林省局（公司）下达的销售量和核定的实际销售量，长春市局（公司）根据新制订的线路优化方案，将原有的固定配送改为弹性配送，把原来的 29 辆车减少为 26 辆。经过调整，在销售量不变的情况下，26 辆车一次就可以圆满地完成全天的送货任务，避免了二次送货。通过整合资源和优化线路，加快了长春市局（公司）的物流配送体系运行速度，实现了物流畅通、效率提高、成本降低的预期效果。

送货线路经过实地优化之后，原有的信息资源也要随之进行优化。为此，长春市局（公司）信息中心对本市 8000 多个零售客户信息进行了重新梳理，建立了完善的制度和规范的操作流程，实现了配送的标准化。

送货员对零售客户的情况比较了解，一旦发现零售客户的经营场所搬迁、长时间不进货等情况，就会及时通知信息中心和营销中心，以便企业迅速对市场做出及时反应，快速调整，确保商流、物流、信息流、资金流的"四流"畅通。这些措施的实施推动了长春市局（公司）物流配送工作高速、便捷、经济、健康的运转。

为适应"按客户订单组织货源"工作和网建工作的需要，长春市局（公司）正积极探索跨区域配送模式，进一步打破行政区划、优化配送资源、科学合理地调整配送结构，逐步形成经济适用、高效灵活的物流配送体系，以达到运送距离最短、费用最少、效益最佳的目的，逐步向节约型企业的目标迈进。

（来源：东方烟草报。）

【思考】

（1）配送线路优化带来哪些好处？

（2）该案例中烟草局采取了哪些措施来增加收益？

➤ 能力扩展

1．思考题

（1）请描述节约里程法的基本思路。

（2）请描述破圈法的思想。

2．技能训练

宝洁公司是广州宝供物流配送中心最大的服务商，公司客户分布在全国各地，这里主要以广东省内 7 家客户及省外 1 家特殊客户的一次配送为例。客户分布和客户需求量如表5-1-4 所示，请查出配送中心（广州）到各客户城市以及客户与客户之间的距离。运输单价表如表 5-1-5 所示。根据提供的相关信息，制订最优配送方案。

（1）客户分布和需求量（如表 5-1-4 所示）

表5-1-4　　　　　　　　　客户分布和客户需求量

客户（i）	东莞	江门	惠州	阳江	汕尾	揭阳	汕头
需求量（吨）	4.3	1.8	0.7	2.2	3.6	3.6	1.6

（2）运输单价表（如表 5-1-5 所示）

表5-1-5　　　　　　　　　运输单价表

车辆载重	2t	5t	8t
运价（元/千米）	2.4	2.7	3.65

项目六 物流作业区域规划设计

任务一 规划资料的分析

➤ 学习任务

分析某配送中心规划资料，为其内部区域规划设计提供有效信息。

➤ 学习目标

（1）明确规划资料收集的途径，能准确收集规划所需资料。
（2）能够分析配送物品特性、储运单位、订单变化趋势。
（3）明确 EIQ 分析的项目，能够进行 EIQ 资料的分解和进行 EQ、IQ 分析。

➤ 学习引导

一、配送中心的规划要素

1. 配送的对象或客户——Enter

配送中心的服务对象或客户不同，配送中心的订单形态和出货形态就会有很大不同。例如为生产线提供 JIT 配送服务的配送中心和为分销商提供服务的配送中心，其分拣作业的计划、订单传输方式、配送过程的组织将会有很大的区别。而同是销售型配送中心，面向批发商的配送和面向零售商的配送，其出货量的多少和出货的形态也有很大不同。

2. 配送货品的种类——Item

在配送中心所处理的货品品项数差异性非常大，多则上万种，如书籍、医药及汽车零件等配送中心，少则数百种甚至数十种。由于品项数的不同，则其复杂性与困难性也有所不同。例如所处理的货品品项数为一万种的配送中心与处理货品品项数一千种的配送中心是完全不同的，其货品储放的储位安排也完全不同。

另外在配送中心所处理的货品种类不同，其特性也完全不同。如配送食品、日用品、药品、家电品、3C 货物、服饰货物、录音带货物、化妆品、汽车零件及书籍等，它们分别有其货品的特性，因此，配送中心的厂房硬件及物流设备的选择也完全不同。如食品及日用品的进出货量较大，而 3C 货物的货品尺寸大小差异性非常大，家电货物的尺寸较大。

3. 配送货品的数量或库存量——Quantity

这里 Q 包含两个方面的含义：一是配送中心的出货数量，二是配送中心的库存量。货品的出货数量的多少和随时间的变化趋势会直接影响到配送中心的作业能力和设备的配置。例如，一些季节性波动、年节的高峰等问题，都会引起出货量的变动。

库存量和库存周期将影响到配送中心的面积和空间的需求。因此，应对库存量和库存周期进行详细的分析。一般进口商型的配送中心因进口船期的原因，必须拥有较长的库存量（约

2个月），而流通型的配送中心，则完全不需要考虑库存量，但必须注意分货的空间及效率。

4. 配送的通路——Route

物流通路与配送中心的规划也有很大的关系。常见的几种通路模式如下。

① 工厂→配送中心→经销商→零售商→消费者。

② 工厂→经销商→配送中心→零售商→消费者。

③ 工厂→配送中心→零售商→消费者。

④ 工厂→配送中心→消费者。

因此，规划配送中心之前首先必须了解物流通路的类型，然后根据配送中心在物流通路中的位置和上下游客户的特点进行规划。

5. 物流服务水平——Service

企业建设配送中心的一个重要目的是提高企业的物流服务水平，但物流服务水平的高低恰恰与物流成本成正比，也就是物流服务品质越高则其成本也越高。站在客户的立场而言，希望以最经济的成本得到最佳的服务，因此，原则上物流的服务水准，应该是合理的物流成本下的服务品质，也就是物流成本不会比竞争对手高，而物流的服务水准比竞争对手高一点即可。

物流服务水平的主要指标包括：订货交货时间、货品缺货率、增值服务能力等。应该针对客户的需求，制定一个合理的服务水准。

6. 物流的交货时间——Time

在物流服务品质中物流的交货时间非常重要，因为交货时间太长或不准时都会严重影响客户的业务，因此，交货时间的长短与守时成为物流业者重要评估项目。

所谓物流的交货时间是指从客户下订单开始，订单处理、库存检查、理货、流通加工、装车及配送到达客户手上的这一段时间称为物流的交货时间。物流的交货时间依厂商的服务水准的不同，可分为2小时、12小时、24小时、2天、3天、1星期送达等。同样的物流交货时间越短则其成本也越高，因此最好的水准约为12小时~24小时，稍微比竞争对手好一点，但成本又不会增加。

7. 配送货品的价值或建造的预算——Cost

配送货品的价值与物流成本有很密切的关系，因为在物流的成本计算方法中，会计算它所占货品的比例，因此，如果货品的单价高则其百分比相对会比较低，则客户比较能够负担得起；如果货品的单价低则其百分比相对会比较高，则客户负担感觉会比较高。另外，配送中心的建造费用预算也会直接影响到配送中心的规模和自动化水准，没有足够的建设投资，所有理想的规划都是无法实现的。

二、规划资料的收集

根据欲建配送中心的类型，首先进行规划基本资料的收集和调查研究工作。询问法是最常用的方法，其中包括现场访谈、电话访谈、计算机访谈、街上拦截、自我管理问卷调查、单程邮寄调研、固定样本邮寄、网络查询和厂商实际使用的表单收集等。规划资料的收集分为现行资料的收集和未来规划资料的收集。

1. 现行规划资料的收集

（1）基本运行资料，如业务类型、营业范围、营业额、人员数、车辆数、供应厂商和用户数量等。

（2）商品资料，包括商品类型、分类、品项数、供应来源、保管形式等。

（3）订单资料，包括商品种类、名称、数量、单位、订货日期、交货日期、生产厂家等。

（4）货物特性，包括物态、气味、温湿度要求、腐蚀变质特性、装填性质。此外，还包括物品重量、体积、尺寸、包装规格和形式、储存特性和有效期限等。包装规格分单品、内包装、外包装单位等包装规格。

（5）销售资料，按地区、商品、道路、客户及时间分别统计销售资料。

（6）作业流程，包括一般物流作业，即进货、储存、拣选、补货、流通、加工、发货、配送、退货、盘点、仓储配合作业（移仓调拨、容器回收、废弃物回收处理）等作业流程的现状。

（7）事务流程与使用单据，包括接单、订单处理、采购、拣货、发货、派车等作业，此外包括相关库存管理和应收与应付账务系统管理等作业。

（8）厂房设施资料，包括厂房仓库大小与布置形式，地理环境与交通特性，使用设备主要规格，生产能力等资料。

（9）作业工时资料，包括人员组织结构、各作业区人数、工作时数、作业时间与时序分布。

（10）物料搬运资料，包括进货与发货频率、数量、在库搬运车辆类型及能力、时段分布与作业形式等。

（11）供货厂商资料，包括供货厂类型、货品种类、规格、质量、地理位置，供货厂商的规模、信誉、交货能力，供货家数及据点分布、送货时间段等。

（12）配送网点与分布，包括配送网点分布与规模、配送路线、交通状况、收货时段、特殊配送要求等。

2．未来规划资料的收集

（1）运营策略和中长期发展计划。这要根据外部环境变化、政府政策、企业未来发展等来决定。

（2）商品未来需求预测：分析商品现在销售增长率，估计未来增长趋势。

（3）商品品种变化趋势分析：商品在品种方面可能变化趋势。

（4）预测将来可能发展的厂址和面积。

在进行配送中心规划设计的时候，必须对所收集的资料从政策性、可靠性等方面进行分析。在对上述有关基础资料进行初步分析之后，再进一步确认系统规划目标和方针。建立配送中心的目标是：降低物流成本和库存水平，提高对顾客的服务水平，缩短物流作业周期，管理好供货商与顾客之间的良好供需渠道，提高物流服务竞争力以及迅速掌握供需等有关信息。

三、规划资料的分析

1．物品特性和包装分析

物品特性和包装分析表如表6-1-1所示。

表6-1-1　　物性与包装单位分析表

特　性	项　目	明　细
物品特性	物态	□气体　□液体　□半液体　□固体
	气味特性	□中性　□散发气味　□吸收气味　□其他
	储存保管特性	□干货　□冷冻　　□冷藏
	温湿度需求特性	℃，　　　　%
	内容物特性	□坚硬　□易碎　□松软　□其他

续表

特　性	项　目	明　细
物品特性	装填特性	□规则　　　　□不规则
	可压缩性	□可　　　　　□否
	有无磁性	□有　　　　　□无
	单品外观	□方形　□长条形　□圆筒　□不规则形　□其他
单品规格	重量	
	体积	
	尺寸	长　宽　高
	物品基本单位	□个　□包　□条　□瓶　□盒　□箱
基本包装单位规格	重量	
	体积	
	外部尺寸	长　宽　高
	基本包装单位	□个　□包　□条　□瓶　□盒　□箱　□其他
	基本包装规格	（个/包装单位）
	包装材料	□纸箱　□捆包　□袋　□金属容器　□塑料容器　□其他
外包装单位规格	重量	
	体积	
	外部尺寸	长　宽　高
	基本包装单位	□包　□箱　□托盘　□其他
	包装单位个数	（个/包装单位）
	包装材料	□纸箱　□袋　□金属容器　□塑料容器　□其他

2．储运单位分析（PCB分析）

储运单位分析就是考察配送中心各个主要作业环节的基本储运单位，不同的储运单位，其配备的储存和搬运设备也不同。储运单位分析表如表6-1-2所示。

表6-1-2　　　　　　　　　储运单位分析表

入库单位	储存单位	拣货单位
P	P	P
P	P、C	P、C
P	P、C、B	P、C、B
P、C	P、C	C
P、C	P、C、B	C、B
C、B	C、B	B

P=托盘、C=箱子、B=单品

3．订单变化趋势分析

在配送中心的规划中，首先总结历史销售和出货资料，针对历史销售或出货资料进行分析，以了解销售趋势及变动、出货量的变化特征与规律。若能求出有关的变化趋势或周期性变化，则有利于后续资料分析和配送中心的建立。

常见的变动趋势分析方法包括回归分析、时间序列分析等。时间序列分析目的在于掌握统计数据随时间变化的规律。如果以一个年度月份的时间单位为横轴，纵轴代表销售量，进行时间序列分析，常见的变动趋势分析有长期趋势、季节变动、循环变动和不规则变动，如表 6-1-3 所示。一般利用历史数据来推算未来的订单趋势或周期性变化，以规划配送中心的作业能力规模。

表6-1-3　　　　　　　　　　　　　　订单变化趋势分析

变动趋势类型	分　析	应　用
	长期趋势有持续递增的趋向，应配合年周期的成长趋势加以判断	规划时可以中期的需求量为规模的依据，若需考虑长期的递增的需求，则可以预留空间或考虑设备扩充的弹性，以分阶段投资方式设置
	有季节性变动的趋势	如果季节变动的差距超过 3 倍以上，可考虑以部分外包或租用设备方式，以避免设施过多的投资造成平时的闲置，另外在淡季时应争取互补性的商品业务以增加仓储设施利用率
	有以一季为单位的周期性变动趋势	如果高低峰差距不大且周期较短，可以周期变动内的最大值规划，后续资料分析可缩至某一周期为单位，以简化分析作业
	无明显规则的变动趋势	系统较难规则，宜规划泛用型的设施，以增加运用的弹性，仓储格位亦以容易调整及扩充者为宜，以应付可能突增的作业需求量

关于分析过程的时间单位，视资料收集范围及广度而定。对于预测未来发展趋势，以一年为单位；对季节变化预测，则以月为单位；分析月或周内变化倾向，则以周或日为单位。

4. EIQ 分析

EIQ 规划法是由日本的铃木震先生倡导的，用于配送中心的设计规划，其中，E(Entry of

Order）指订单件数，I（Item）指配送商品的品项，Q（Quantity）指订货量或出货量。

EIQ 规划方法是一种以需求为导向的规划分析方法，是针对不确定和波动条件的配送中心系统的一种规划方法。EIQ 方法从客户订单的品项、数量与订购次数等角度出发，进行出货特性的分析。

其意义在于根据配送中心的目的，掌握物流特性，从物流特性衍生出来的物流状态（诸如从配送中心设备到用户为止的物流特性）到运作方式，均规划出合适的物流系统。这种 EIQ 方法能有效地规划出系统的大的框架结构，从宏观上能有效掌握系统特色。

（1）EIQ 分析项目

EIQ 分析主要有 EQ、EN、IQ、IK 这 4 个类别的分析。其主要分析项目及含义如表 6-1-4 所示。

表 6-1-4　　　　　　　　　　　　EIQ 的分析项目表

分析项目	含　义	目　的
EQ——订单量分析	每张订单出货数量的分析	研究订单对货物搬运作业能力的要求
EN——订货品项数分析	每张订单出货品项数的分析	研究订单对拣选设备及作业能力的要求
IQ——品项出货数量分析	每个品项出货数量的分析	研究出货的拆零比例
IK——品项受订次数分析	每个品项出货次数的分析	研究拣选作业频率，决定拣选作业方式和拣选作业区的规划

（2）EIQ 资料的分解

根据 EIQ 规划方法，在进行订单品项数量分析时，首先确定时间范围与统计单位，需要考虑客户订单的时间范围和时间单位，在以天为时间单位的数据分析中，将主要订单的出货资料分解为表 6-1-5 所示表格，在资料分析时必须注意使用统一的计量单位，通常使用体积、重量、箱、个或金额等单位。体积、重量等单位与物流作业系统有关，金额单位与货品的价值分析有关，常用于货物的分类和储存区管理。

表 6-1-5　　　　　　　　　　　　EIQ 资料分解表

出货订单	出货品项						订单出货数量	订单出货品项
	I_1	I_2	I_3	I_4	I_5	…		
E_1	Q_{11}	Q_{12}	Q_{13}	Q_{14}	Q_{15}		EQ_1	EN_1
E_2	Q_{21}	Q_{22}	Q_{23}	Q_{24}	Q_{25}		EQ_2	EN_2
E_3	Q_{31}	Q_{32}	Q_{33}	Q_{34}	Q_{35}		EQ_3	EN_3
…								
单品出货量	IQ_1	IQ_2	IQ_3	IQ_4	IQ_5		EQ	EN
单品出货次数	IK_1	IK_2	IK_3	IK_4	IK_5		—	IK

注：EQ（订单 E_1 的出货量）$=Q_{11}+Q_{12}+Q_{13}+Q_{14}+Q_{15}+\cdots$

IQ_1（品项 I_1 的出货量）$=Q_{11}+Q_{21}+Q_{31}+Q_{41}+Q_{51}+\cdots$

EN_1（订单 E_1 的出货品项数）= 计数（Q_{11}，Q_{12}，Q_{13}，…）>0

IK_1（品项 I_1 的出货次数）= 计数（Q_{11}，Q_{21}，Q_{31}，…）>0

EN（所有订单的出货总项数）= 计数（IK_1，IK_2，IK_3…）>0

IK（所有品项的总出货次数）$=IK_1+IK_2+IK_3+\cdots$

表 6-1-6 是某配送中心某日订单出货资料分解表，是针对某一天的出货资料进行的分析，另外，若分析资料范围为一时间周期内（如一周、一月或一年），则另需加入时间的参数。

表 6-1-6　　　　　　　　某配送中心订单出货资料分解表　　　　　　　（单位：箱）

出货订单	出货品项						订单出货数量	订单出货品项
	I_1	I_2	I_3	I_4	I_5	I_6		
E_1	40	60	0	50	30	20	200	5
E_2	30	0	70	80	70	0	250	4
E_3	50	0	10	0	0	60	120	3
E_4	30	50	0	70	40	0	190	4
单品出货量	150	110	80	200	140	80	760	—
单品出货次数	4	2	2	3	3	2	—	16

（3）EQ 分析

EQ 分析即订单量分析，分析订单数与订货量的关系，通过对订单量（EQ）的分析可以了解每张订单的订购量分布情况。作为确定订单处理的原则、进行拣货系统、拣货模式、发货方式和发货区规划的依据。

EQ 的类型常见的有 5 种。表 6-1-7 所示为 EQ 分布图的类型分析。

表 6-1-7　　　　　　　　　　　EQ 分布图的类型分析

类型	EQ（IQ）分布图	分析	应用
I 型		为一般物流中心常见模式，由于量分布趋两极化，可利用 ABC 做进一步分类	规划时可将订单分类，少数而量大的订单可做重点管理，相关拣货设备的使用亦可分级
II 型		大部分订单量相近，仅少部分有特大量及特小量	可以主要量分布范围进行规划，少数差异较大者可以特例处理，但须注意规范特例处理模式
III 型		订单量分布呈逐次递减趋势，无特别集中于某些订单或范围	系统较难规划，宜规划泛用型的设备，以增加运用的弹性，格位亦以容易调者为宜

续表

类型	EQ（IQ）分布图	分　析	应　用
Ⅳ型		订单量分布相近，仅少数订单量较少	可区分成两种类型，部分少量订单可以批处理或以零星拣货方式规划
Ⅴ型		订单量集中于特定数量而无连续性递减，可能为整数（箱）出货，或为大型对象的少量出货	可以较大单元负载单位规划，而不考虑零星出货

① Ⅰ型

Ⅰ型是一般配送中心常见的模式。由于订货量分布趋于两极化，可利用 ABC 分析法做进一步分类，规划时可将订单分级处理，少数量大的订单可进行重点管理，相关拣货设备的使用亦可分级。

② Ⅱ型

Ⅱ型的特点是大部分订单量（或发货量）相近，仅少数有特大量及特小量。以主要量分布范围进行规划，少数差异较大者进行特例处理。

③ Ⅲ型

Ⅲ型的特点是订单量（或发货量）分布呈渐减趋势，无特别集中于某些订单或范围。系统较难规划，宜规划通用设备，以增加设备柔性。

④ Ⅳ型

Ⅳ型的特点是订单量（或发货量）分布相近，仅少数订单量或发货量较少。可区分为两种类型，部分少量订单可以批次处理或以零星拣货方式规划。

⑤ Ⅴ型

Ⅴ型的特点是订单量（或发货量）集中于特定数量且为无连续性渐减，可能为整数发货或为大型物件的少量发货。可以较大单元负载单位规划，而不考虑零星发货。

（4）IQ 分析

IQ 分析即品项出货数量分析，主要分析品项与出货数量。通过对品项数量（IQ）分析，可以掌握各种产品发货量的分布情况，进一步可分析产品的重要程度。IQ 分析可用于仓储系统的规划、储位空间的估算、拣货方式及拣货区的规划。

IQ 和 EQ 分布图形的类型很相似，常见的类型有 5 种。表 6-1-8 所示为 IQ 分布图的类型分析。

① Ⅰ型

Ⅰ型是一般配送中心常见的模式。由于订货量分布趋两极化，可利用 ABC 分析法做进一步分类。规划时可将物品按储存区分类储存，不同类型的物品可设不同水平的储存单位。

② Ⅱ型

Ⅱ型的特点是大部分订单量（或发货量）相近，仅少数有特大量及特小量。以同一规格的储存系统和定址型储位进行规划，少数差异较大者进行特例处理。

表 6-1-8　　　　　　　　　　　IQ 分布图的类型分析

IQ 分布图类型	分　析	应　用
Q / I（A B C 曲线图）	为一般物流中心常见模式，由于量分布趋两极化，可利用 ABC 做进一步分类	规划时可将产品分类以划分储区方式储存，各类产品储存单位、存货水准可设定不同水准
Q / I 曲线图	大部分产品出货量相近，仅少部分有特大量及特小量	可以同一规格的储存系统及寻址型储位进行规划，少数差异较大者可以特例处理
Q / I 曲线图	各产品出货量分布呈逐次递减趋势，无特别集中于某些订单或范围	系统较难规划，宜规划泛用型的设备，以增加运用的弹性，格位亦以容易调者为宜
Q / I 曲线图	各产品出货量相近，仅部分品项出货量较少	可区分成两种类型，部分中、少量产品可以轻量型储存设备存放
Q / I 曲线图	产品出货量集中于特定数量而无连续递减，可能为整数（箱）出货或为大型对象但出货量较小	可以较大单元负载单位规划，或以重量型储存设备规划，但仍需配合物性加以考虑

③ III 型

III 型的特点是订单量（或发货量）分布呈渐减趋势，无特别集中于某些订单或范围。系统较难规划，宜规划通用设备，以增加设备柔性。

④ IV 型

IV 型的特点是订单量（或发货量）分布相近，仅少数订单量或发货量较少。可分为两种类型，部分少量物品可用轻型储存设备存放。

⑤ V 型

V 型的特点是订单量（或发货量）集中于特定数量且为无连续性渐减，可能为整数发货或为大型物件的少量发货。可以较大单元负载单位或重量型储存设备规划，但仍需考虑物品特性。

在规划储存区时，应以一时间周期的 IQ 分析为主（通常为一年），若配合进行拣货区的

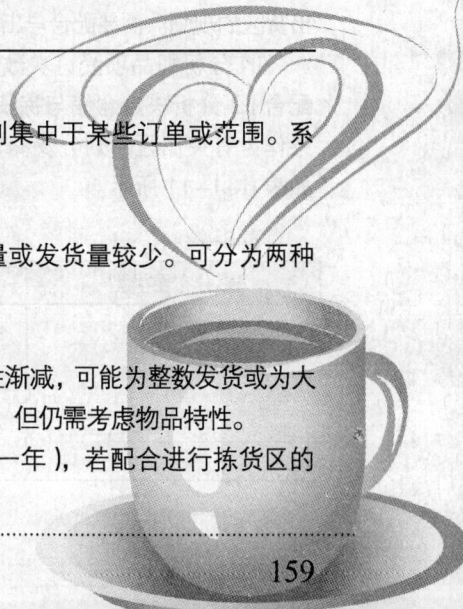

规划时，则需参考单日的 IQ 分析。将单日及全年的 IQ 图以 ABC 分析将品项依出货量分为 ABC（大、中、小）3 类，并产生对照组合后进行交叉分析，将其物流特性分成以下几类，如表 6-1-9 所示。单日与全年 IQ 分析如表 6-1-10 所示。

表 6-1-9　　　　　　　　　　　　　　物流特性分类

全日＼单日	A	B	C
A	I	II	II
B	I	V	V
C	III	III	IV

表 6-1-10　　　　　　　　　　　　　单日与全年 IQ 分析表

分类	年出货量	单日出货量	商品构成	储存与拣货	进货周期与储存水平
分类 I	大	大	为出货量最大的主力产品群 A 类，仓储拣货系统的规划应以此类为主	仓储区与拣选区合并以固定储位	进货周期宜缩短而存货水准较高，以应付单日可能出现的大量出货
分类 II	大	小	出货天数多且出货频繁，使累积的年出货量放大	仓储区与拣选区分离，以零星出货方式规划，仓储区可以固定储位规划	进货周期宜缩短并采用中等存货水准
分类 III	小	大	年出货量很少，可能集中于少数几天内出货	若以单日量为基础规划易造成空间浪费及多余库存，宜以弹性储位规划	基本上平时不进货。缩短进货前置时间，接到订单后才进货
分类 IV	小	小	出货量不高，所占品项数较多，是容易造成占用仓储空间使周转率降低的 C 类商品	仓储区以弹性储位规划，以便于调整格位大小的储存设施为宜。拣货区与仓储区合并规划	进货周期宜缩短并降低存货水平
分类 V	中等	较小	B 类和 C 类之间的商品	根据实际产品分类特性确定规划方式	

（5）EN 分析和 IK 分析

EN 分析即订货品项数分析。分析单张订单出货的品项数，影响拣货系统的规划、出货方式及出货区的规划。需要配合总出货品项数、订单出货品项累计数、总品项数 3 项指标综合参考。

IK 分析即品项受订次数分析。分析各类货品出货次数的分布，了解产品别的出货频率。配合 IQ 分析决定仓储与拣货系统的选择。当储存、拣货方式已决定后，可利用 IK 分析的结果作为有关储区的划分及储位配置的参考依据，决定储位配置的原则。IK 分布图的类型分析如表 6-1-11 所示。

表 6-1-11　　　　　　　　　　　　IK 分布图的类型分析

IK 分布图类型	分　析	应　用
	为一般物流中心常见模式，由于量分布趋两极化，可利用 ABC 做进一步分类	规划时可依产品分类划分储区及储位配置，A 类可接近入出口或便于作业之位置及楼层，以缩短行走距离，若品项多时可考虑作为订单分割的依据来分别拣货

续表

IK 分布图类型	分 析	应 用
K（出货次数） I	大部分产品出货次数相近，仅少部分有特大量及特小量	大部分品项出货次数相同，因此储位配置需依物性决定，少部分特异量仍可依 ABC 分类精神决定配置位置，或以特别储区规划

➤ 任务实施

1. 任务描述
分析某校内配送中心规划资料。

2. 准备工作
（1）以小组为单位，将学生分成 2~3 人 1 个小组，完成规划资料分析的任务。

（2）以小组为单位，教师组织学生共同对分析结果进行汇报展示。

3. 完成情况评价

完成任务的过程记录与自我评价
（1）为完成这个任务，我做了（按工作顺序列出）：
（2）经过努力后，我完成了下列任务：
（3）在完成任务过程中，我遇到了下面的障碍：
（4）通过完成任务，我得到的经验和教训

任务完成状况的自我评价（在对应等级上划圈）
A. 未完成　　　B. 基本完成　　　C. 完成

➤ 案例与思考

烟台铁路公司珠玑配送中心规划分析

1. 规划项目介绍

烟台地处山东半岛中部，濒临黄海、渤海与辽东半岛、日本、朝鲜、韩国隔海相望，是我国首批 14 个沿海开放城市，是我国重点开发的环渤海经济圈区域内的重点城市之一，有良好的区位及政策优势。

1999 年烟台市被山东省经济贸易委员会确定为省物流发展试点城市，根据政策导向，烟台市的交通运输、储运、零售等物流相关的重点企业，十分看好现代物流业的发展，正致力于从传统物流向现代物流的转变时期，加快建设现代物流配送中心建设与发展被认为是实现企业转变的一个重要途径，被许多企业列为议事日程。

珠玑地区位于烟台市郊，是烟台市的交通枢纽和重要商品集散地，烟台铁路公司、烟台交运集团都有在烟台市珠玑地区设立配送中心的设想，该规划主要包括珠玑配送中心的配送模式、配送中心的功能规划、业务流程规划、岗位设置和主要设备规划等内容。这里仅对配送中心的功能规划进行分析。

2．珠玑配送中心功能规划分析

规划中的珠玑配送中心是货物的集散中心，根据对项目的详细调研，确定该中心配送物品的主要品类为煤炭、钢材、木材 3 大类，初期的发展方向为进行大宗散装货物的储存及配送活动。该规划对配送中心功能进行了如下规划。

（1）储存功能，被认为是配送中心的主要功能。

（2）分拣理货，远期规划为核心功能，但由于初期物流作业量不是很大，可以不重点布局，但是应留有远期布局的区域，以利于将来扩充。

（3）配货功能，目前尚不具备条件，但该配送中心的运作模式被定为成实行共同配送，需进行远期规划工作，并努力做好前期工作，为尽快实现共同配送打下基础。

（4）倒装、分装功能，这是由产品及客户性质决定的。

（5）装卸搬运功能，规划为辅助作业。

（6）流通加工，利用铁路经营优势及场地条件，充分发挥，作为竞争优势。

（7）送货，在不断发展配送商品品种，扩大业务量范围基础上，发展多种送货方式。

（8）信息处理，分阶段、分步骤进行。

根据目前一个典型配送中心，主要包括备货、储存、分拣及配货、配装、配送、送达、配送加工、信息处理等基本功能。为了与市场进行紧密结合，一个有现代物流意识的配送企业，还应该有商品采购、市场开发、订单处理及资金结算、需求预测、教育与培训等增值功能。

该规划考虑到商品种类、所处形势等具体情况，设置了 8 项功能。总体来说，具备了一般配送中心的基本要求，功能设置较为合理，既立足实际，又面向未来；既考虑现状，又具长远眼光。

【思考】
谈谈你对该配送中心定位的看法，并提出合理化建议。

➤ **能力拓展**

（1）配送中心规划要素包括哪些？
（2）规划资料分析包括哪些内容？
（3）分析配送中心规划资料的目的何在？
（4）EIQ 分析的项目有哪些？如何进行 EQ 和 IQ 分析？

任务二　配送中心选址规划

➤ **学习任务**

根据客户资料信息，为某商业企业的配送中心选址。

▶ 学习目标

（1）掌握配送中心选址的主要因素。
（2）掌握单一配送中心选址方法。
（3）会使用配送中心选址系统的软件。

▶ 学习引导

一、配送中心选址的主要因素

配送中心选址时应该考虑的主要因素有：客户的分布、供应商的分布、交通条件、土地条件、自然条件、政策环境条件等几种，以下针对这几个因素加以说明。

1．客户的分布

配送中心选址时首先要考虑的是客户的分布。对于零售商型配送中心，其主要客户是超市和零售店，这些客户大部分是分布在人口密集的地方或大城市，配送中心为了提高服务水准及降低配送成本，多建在城市边缘接近客户分布的地区。

2．供应商的分布

配送中心的选址应该考虑的因素是供应商的分布地区。因为物流的商品全部是由供应商所供应的，如果物流越接近供应商，则其商品的安全库存可以控制在较低的水平。但是因为国内一般进货的输送成本是由供应商负担的，因此有时不重视此因素。

3．交通条件

交通条件是影响配送成本及效率的重要因素之一，交通运输的不便将直接影响车辆配送的进行。因此，必须考虑对外交通的运输通路，以及未来交通与邻近地区的发展状况等因素。地址宜紧临重要的运输线路，以方便配送运输作业的进行。考核交通方便程度的条件有：高速公路、国道、铁路、快速道路、港口、交通限制规定等几种。一般配送中心应尽量选择在交通方便之高速公路、国道及快速道路附近的地方，如果以铁路及轮船来当运输工具，则要考虑靠近火车编组站、港口等。

4．土地条件

对于土地的使用，必须符合相关法规及城市规划的限制，尽量选在物流园区或经济开发区。建设用地的形状、长宽、面积与未来扩充的可能性，则与规划内容有密切的关系。因此，在选择地址时，有必要参考规划方案中仓库的设计内容，在无法完全配合的情形下，必要时需修改规划方案的内容。

另外，还要考虑土地大小与地价，在考虑现有地价及未来增值状况下，配合未来可能扩充的需求程度，决定最合适的面积大小。

5．自然条件

在物流用地的评估当中，自然条件也是必须考虑的，事先了解当地自然环境有助于降低建设的风险。例如，在自然环境中有湿度、盐分、降雨量、台风、地震、河川等几种自然现象，有的地方靠近山边湿度比较高，有的地方湿度比较低，有的地方靠近海边盐分比较高，这些都会影响商品的储存品质，尤其是服饰产品或3C产品等对湿度及盐分都非常敏感。另外，降雨量、台风、地震及河川等自然灾害，对于配送中心的影响也非常大，必须特别留意并且避免被侵害。

6．人力资源条件

在仓储配送作业中，最主要的资源需求为人力资源。由于一般物流作业仍属于劳力密集的作业形态，在配送中心内部必须要有足够的作业人力，因此在决定配送中心位置时必须考虑劳动力的来源、技术水准、工作习惯、工资水准等因素。

人力资源的评估条件有附近人口、上班交通状况、薪资水准等几项。如果选址位置附近人口不多且交通又不方便时，则基层的作业人员不容易招募；如果附近地区的薪资水准太高，也会影响到基层的作业人员的招募。因此，必须调查该地区的人力、上班交通及薪资水准。

7. 政策环境

政策环境条件也是物流选址评估的重点之一，尤其是物流用地取得困难的现在，如果有政府政策的支持，则更有助于配送中心的发展。政策环境条件包括企业优惠措施（土地提供、减税）、城市规划（土地开发、道路建设计划）、地区产业政策等。

二、配送中心选址所需的信息

1. 作业量
（1）供货企业至配送中心的运输量。
（2）向客户配送的商品数量。
（3）配送中心储存的商品数量。
（4）其他业务量，如分拣、加工、包装等业务工作量。

2. 成本信息
（1）供货地至配送中心的运输成本。
（2）配送中心至客户的配送成本。
（3）与设施、土地有关的费用以及人工费、管理费等。

3. 其他信息
（1）各备选地址的配送路线和距离。
（2）需要的车辆数、作业人员数等。
（3）装卸方式、装卸机械费用等。

三、配送中心选址的方法

1. 定性分析法

定性分析法主要是根据选址影响因素和选址原则，依靠专家或管理人员丰富的经验、知识及其综合分析能力，确定配送中心的具体选址。其方法主要有专家打分法、德尔菲法、因素评分法。定性分析法的优点是注重历史经验，简单易行。其缺点是容易犯经验主义和主观主义的错误，并且当可选地点较多时，不易做出理想的决策，导致决策的可靠性不高。下面以因素评分法为例说明如何进行选址。

因素评分法在选址方法中是使用广泛的一种，首先从所有待评价的选址影响因素中确定几个主要因素，每一个备选地点都按因素计分，在允许的范围内给出一个分值。然后将每一地点各因素的得分相加，求出总分后加以比较，得分最多的地点中选。下面是因素评分法选址的步骤。

（1）给出备选地点。
（2）列出影响选址的各个因素。
（3）给出每个因素的分值范围。
（4）由专家对各个备选地点就各个因素评分。
（5）将每一地点各因素的得分相加，求出总分后加以比较，得分最多的地点中选。

如某配送中心选址，将影响选址的主要 10 个因素及其分值范围列于表 6-2-1 中。

表 6-2-1 影响选址的因素及分值范围

序号	影 响 因 素	分 值 范 围
1	区域内货物需求量大小	0～400
2	周围的辅助服务设施	0～330
3	交通运输情况	0～200
4	供应商情况	0～200
5	配送服务辐射区域范围	0～100
6	生活条件	0～100
7	用地条件	0～50
8	劳动力环境	0～10
9	气候	0～50
10	税收政策和有关法律法规	0～50

因素评分法最大的优点体现在它的公平性和准确性。当然，它的缺点也很明显，就是实施复杂，周期长，所耗用的时间、费用大。

2. 定量分析法

定量的方法主要包括重心法、鲍莫尔-沃尔夫法、运输规划法、Cluster 法、CFLP 法、混合 0-1 整数规划法、双层规划法、遗传算法等。定量方法选址的优点是能求出比较准确可信的解。其中，重心法是研究单个物流配送中心选址的常用方法。

重心法是将物流系统中的需求点和资源点看成是分布在某一平面范围内的物流系统，各点的需求量和资源量分别看成是物体的重量，物体系统的重心作为物流网点的最佳设置点。

假设：

（1）运输费用只与配送中心的直线距离有关，不考虑城市交通状况；

（2）不考虑配送中心所处地理位置的地价。

设在某计划区域内，有 n 个配送点，各点的需求量为 w_j，它们各自的坐标是（x_j，y_j），现计划在该区域内设置一个配送中心，设该配送中心的坐标是（x_0，y_0），如图 6-2-1 所示。

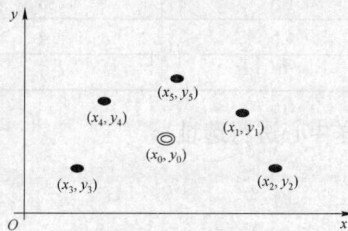

图 6-2-1 配送中心的坐标

根据求平面中物体重心的方法，可得重心坐标为：

$$x_0 = \sum_{j=1}^{n} c_j w_j x_j \Big/ \sum_{j=1}^{n} c_j w_j \qquad y_0 = \sum_{j=1}^{n} c_j w_j y_j \Big/ \sum_{j=1}^{n} c_j w_j$$

c_j 从配送中心到配送点 j 每单位运量、单位距离的运输费、w_j 为各配送点的需求量。

根据重心法确定的配送中心位置，并不是精确的最佳配送中心位置。根据上述重心坐标作为初始解，通过迭代方法算出精确解。

【例题】某物流园区，每年需要从 P_1 地运来铸铁，从 P_2 地运来钢材，从 P_3 地运来煤炭，从 P_4 地运来日用百货，各地与某城市中心的距离和每年的材料运量如表 6-2-2 所示。若不考虑运费率，请用重心法确定物流园区在该城市的位置。

表 6-2-2　　　　　　　　　　　各地与某城市中心的距离和年运输量

原材料供应地	P_1	P_2	P_3	P_4
距市中心坐标	(20，70)	(60，60)	(20，20)	(50，20)
年运输量（吨）	2000	1200	1000	2500

根据重心法的公式可得：

x_0 =（20×2000+60×1200+20×1000+50×2500）/（2000+1200+1000+2500）= 38.4

y_0 =（70×2000+60×1200+20×1000+20×2500）/（2000+1200+1000+2500）= 42.1

所以，物流园区的坐标为（38.4，42.1）。

➤ 任务实施

1. 任务描述

某配送中心拟向城市内 10 个零售商提供配送服务。零售商的需求、空间位置如表 6-2-3 所示。配送中心拥有 5 吨、2 吨两种车型的货柜车，配送的经济里程为 30 千米，不考虑运费率。

表 6-2-3　　　　　　　　　　　零售商的需求、空间位置

客户	x	y	每日需求量（吨）
A	3	1	1.5
B	9	2	0.8
C	15	3	1.2
D	13.5	6	0.9
E	15	10	1.4
F	12	11	1.5
G	6	10	2.0
H	1.5	8	1.8
I	4.5	4	1.2
J	9	7	1.5

（1）应用精确重心法对配送中心进行选址。

（2）画出坐标图。

（3）配送中心选址系统练习。

2. 准备工作

（1）以小组为单位，讨论配送中心选址因素，确定地理区域。

（2）以个人为单位，用重心法精确计算配送中心的坐标，并画出坐标图。

（3）根据小组讨论结果和各自计算结果，总结确定配送中心地址并汇报。

3. 完成情况评价

完成任务的过程记录与自我评价
（1）为完成这个任务，我做了（按工作顺序列出）：
（2）经过努力后，我完成了下列任务：
（3）在完成任务过程中，我遇到了下面的障碍：
（4）通过完成任务，我得到的经验和教训

任务完成状况的自我评价（在对应等级上划圈）
A. 未完成 　　　　B. 基本完成 　　　　C. 完成

➤ 案例与思考

神户生协鸣尾浜配送中心

1. 配送中心建设的背景

神户生活协同组合（以下简称生协）是日本消费者合作社里最大的连锁超市公司，拥有超市连锁店 171 个，每天购货达 35 万人次，在不具备设店条件的地区，分别建立无店铺销售网，设送货点 2 万多个，服务对象近 30 万户家庭。它拥有会员约 123 万户，年销售总额 3840 亿日元（折合人民币 300 亿元），销售商品以食品为主（占 72%）。面对供应面广、品种多、数量大的供配货需求，神户生协建造了鸣尾浜配送中心，承担了全部销售商品的配送任务。

2. 配送中心的合理规划

神户生协鸣尾浜配送中心在进行规划时，考虑到了配送中心的选址、规模、布局、建筑结构等方面。

（1）合理配送中心的选址

配送中心的选址是一项至关重要的工作。神户生协把配送中心选在神户西宫市鸣尾浜地区。其理由如下。

第一，日本关西商业经营的重心在大阪，配送中心必须能迅速调运商品。

第二，根据神户生协超市公司发展区域点多面广的特点。尽可能利用附近的 43 号国道和大阪海岸公路。

第三，大量车辆出入配送中心，产生较大的噪声，必须择地在准工业地域。

（2）配送中心的规模

鸣尾浜地区全部是填海造地而成的，配送中心占地面积 38000m²，宽 190m，长 200m，呈长方形，四周为宽 12m 和 20m 的公路。配送中心建筑平面呈 L 形，大部分为两层建筑，仅南端生活办公用房为 3 层。总建筑面积 33805m²，其中用于配送作业的面积 27907m²。

（3）配送中心的布局

为了合理组织车流，配送中心设两个出入大门，东门出，西门进，各宽 15m。建筑东西两翼各有一条卡车坡道，宽 6.5m（包括 1m 宽人行道），坡度为 15%。卡车由西坡道上楼卸货，由东坡道下楼，单向行驶。

（4）配送中心的建筑结构

配送中心是现浇钢筋混凝土结构的建筑物，柱网尺寸为 12m×9m，底层层高 7.5m，二层为 6m；屋盖为钢结构，衍架梁，金属瓦楞板屋面。建筑物底层为分拣系统及发货场地、站台，二楼为收货场地、站台、储存货架及拣货作业场。上下两层站台总长 460m，拥有停靠车位 147 个（其中收货 58 个、发货 89 个）。在合理的物流流程和运作方面，配送中心根据经营商品进销的不同情况和商品 ABC 分析，将物流分成 3 路：一路（库存型物流），指进销频繁的商品，整批采购、保管，经过拣选、配货、分拣，配送到超市门店和无店铺销售的进货点；二路（中转型物流），通过计算机联机系统和商品信息订购的商品，整批采购，不经储存，通过配送中心进行拣选、组配和分拣，再配送到销售门店和无店铺销售点；三路（直送型物流），商品不经过配送中心，从供货单位，直接组织货源进往销售店。

3. 顺畅、高效的作业流程

鸣尾浜配送中心的作业情况如下。

（1）收货

供货商将商品送至配送中心二楼收货站台，人工卸车，包装均为统一规格系列的纸箱。一路整批商品由人工堆码托盘、叉车搬运；二路商品由人工卸至辊道输送机，进行验收，再经合流后进入 3 条主输送带。

（2）储存、搬运

大部分商品储存在二楼，一路整批商品以托盘为储存单元，由叉车送入普通货架；需要开箱拆零的单元，由叉车送入普通货架；需要开箱拆零的商品，从储存货架上取出，搬入轻型重力式货架，再人工拣选。普通货架和轻型重力式货架相对平行布置，货架分上下两层，每层 3 格，高 4.5m。货架的走道中间设置以胶带输送机为主体的传送搬运系统，总长 5200m。进销频繁的商品则以托盘为单元，存放在底层站台的货场。配送中心全部储存容量为 3500 托盘、17 万箱。

（3）拣选

鸣尾浜配送中心在建设过程中，反复研究总结了日本不少配送中心成功与失败的经验，结合超市销售量大、利薄的特点，认为对于批量零星而进出频繁的商品，不宜采用立体仓库、巷道拣选机，故配送中心决定采用普通货架、人工拣选的方式，以适应多种销售形式。

对于整箱销售的商品，以托盘为单元，货架存放。发货时由工人按订货单从货架搬入两侧的输送带传送系统。二路属于中转的商品，收货后暂存辊道输送机上，经人工粘贴发货条形码后，直接送主输送带，进入分拣系统。

对于开箱拆零商品，以纸箱为单元，存放在轻型重力式货架上。发货时由人工开箱拆零拣货，另行组配拼箱，进入传送系统。拼箱用的空纸箱则利用回收的旧纸箱，由悬吊式链条输送机（置于胶带输送机的上空）传送。对于特别零星的商品，则采用计算机控制的数字显示拣选系统。

（4）分拣

在进行分拣作业时，全部发运商品的纸箱上均粘贴印有条形码的发运标签（内容包括销售店名称、商品名称、数量等），该标签由计算机打印。这些商品从各条拣选渠道汇集到 3 条主输送带，从二楼传入底楼，最后合流至分拣系统。分拣信息由激光扫描器读取纸箱上条形码信息，进行自动分拣。分拣系统采用高速胶带传动斜轮分拣机，分拣作业线总长 160m，分拣道口 41 条，道口间距 3m，传送速度 100m/min，分拣能力为 6000 箱/小时。分拣的纸箱允许的最大长度为 0.9m，最大重量 25kg；超重时，分拣机自动停止运转。

（5）配送

整个配送的流程如下：从分拣道口的斜滑道滑下的商品，由人工装入笼车等集装单元化运载工具，并送至发货站台待运。然后，商品按编排的配送路线，分别装入各辆厢式送货卡车，配送到各超市连锁店。笼车回空时可折叠起来，节省车容。由于采用了笼车，大大减少了中间的装卸环节，有效地改善了从配送中心的储存货架起，一直到商场里的商品陈列货架为止的整个物流过程的装卸搬运作业，加快了运输车辆的周转。配送中心的卡车只需一名司机，兼作装卸工，便可完成全部装卸搬运作业，非常经济实用。

鸣尾浜配送中心建成后，充分发挥了促进和扩大商品流通的作用。它配合零售店，辅助供应工作，提供各种服务，如拆零发货、代贴价格标签、采用计算机联网订货、记账等。由于采用了计算机库存管理，大大降低了缺货率，缩短了要货期；加快了发货，原来每周订货两次，现在做到当天订货，当天或隔天即可送到零售门店，大大压缩了商场的库存，加速了商品的周转，给企业带来了极可观的经济效益。

【思考】

（1）鸣尾滨配送中心的选址依据是什么？

（2）鸣尾滨配送中心的布局与建筑特色是什么？

（3）鸣尾滨配送中心是怎样合理规划物流流程的？

➤ 能力拓展

1．思考题

（1）配送中心选址的主要因素有哪些？

（2）配送中心选址的方法有哪些？

（3）请描述一下重心法选址的原理。

2．案例分析

选址时要考虑的不仅是正确的模型，Target 商店在为服务于芝加哥的主要配送中心选址时，考虑了 3 个州的 55 个场所。考虑了与市场的临近程度、运输成本、可利用的劳动力和每个地方提供的税收激励。并将目标锁定为 3 个场所，最后选择了威斯康星 Ocnomoroc 镇的工业园。Target 没有料到自己将卷入一场政治家之间关于环境的争端之中。

在破土动工之前，Target 完成了所有必要的法律和环境程序。然而环境组织并不满意——地下水怎样排放？来自卡车和员工的交通堵塞以及尾气造成的污染怎么办？这些团体认为 Target 的项目仓促通过了州政府，公众知晓度很低。使事情进一步恶化的是相邻的一个镇抗议这次开发，因为他们以前和 Ocnomoroc 在下水道处理的问题上发生过冲突。

如果早意识到这些问题的严重程度，Target 管理者可能会用更多的时间事先和地方团体达成协议。其次，要遍历政治活动中的所有"正确"的步骤，仅仅与管制者和地方政府交涉是不够的。再次，像 Ocnomoroc 这样的拥有 70000 人口的小镇的居民，对建在他们镇上的新设施的影响很敏感。增加更多的房屋、学校、公路和基础设施可能会改变小镇的氛围，当地居民不喜欢这样。当地商人可能更担心他们的长期雇员被新雇主挖走。

一旦设施建立起来，其生存和成功就都依赖于维持和巩固与市民的关系了。Target 采取了这样的政策——作为承诺的一部分，Target 每年向小镇捐赠 5% 的税前收入。这个故事有个好的结尾，配送中心建立起来且运作良好。

（1）配送中心的选址应该考虑哪些因素？

（2）该案例中如何处理因考虑不周带来的困难？

3. 计算题

某服装制造商拟建立一个配送中心来负责其属下的 4 个销售专卖店的服装配送。4 个专卖店的相关资料如表 6-2-4 所示，不考虑运费率。

表 6-2-4　　　　　　　　　　　　专卖店的相关资料

	专卖店 1	专卖店 2	专卖店 3	专卖店 4
坐标（x, y）	（3，20）	（1，5）	（10，10）	（15，20）
年运输量（吨）	50	60	30	80

试用重心法确定其配送中心位置。

任务三　配送中心作业区域规划

➤ 学习任务

根据提供的规划资料分析，设计一个连锁商业配送中心。

➤ 学习目标

（1）熟悉配送中心系统布置的程序，能够根据配送中心平面布局设计的基本原则，提出布局类型。

（2）能够根据收集的规划资料，拟定配送中心系统规划方案。

（3）能够根据所划分区域拟定物流流程。

（4）能够根据作业量大小和区域关联度正确规划作业面积。

（5）合理设计配送中心周边环境及内部设施。

（6）能够考虑活动相关性、物流相关性、绘制配送中心总平面图。

（7）能够使用三维仿真软件绘制三维立体配送中心。

➤ 学习引导

一、配送中心系统布置的程序

配送中心系统布置的程序如图 6-3-1 所示。

1. 流程分析

将具有相同流程的货物作为一类（A、B、C、D）分析每类货物的作业流程，做出配送中心作业流程表，如表 6-3-1 所示。

2. 作业区域设置

配送中心的作业区域包括物流作业区及外围辅助活动区。物流作业区包括一般性物流作业区、退回商品作业区、换货补货作业区、流通加工区。而外围辅助活动区包括办公区、车辆设施维修区、劳务性活动区、计算机作业区、厂区相关活动区。

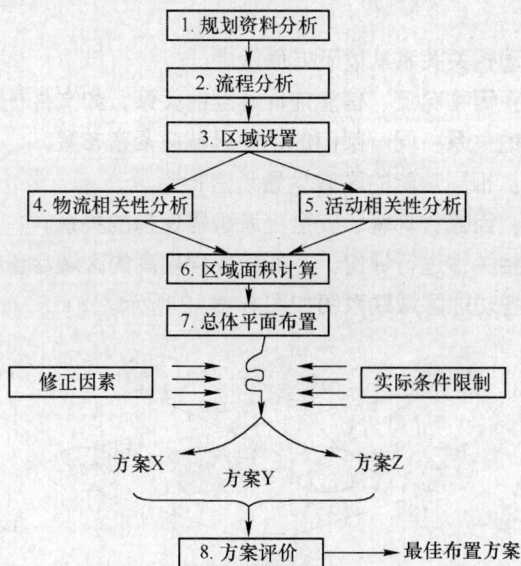

图 6-3-1 配送中心系统布置的程序

表 6-3-1 配送中心作业流程表

作业类别	A	B	C	D
进货	1	1	1	1
理货	2	2	2	2
分类	3	4	4	
流通			3	
保管		3		
特殊作业				3
配送	4	5	5	4

注：1、2、3、4 表示作业流程的先后顺序。

3．物流相关性分析

对配送中心的物流线路和物流量进行分析，用物流强度和物流相关表来表示各功能区域之间的物流关系强弱，如表 6-3-2 所示。

表 6-3-2 各功能区域的物流相关表

	进货区	理货区	分类区	加工区	保管区	特保区	发货区	办公区
进货区								
理货区	A							
分类区	I	I						
加工区	U	O	U					
保管区	U	A	E	E				
特保区	U	O	I	O	U			
发货区	U	U	A	I	E	O		
办公区	U	U	U	U	U	U	U	

注：A——超高；E——特高；I——较大；O——一般；U——可忽略。

4. 活动相关性

各作业区域间的活动相关关系从以下方面考虑。

（1）程序性的关系：因物料流、信息流而建立的关系，如文件往返频度。

（2）组织与管理上的关系：同一部门的功能区域应紧密布置。

（3）功能上的关系：相同功能的区域尽量紧密布置。

（4）环境上的关系：因操作环境、安全上考虑需保持的关系。

对任何两个区域的相关性进行评价。一般相关程度高的区域尽量相邻或接近，相关程度低的区域则不宜接近。各功能区域联系图如图6-3-2所示。

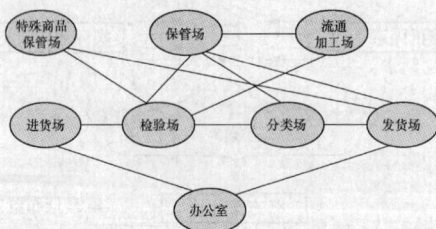

图 6-3-2　各功能区域联系图

5. 区域面积计算

各功能区域面积的确定与各区域的功能、作业方式、所配备的设施和设备以及物流量等有关。对于物流作业区，由于其面积主要取决于货物作业量，一般是按照作业量的大小，根据经验的数据来决定，用现有的配送中心单位面积作业量作为主要依据来设计。配送中心各设施的面积如表6-3-3所示。可用公式对功能区域的面积进行估算：

$$S = \frac{\sum h_j}{\lambda}$$

式中，h_j——货物每日的作业量；

λ——单位面积作业量。

表 6-3-3　　　　　　　　　　　　配送中心各区域的面积

设施名称	每日作业量（t）	单位面积作业量（t/m²）	设施面积（m²）
收货场	25	0.2	125
验收场	（25）	收货兼验收	
分类场	15	0.2	75
保管场	35	1.0	35
流通加工场	2.5	0.2	12.5
特殊商品存放场	2.5	0.2	12.5
发货场	25	0.2	125
办公室			30
合计			415

注：作业量中入库量25t，出库量25t，保管时间7天（5t/日）

6. 区域布置

（1）配送中心基本布局类型

① 直线形布局，适用于出入口在厂房两侧，作业流程简单规模较小的物流作业，无论

订单大小与拣货品项多少，均需通过厂房全程，如图6-3-3所示。

② 双直线形布局，适用于出入口在厂房两侧，作业流程相似但有两种不同进出货形态，如图6-3-4所示。

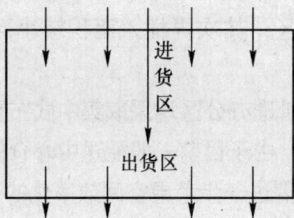

图6-3-3 直线形布局图

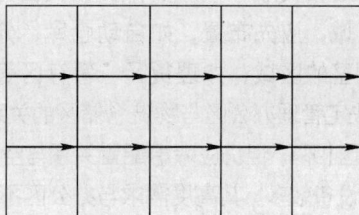

图6-3-4 双直线形布局图

③ U形布局，适用于出入口在厂房同侧，可依进出货频率大小安排接近进出口端的储区，缩短拣货搬运路线，如图6-3-5所示。

④ L形布局，如图6-3-6所示。

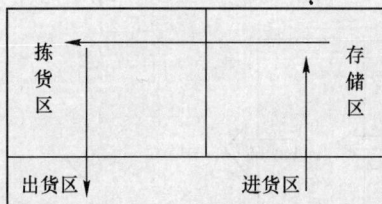

图6-3-5 U形布局图

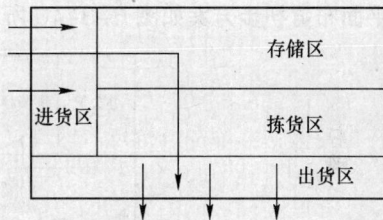

图6-3-6 L形布局

⑤ 锯齿形布局，一般适用于多排并列的库存货架区域内，如图6-3-7所示。

⑥ 分流式布局，适用于批量拣货的分流作业，如图6-3-8所示。

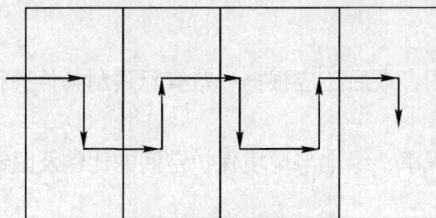

图6-3-7 锯齿形布局图

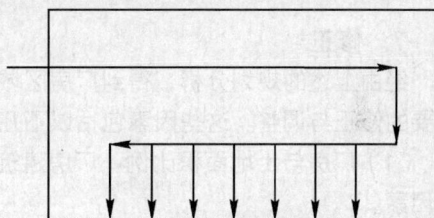

图6-3-8 分流式布局图

⑦ 集中式布局，适用于因仓储区与物品特性，把订单分割在不同区域拣货后再进行集货作业的方式，如图6-3-9所示。

（2）作业区域的位置布置动线布置法
动线布置法的步骤如下。

① 决定配送中心对外的联外道路形式：确定配送中心联外道路、进出口方位及厂区配置形式。

② 决定配送中心厂房空间范围、大小及长宽比例。

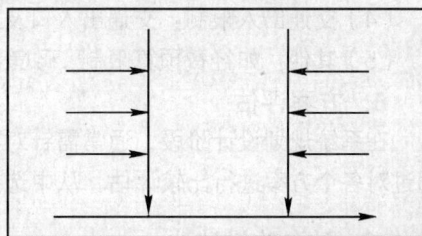

图6-3-9 集中式布局图

③ 决定配送中心内由进货到出货的主要行进路线形式：决定其物流动线形式，如 U 形、双直线形等。

④ 按作业流程顺序配置各区域位置：物流作业区域由进货作业开始进行布置，再按物料流程前后相关顺序按序安排其相关位置。其中，作业区域内如有面积较大且长宽比例不易变动的区域，应先布置，如自动仓库、分类输送机等作业区；其次再插入面积较小而长宽比例较易调整的区域，如理货区、暂存区等。

⑤ 决定管理办公区与物流仓储区的关系：一般配送中心管理办公区均采取集中式布置，并与物流仓储区相隔，但仍应考虑配置关系与空间利用的可能方案，由于目前一般配送中心仓储区均采用立体化设备较多，其高度需求与办公区不同，故办公区布置需进一步考虑空间效率化的运用，如采用多楼层办公室规划、单独利用某一楼层、利用进出货区上层的空间等方式。

⑥ 决定管理活动区域内的配置：选择与各部门活动相关性最高的部门区域先行置入规划范围内，再按活动关系与已置入区域关系最重要者按序置入布置范围内，再逐步调整各办公及管理活动区域。

⑦ 进行各作业流程与活动相关的布置组合：探讨各种可能的区域布置组合。

平面布置初步方案如图 6-3-10 所示。

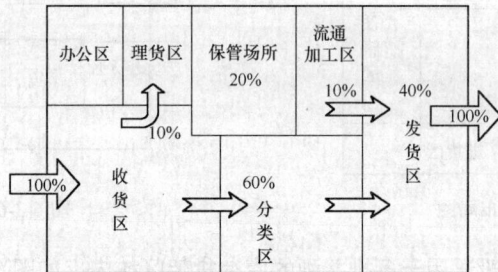

图 6-3-10 平面布置初步方案

7. 修正

经由上述的规划分析，得到厂房区域布置的草图，最后还应根据一些实际限制条件进行必要的修正与调整。这些因素包括以下几项。

（1）厂房与土地面积比例：厂房建筑比率、容积率、绿地与环境保护空间的比例及限制等因素。

（2）厂房建筑的特性：建筑造型、长宽比例、柱位跨距、梁高等限制或需求。

（3）法规限制：土地建筑法规、环保卫生安全相关法规、劳动法等因素。

（4）交通出入限制：交通出入口及所在区域的特殊限制等因素。

（5）其他：如经费预算限制、政策配合因素等。

8. 方案评估

在系统规划设计阶段，通常需针对不同的物流设备选择，分别制订区域配置方案，最后通过对各个方案进行比较评估，从中选择一个最优方案。

二、站台的设计

1. 站台的形式

站台本身的设计形式如图 6-3-11 所示。

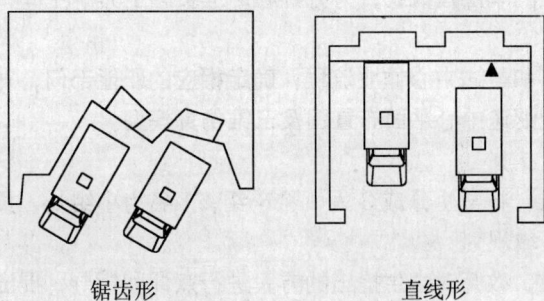

锯齿形   直线形

图 6-3-11 站台本身的设计形式

（1）锯齿形：车辆回旋空间纵深较浅，但占用仓库内部空间较大。相同的平台长度情况下，锯齿形车位布置较少。

（2）直线形：占用仓库内部空间较小，装卸货作业自由度较大，相同的平台长度情况下，直线形车位布置较多，但车辆回旋空间纵深较深，外部空间需求较大。

2. 站台周边设计形式

站台周边设计形式一般有 3 种。

（1）开放式：站台完全突出于库房，站台上的货物不受到保护，也容易引起冷暖气外泄，安全性较低，如图 6-3-12（a）所示。

（2）内围式：将站台围在一定空间内，这种形式安全性最高，有利于防止风雨侵袭和冷暖气外泄，但造价也较高，如图 6-3-12（b）所示。

（3）齐平式：站台与仓库外缘齐平，整个站台仍在库内受到保护，能有效避免能源浪费，造价也较低，是目前采用最为广泛的形式，如图 6-3-12（c）所示。

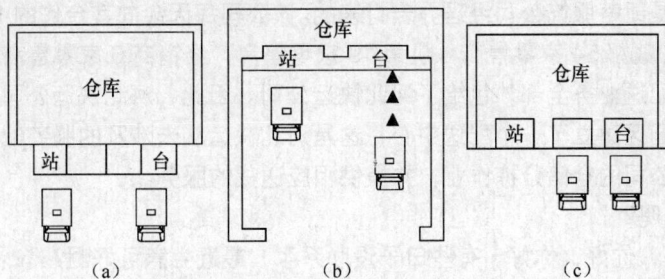

（a）   （b）   （c）

图 6-3-12 站台周边设计

3. 站台高度

一般 2t 车 0.7m；4t 车 0.9m；5t 车（加长）1.1m；11t 车 1.3m；集装箱车 1.4m。遮雨棚距站台高度为 3m 以上，遮雨棚宽度为 5m 以上。

➤ 任务实施

1. 任务描述

某公司主要经营家电产品、日用化工产品、食品以及常用医药产品。其中，家电产品、日用化工产品为常温保管；食品为冷藏保管；常用医药产品为低温保管。

配送中心外围规划：配送中心库区总体呈长方形，南北方向长 200m，宽 72m。主体建筑物是高站台、大跨度的单层建筑物，为充分利用理货区上方的空间，配送中心局部为 2 层建筑物。

根据所提供的资料和配送中心作业流程，确定相应的职能部门，对配送中心内部作业流程进行合理规划，绘制配送中心平面布置图及三维仿真模型。

2．准备工作

（1）以小组为单位，将学生分成 3 人 1 个小组，1 名为小组长，负责小组人员分工，完成配送中心内部作业区域规划。

（2）以小组为单位，教师对学生提出的方案进行点评和指导，提出改进策略。

（3）学生根据资料分析结果，制订规划分析报告并制作 PPT 展示。

➤ 案例与思考

河北快运配送中心方案优化

某日一大早，还没走进办公室，马浩便听到一串急促的电话铃声。马浩是河北快运公司总经理，上任两年来，公司业务量猛增，效益节节攀升。河北快运原属交通厅组建和控股的国有企业，2006 年 3 月 1 日正式改制更名为河北快运公司，现有 20 家分、子公司，其中，河北省内 11 家，省外主要大中城市 9 家，分、子公司下设多个网点。

河北快运在册职工 500 人，包括临时工、司机等在内可达七八百人。现有仓储面积总共 40000m²，车辆 650 部，其中，配送车 200 部，厢式大货车 100 多部。

河北快运主要的业务范围为医药、日用百货、卷烟、陶瓷、化工产品的物流配送，其中以医药为主。河北快运还为多家大型企业如卷烟厂、国美、联合利华、可口可乐、联想、国达医药等提供货运代理。

刚才的电话是凯蒂服饰公司经理乔宏打来的。该公司每天会向其合作的 127 家零售商（北京 48 家零售商，戴娜 54 家零售商，凯蒂 19 家零售商，经销商 6 家零售商）发货，为提高效率，其分拣、配送业务全部外包给了河北快运公司。因此，河北快运公司也专门为此在北京马驹桥的物流园区建立了一个配送中心，这是河北快运从未涉及的服装配送业务。配送中心用于凯蒂服饰公司的仓储分拣作业，并提供相应送货的服务。

"喂，是马总吗？"

"是乔经理呀，你好，你好。有些日子没联系了，最近生意可好啊？"

"托你的福，生意还好，这不又要给你送钱了嘛。"

"哦？"

"夏天一到马上又是销售旺季了，我得在你这多备点儿货，下面 127 家销售点发货需求也马上要提高，这不就是给你送钱来了嘛！"

"哟，好事啊。"

"你得给我个准信儿，我这边发货计划一提（量），你那边配送得跟上啊。"

"那肯定没问题，什么时候耽误过你的事儿啊！"

"到时候库存量可能比现在高一半左右，每天发货量也会高很多，关键是夏天货销得快，你这可得保证供应，不能掉链子。"

"这个我也想到了，我这仓库的设计标准可比你的要求高得多，你就把心放肚子里吧。"

……

放下电话，马浩单手托着下巴，皱着眉头，思考了很长一段时间。其实在讲电话时，他心里就一直在打鼓——以现在的设施及人员配备，别说业务量增加，就目前的仓储业务应付起来都有些紧张，分拣速度也跟不上。关键是库房每天收到的退货也很多，这些退货往往是一些过季的服装，产品质量并没有问题，需要再次上架，等待次年销售。上上下下人员从早忙到晚勉强能保证每天的配送量，下面的仓库主管也一直在抱怨。"可是，又不能跟乔宏讲实情，如果说不能满足的话，以后可能就丢掉了这个大客户，那损失可就大了。"

其实，马浩的苦衷由来已久。

早在两年前，河北快运公司就与凯蒂服饰在公司建立了合作关系，最初是承担凯蒂服饰公司向部分零售商的配送业务，随着双方在合作上的一步步加强，凯蒂服饰公司于去年下半年将公司每天向所有127家零售商的配送业务全部交给河北快运公司处理，这样不仅每天出、入库的业务量大大提高，库存量也随之加大，对公司仓库现有的储存能力和分拣能力都提出了更高的要求。

目前，存箱区的货物摆放没有采用托盘。虽然每天到货近400箱，但是由于规格很多，有近200多种规格，所以无法采用托盘。现在采用2m多高的货架，直接将整箱货物码垛在货架上，不严格按货位摆放。当需要往货架最上层码放货物需要借助梯子。货物在拣货区货架摆放是以件为单位的，拣货区的货架高约2m。发货前装箱工作，需要两个人进行，一个人念发货单，一个人核对货物号，这样效率低，而且出错率高。

想要通过扩充仓库面积来达到储存量的成倍增加已经不太现实了，因为去年刚刚对仓库进行了大幅度的扩充，由原来的3000m²，一下提高到目前的4800m²（仓库布置参见图6-3-13和图6-3-14）。

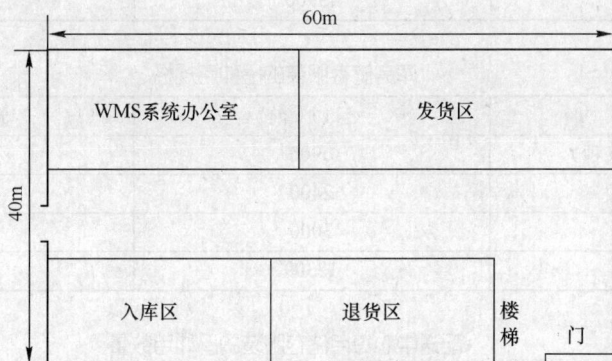

图6-3-13 仓库一层布置图

仓库现有员工17人，员工工资在仓库总成本中占有很大比例，马浩一直想通过精简仓库员工来降低仓库总成本，但是由于这段时期业务量不断增加，员工工作强度的确不小，要不然仓库主管也不会一再抱怨。另一方面，接下来由于凯蒂服饰公司配送业务量的增加，对仓库分拣能力的提高也是相当大的考验。

目前每个月约有43900箱、共计522万件服装的仓库储存量，根据对业务量的预测，5年后仓库容量要达到84000箱、1000万件。目前每天发货127家，预计将来发货要达到300家。现在每月作业量约200万件（包括出、入库作业及退货返回），作业量虽然很大，但是将来作业量还要大幅度提高（参见表6-3-4～表6-3-7）。

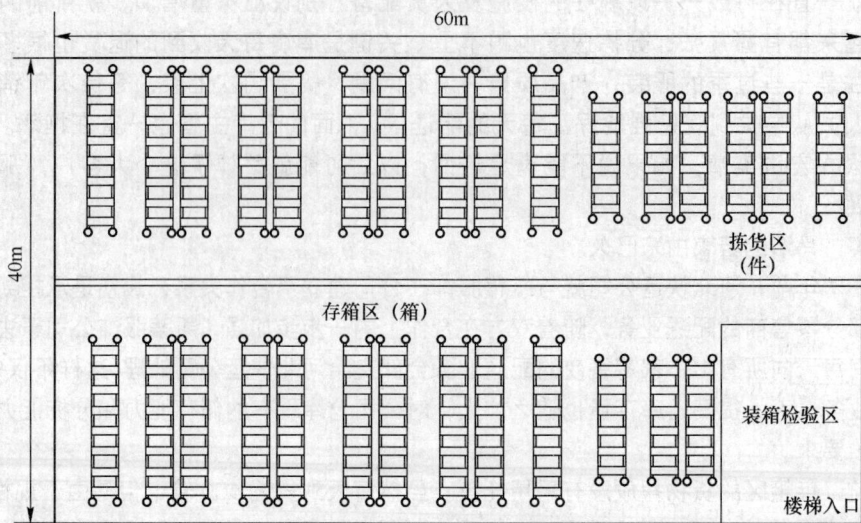

图6-3-14　仓库二层布置图

表6-3-4　　　　　　　　　　　　　　　配送中心每月储存货物

项　　目	目　　前	预　　计
库储存区箱数	29300	
提货区箱数	8600	
未上货架箱数	6000	
合计	43900	84000

表6-3-5　　　　　　　　　　　　　　　库房储存服装的品种与规格

项　　目	目　　前	预　　计
爱妮莎规格数（种）	6900	12000
多利亚码数	2400	7200
戴娜码数	3000	4800
合计	12300	24000

表6-3-6　　　　　　　　　　　　　　　配送中心每月储存服装的品种与数量

项　　目	目　　前	预　　计
爱妮莎件数	420.0万	
多利亚件数	80.4万	
戴娜件数	21.6万	
小计	522.0万	1000万

"应该怎样对仓库进行改进从而使其储存能力和分拣能力满足凯蒂服饰公司对配送业务量的需求并尽量达到设计要求？"马浩还想知道，"实现这一目标需要投资多少？效率又会提高多少？"

整整一个上午马浩都在思考这个问题，但是一直没有得到一个满意的答案。因此，他决定下午召集大家讨论这个让人头疼的问题。

表 6-3-7　　　　　　　　　　　　配送中心其他数据

项　目	目　前	预　计
包装箱尺寸	70×45×35	70×45×35
每天出库总箱数	420 箱	1100 箱
每天发货的门店数	127 家（北京 48 家，戴娜 54 家，凯蒂 19 家，经销商 6 家）	300 家
每天入库总箱数	400 箱	1000 箱
每天入库的家数	5 家	12 家
每月入库箱数	7200 箱	18000 箱
现有的面积	4800m²	4800m²
每月操作量（入库、出库、退货）	200 万件	500 万件
每天出库的件数	48000 件	120000 件
现有人数	主管 1 人，录入员 4 人，退货组 5 人，上货组 4 人，入库组 3 人，合计 17 人	不高于现有人数

【思考】

（1）针对案例中存在的问题，提出改进建议。

（2）为该公司设计一个最优的仓库布局方案，以满足客户需求。

➤ 能力拓展

1．思考题

（1）配送中心基本布局类型有哪些？

（2）进行配送中心区域设计的时候需要考虑哪些因素？

2．案例分析

日本第一制药东京物流中心

东京物流中心占地面积 33999m²，建筑面积 8885m² 它引进了最新的物流设备，负责进货并保管第一制药（株）大阪、静冈工厂生产的产品和采购的商品，配送到北海道、关东甲信越、东北地区的 400 家客户和其他 4 个物流中心。该中心实现了对所辖地区内 90% 的客户在收到订单后第 2 天进行配送，经营的商品有医疗用药品、保健品等大约 1000 个品种。进出货物量达到 180 万箱/年。

物流中心分为两层，一层是出入库作业区，二层主要是拣选作业区。东京物流中心总体建筑虽然规模不大，但布局合理、设计先进。一楼设有常温仓储区和冷藏库、拆分中心、出库区。货车由南面进入装卸区进行卸货，以托盘为单位入库。东京物流中心共有 4 座货物保管仓库，分别是常温托盘立体仓库、常温箱子立体仓库、低温托盘立体仓库和低温箱子立体仓库。第一制药东京物流中心布局图如图 6-3-15 所示。

东京物流中心以托盘自动立体仓库（库架合一式仓储系统，RB）、小型自动立体仓库（集约仓储系统，CS）、箱子自动立体仓库（Fine Stocker，FS）为主，引进巷道堆垛机、高速搬运台车（STV）等设备。这 3 种类型的自动仓库除了对应保管物的包装形态之外，还根据常温、低温等不同商品的温度要求，以及保管或出货前暂存等不同用途进行区分使用。另外，装备了视觉识别装置的拆码垛机械手，可以正确探测从 RB 出库的托盘上箱子的位置、倾斜度与尺寸，从托盘上一个一个地分类箱子，实现繁重劳动作业的完全自动化。

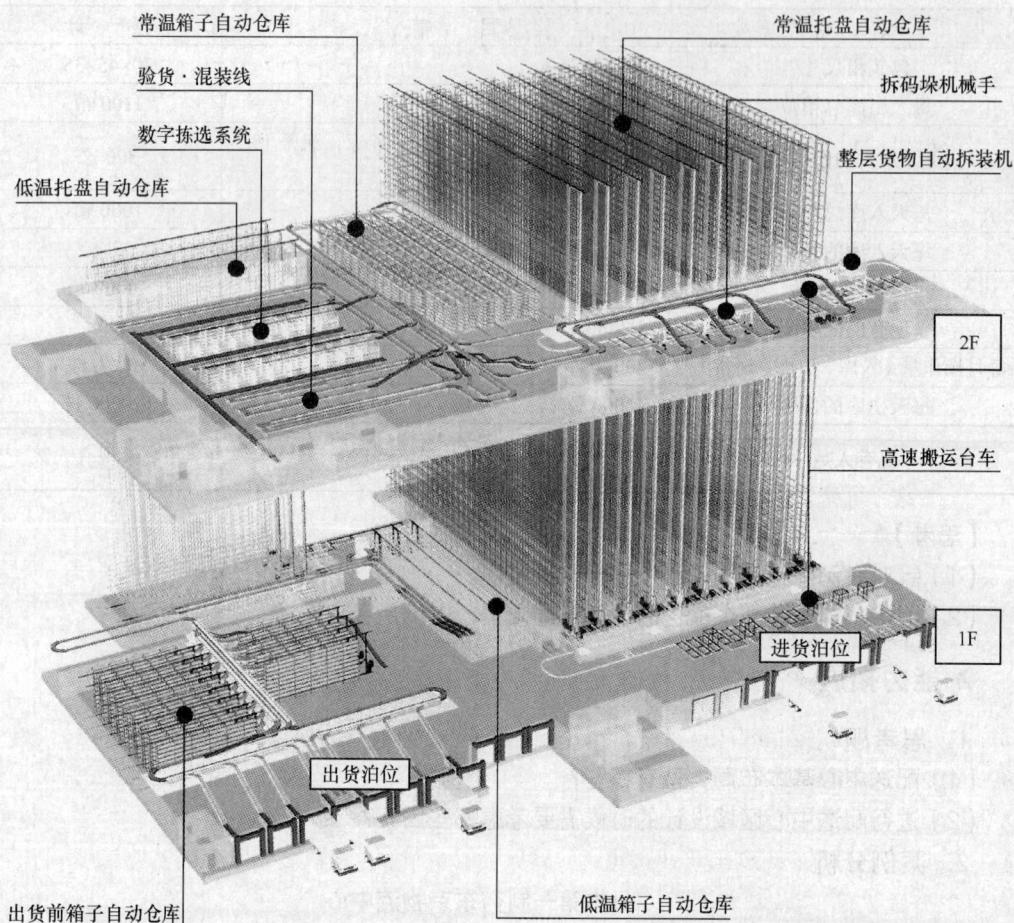

常温箱子自动仓库
验货·混装线
数字拣选系统
低温托盘自动仓库
常温托盘自动仓库
拆码垛机械手
整层货物自动拆装机
2F
高速搬运台车
进货泊位
1F
出货泊位
出货前箱子自动仓库
低温箱子自动仓库

图 6-3-15　第一制药东京物流中心布局图

东京物流中心进出货物量达到 180 万箱/年。出库的整箱货品和拆零货品的比率是 9∶1，整箱出货占绝对优势。因此，物流系统推行彻底的自动化，实现了托盘货物的高效收纳与箱子货物的快速正确分类。为了缩短配送地点卸货作业时间，货物按照反配送顺序装车。东京物流中心作业流程如下。

（1）入库

入库有两种方式：一是规则货物整托盘入库，占总量的绝大多数；二是不规则形状商品入库，完全由人工来操作。

整托盘货物入库时，运输车停靠在装有门封的入库站台，托盘输送机伸入到车内，自动将整托盘货物取出。再由 STV 小车运送到托盘立体仓库，然后由巷道堆垛机自动将托盘货物放入系统指定的货位。物流中心共有 7 个入库口，每天入库量约 3000 箱。

（2）接收订单

东京物流中心每天接收订单两次。订单经过计算机系统进行整理，为分拣出库作业做好准备。

（3）分拣

货品的拣选分为拆零拣选和整箱分拣两种。

① 拆零拣选

出库的整箱货品和拆零货品的比率是9：1。拆零商品拣选作业一天进行3次。物流中心按照商品的物动性高低分为两个拆零拣选作业区。

a. 出库频率高的——常用药品（约占总量的一半）放在流利货架上，由常温箱子自动仓库将货物自动补充到拆零拣选区域。拣货人员按照电子标签数字拣选系统的指示，取出相应数量的商品，放在沿传送带自动移动的料箱内，完成该商品拣货。料箱随即自动进入下一工作区域，拣货人员再跟随料箱继续进行下一种商品的拣货作业。直至本区域全部商品拣选完成。料箱装满药品后，即被放入输送线。

b. 出库频率低的药品（约400种）放在轻量型货架上，配合使用电子标签拣选系统，首先，作业人员根据信息管理系统的计算结果，取出一次出货所需商品总量放在货架上；然后，作业人员同样按照电子标签拣选系统显示的数字取出商品，放在料箱内。一批药品拣选结束后，再将另一批药品放在货架上，重复上述操作，直至全部药品拣选完毕。

② 整箱分拣出库

东京物流中心约90%的出货量为整箱商品，量多时每天出库2万箱，少时每天也有4000箱。托盘立体库存放的整箱商品出库共有以下4种方式。

a. 形状尺寸规范的整箱商品采用全自动化出库方式。

托盘货物从立体仓库中取出后，由STV送到拆垛机械手（共3台）旁，机械手按照系统指示，自动取走所需要数量的箱子，放在输送带上。经过分拣的纸箱，被自动贴上出库条形码标签。而托盘上剩余的货物仍随原托盘送回立体库存放。机械手处理能力为350箱/小时。

b. 不规则整箱商品由人工完成出库作业。

超长、超宽的不规则整箱商品，超过了机械手的处理范围，由于数量非常少，由作业人员将箱子从托盘上取下，放在输送线上。箱子经分拣，贴上条形码标签。

c. 整层托盘货物出库。

从立库中取出后，停在整层货物分拆设备前，将层层堆放的箱子以一层为单位进行分割，一次夹住一层箱子，抬起，等货物托盘离开后，将一层箱子放在另一个托盘上出库。在出库量少时每天约1500箱，量大时每天约4000箱。

d. 整托盘出库。

此方式适用于大批量订货的出货方式，将整托盘货物直接出库装车。

（4）检验核对与混装

拣选好的拆零商品需要经过出库前检验。工作人用条码识读器扫描商品条形码，对品名、批号、数量一一进行核对。然后，按照系统指示的装箱顺序与位置，进行混装打包，等待出库发运。

（5）分拣合流

所有出库商品纸箱（包括整箱商品与拆零商品），进入滑块式自动分拣系统，按照配送路线经过自动分拣后，被送到相应出库口。一楼另有人工分拣台，负责封装票据以及进行紧急处理。

（6）出库装车

伸缩式皮带输送机和托盘输送机将纸箱或托盘按照反配送顺序直接送入运输卡车。

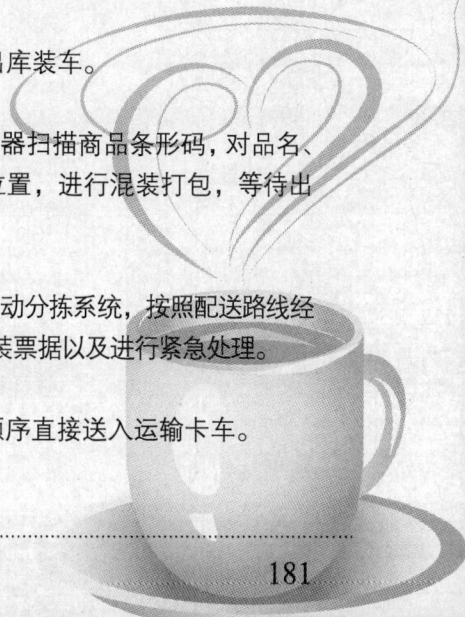

（7）配送

东京物流中心自有厢式货车 15 辆，负责东京近郊的配送业务，其他地区商品配送由专业运输公司承担。

作为药品物流中心，第一制药东京物流中心以"安全、准确、顺畅"为宗旨，不断提高管理与运作水平，成为日本医药行业名列前茅的高度智能化、自动化物流中心，其强大的物流功能为企业发展奠定了坚实的基础。

【思考】

（1）第一制药东京物流中心采用什么样的布局形式？有何特点？

（2）第一制药东京物流中心采用的分拣方式有哪些？

（3）结合案例，根据第一制药东京物流中心的布局特点，用物流仿真软件设计出第一制药东京物流中心的三维仿真模型。

3．实践题

参观一家仓库或配送中心，了解仓库或配送中心的基本构造和布局，结合参观完成以下任务。

（1）该仓库或配送中心采用什么样的布局形式？有何特点？

（2）画出其布局图。

（3）用物流仿真软件设计出该仓库或配送中心。

项目七 仓储与配送成本控制

任务一 仓储成本分析与控制

➤ 学习任务

对某专业仓储企业或制造型企业的仓储成本进行分析与控制。

➤ 学习目标

（1）会分析专业仓储企业和制造型企业的仓储成本构成。
（2）掌握仓储成本的控制内容和措施。
（3）会填写各种仓储成本分析的表格，并对仓储成本进行优化。

➤ 学习引导

一、仓储成本构成

仓储成本是指在储存、管理、保养、维护物品的相关仓储活动中发生的各种费用。仓储成本包括仓库及其设备折旧、装卸费用、货物包装材料费用、仓库管理人员工资等。仓储成本是物流成本的重要组成部分，仓储成本的高低直接影响着企业的利润水平。因此，降低仓储成本成为"第三利润源"的重要源泉之一。

1. 专业仓储企业仓储成本

专业化仓储企业在日常的经营管理中的仓储成本主要是由于储存货物而产生的成本，可以分为固定成本和变动成本两类。

（1）固定成本

固定成本是不随仓储数量变化而变化的成本，主要包括以下几个方面。

① 仓库、堆场的折旧及仓储机械设备折旧。仓库、堆场、机械设备等固定资产的折旧一般按年计提折旧费用，许多仓储企业为了获得持久、动态的竞争优势常采用加速折旧等方法，在投资回收期的指引下尽快收回初期投资，同时有利于仓储设施设备的二次更新。

② 工资与福利。仓储相关人员的工资主要是指基本工资。福利包括国家法定的六险一金，有养老保险、医疗保险、住房公积金等。

③ 仓储设施设备的大修基金一般按其投资额的 4%~7%提取。

④ 外协成本，即与相关单位进行业务往来发生的成本。如港口码头、铁路专线、公路线路等设施和设备的租赁服务费用等。

（2）变动成本

变动成本与仓储数量相关，随着仓储数量的变化而变化的成本，主要包括以下几个方面。

① 保管成本，储存货物所支付的维护与保养费用，包括货架、托盘、叉车等费用的分摊，保管货物消耗相应耗材的费用。

② 搬运成本，货物在人工或机械的作用下出入库产生的成本。

③ 流通加工成本，货物二次包装、加工整理、组配分类等业务需要的费用。

④ 货物保险费，为防止商品货差货损承担经济损失，仓库对在库物资进行投保所消耗的费用。

⑤ 电力、燃料成本，仓库的照明及机械设备的电力、油料消耗产生的费用。

⑥ 资金利息，仓储经营中占用资金而产生的利息。

⑦ 员工奖金，仓储企业对员工发放月度、季度、年终奖金，是对员工出色工作表现的肯定。

⑧ 劳动保护成本，为仓库人员提供保护用品的成本。

⑨ 营业税金，企业在经营过程中向税务机关缴纳的各种税金。

仓储成本是以上各项成本的总和。对专业仓储企业来说，必须了解企业的成本构成，分析各项成本的增减对企业经营管理产生的影响，重视仓储成本的核算，为企业各个层次管理者提供仓储管理所需的成本数据和为控制企业经营成本提供依据。

2．制造型企业仓储成本

制造型企业的仓储成本主要包括仓储持有成本、订货或生产准备成本、缺货成本和在途库存持有成本。

（1）仓储持有成本

仓储持有成本是指为保持适当的库存而发生的成本，与所持有的平均库存量大致呈正比。仓储持有成本可分为固定成本和变动成本。

固定成本与一定限度内仓储数量无关，如仓储设备折旧、仓储设备维护保养费用、仓库职工工资等。

变动成本与仓储数量成正相关，主要包括4项成本：资金占用成本、仓储维护成本、仓储运作成本和仓储风险成本。

① 资金占用成本

资金占用成本也叫利息成本或机会成本，这种成本类型侧重于公司用于库存资本所产生的成本。该项成本可占到总库存成本的80%，同时也是各项仓储持有成本中最不稳定的一项，因为库存是短期资产和长期资产的混合，有些存货仅为满足季节性需求服务，而另一些则为迎合长期需求而持有。

资金占用成本通常用持有库存的货币价值的百分比表示，也可用确定企业新投资最低回报率来计算资金占用成本。

② 仓储维护成本

仓储维护成本主要包括与仓储有关的租赁、照明、设备折旧、保险费用等。仓储维护成本由企业所采取的仓储方式决定。如果企业利用自用仓库，大部分仓储维护成本是固定的；如果企业采用公共仓库，有关储存的所有成本将随库存数量的变化而变化，在进行仓储决策时，这些成本都应考虑。

另外，保险费用和税金随着产品的价值和类型不同有很大的变化。一般情况下，高价值的短缺易损品其保险费用和消耗的税金较高。因此，在计算仓储维护成本时必须考虑。

③ 仓储运作成本

仓储运作成本主要与商品的出入库有关的费用，即由卸货、验收、保管、盘点、发货等货物储存过程消耗的成本构成。

④ 仓储风险成本

仓储风险成本是由于企业无法控制的原因而造成库存商品贬值、损毁、丢失、变质等损失。

由于仓储持有成本中固定成本是相对固定的，与仓储数量不相关，可以直接核算。计算单一库存商品的变动成本可分为以下3个步骤。

步骤一：确定库存商品价值。企业可根据实际情况采用4种存货核算的方法：先进先出法、后进先出法、加权平均法、移动平均法等计算。

步骤二：估算每一项仓储成本占库存商品价值的比例。

步骤三：用全部储存成本占库存商品价值的比例乘以商品价值，估算出保管一定数量商品的库存成本，如表7-1-1所示。

表7-1-1 仓储持有成本确定方法

成本类别	仓储成本占库存商品比例（%）
仓库消耗成本：仓库租金、仓库折旧、税金、保险费等	3~10
仓库作业成本：装卸搬运费用、设备折旧、能源消耗、人工费用等	1~5
不可控成本：资金占用成本、库存商品贬值、损坏、丢失、变质等损失	8~25
所有的持有成本	12~40

（2）订货或生产准备成本

订货或生产准备成本是指向业务往来的供应商发出采购订单的成本或指企业内部的生产准备成本。

① 订货成本

订货成本是指企业为了实现一次订货而发生的各种活动费用，包括订单处理人员的差旅费、办公费、通信费等支出。订货成本中，如常设机构及公共关系基本开支等订货固定成本，与订货的次数无关；如差旅费及通信费等订货变动成本与订货的次数有关。

订货成本通常是由下列相关活动产生。

a. 检查和盘点存货。

b. 编制并提出订货需求。

c. 标杆法选取最合适的供应商。

d. 填写并发出订单。

e. 填写并核对收货单。

f. 验收发来的货物。

g. 筹集资金并付款。

② 生产准备成本

生产准备成本是指当库存商品由本企业自己生产而并非从外部供应商获得时，企业为即将生产一批货物而进行准备的成本。其中，如更换模具、专用设备折旧、人员基本工资等属于固定成本，与生产产品数量有直接关系的费用如人工费、材料费、加工费等属于变动成本。

③ 仓储持有成本与订货成本的关系

仓储持有成本与订货成本随着订货次数或订货规模的变化呈反方向变化。起初随着订货批量的增加，订货成本的下降比仓储持有成本的增加更快，而当订货批量增加到某一点时，即订货成本的边际节约额等于仓储持有成本的边际增加额时，总成本最小。此后随着订货批量的不断增加，订货成本的边际节约额比仓储持有成本的边际增加额要小，总成本不断增加，且符合边际效用递减的原理。

（3）缺货成本

仓储决策中另一项主要成本是缺货成本，即由于库存供应中断而无法满足顾客的需求造成的损失，包括原材料供应中断造成停工损失、成品库存缺货造成的延迟发货损失、丧失销售机会的损失、信誉损失。

① 安全库存持有成本

许多企业都会保持一定数量的安全库存，以防止在需求方面的不确定性，但问题是在一定时期要保持多少量的保险存货才合适，保险存货太多则意味着占用资金，不足则意味着缺货或失销。因而可采取科学的安全库存量计算法来确定较为合理的库存以降低风险。

② 缺货成本

缺货成本是由于外部和内部供应中断而产生的。当企业的客户得不到全部订货时，称为外部短缺；当内部某个部门得不到全部订货时，称为内部短缺。

如果发生外部短缺，将会产生以下情况。

a. 延期交货。延期交货可以有两种形式，缺货商品将在下次订货中得到补充，或是利用快速延期交货。如客户愿意等到下一次规划订货，则企业实际没有什么损失；如果经常缺货，顾客流失率将大大提高；如缺货商品延期交货，则会发生延期订单处理和运输费用，而通常情况下对于延期交货的特殊订单处理费用相对于规划补充的不便处理费用要高，如利用快速、昂贵的运输方式运送延期交货商品，或从其他地区的仓库调入缺货商品等。因此，延期交货成本可根据延期订单处理费用和额外运费来计算。

b. 失销。在企业缺货的情况下，一般会有一些客户转向其他能够提供替代品或服务的供应商，在这种情况下缺货就造成了失销。对于企业来说直接损失就是这种产品的利润损失，即可用商品的利润率乘以客户的订货量来确定。但是对于失销，还应明确企业的损失除了商品的利润外，还包括负责该产品销售人员的精力耗费、企业信誉损失、市场份额萎缩等损失。同时，企业也很难估计对未来销售究竟会产生什么影响。

c. 失去客户。由于缺货给企业带来最大的损失是企业永远失去了客户，从而失去了未来一系列收入，而这种损失是无形的，需要用管理科学的技术以及市场销售学的研究方法来分析计算。

为了确定保持多少库存，有必要估算发生缺货所造成的期望损失。首先，分析发生缺货可能产生的后果，即延期交货、失销和失去客户。其次，计算与可能结果相关的成本，即利润损失。最后，算一次缺货损失。

（4）在途存货持有成本

如果企业以目的地市场价格出售产品，则需负责将产品送达到目的地客户处，因此，当客户收到订货商品时，商品所有权才发生转移，商品仍是买方企业的库存，所以这种在途库存的运输方式，所需时间是储存成本的一部分，企业应对运输成本与在途存货持有成本进行权衡抉择。

一个重要问题是如何计算在途存货持有成本。前面讨论过库存持有成本的4个方面，即资金占用成本、仓储维护成本、仓储运作成本及仓储风险成本，这些成本对于在途存货来说有所变化。

① 在途存货的资金占有成本一般等于仓库中库存获得资金占用成本。假定在运输过程中对所讨论的库存具有所有权，那么资金占用成本就要考虑。

② 仓储维护成本、仓储运作成本一般与在途存货不相关，但对保险费用要加以考虑。

③ 对于仓储风险成本，由于运输服务具有短暂性和不可储存性，货物过时或变质的风险要小一些，因此，仓储风险成本较小。

一般来说，在途或储存成本要比仓库中的存货储存成本小。在实际中，需要对每一项成本进行仔细分析，才能准确计算出实际成本。

3. 仓储成本分析实例

某仓储部门预计下一个季度的入库货量为6000件，允许货量在70%～120%按间隔10%变动，要求按表7-1-2中的各项成本费用的标准编制该仓储部门的弹性预算表。

表7-1-2　　　　　　　　　　仓库各项成本费用的标准

成本项目	费用和库存量之间的关系
管理人员工资	固定基本工资1800元/月，另按入库津贴0.1元/件
装卸搬运费用	装卸搬运人员的基本工资为800元/月，另按入库商品每件支付0.1元
仓库租金	每个季度5000元
机器维修保养费用	平均每个月的维修保养费用为500元
验收费用	验收人员的基本工资为800元/月，另按每件入库商品支付0.5元
保险费用	每件商品消耗的固定费用为0.5元

根据表7-1-2所列资料编制该仓储部门的弹性预算，见表7-1-3。

表7-1-3　　　　　　　　　　仓储部门弹性预算表

费用项目	按比例分配的库存量（单位：件）					
	4200	4800	5400	6000	6600	7200
变动费用：（单位：元）						
管理人员工资	420	480	540	600	660	720
装卸搬运人员工资	420	480	540	600	660	720
验收人员工资	2100	2400	2700	3000	3300	3600
保险费用	2100	2400	2700	3000	3300	3600
变动费用小计	5040	5760	6480	7200	7920	8640
固定费用：（单位：元）						
管理人员工资	5400	5400	5400	5400	5400	5400
装卸搬运人员工资	2400	2400	2400	2400	2400	2400
验收人员工资	2400	2400	2400	2400	2400	2400
仓库租金	5000	5000	5000	5000	5000	5000
机器维修保养费用	1500	1500	1500	1500	1500	1500
固定费用小计	16700	16700	16700	16700	16700	16700
总计	21740	22460	23180	23900	24620	25340

二、仓储成本控制

1. 仓储成本控制的内容

（1）仓储材料成本控制

商品在存放过程中必然会消耗大量的衬垫材料、包装材料、养护材料等。仓储管理人员应开展技术革新和技术改造尽力寻找既能节省材料开支，又能保证物资管理质量的物资管理方法。同时，为降低仓储成本还应实行分区分类管理，加强仓储成本核算，以实现企业的成本目标。

（2）装卸搬运成本控制

商品进出仓库主要借助叉车等装卸搬运机械来完成。装卸搬运机械的设备折旧费用，是仓库内搬运装卸成本中比重最大的费用。因此，仓储部门在选择适用机械设备时应考虑其技术经济性，选用最合理的折旧方法计算机械设备的折旧费用。

（3）仓储人工费用控制

仓储人工费用包括仓储管理人员和生产工人的工资、奖金、福利费、津贴等。仓储人工费用的管理，应着重于尽量减少非生产工人的工资支出，其消耗费用与仓储作业量没有直接关系。同时，应选择合理的劳动组织形式、不断提高劳动生产率，降低仓储成本中活劳动的消耗成本。

（4）仓储能源费用控制

在仓储成本中，如油料、燃料、电力、低值易耗品等成本，虽然所占的比重小，但这部分成本的管理也是不可忽视的。仓储成本管理应注重不断降低上述成本项目水平。

2．仓储成本控制的措施

（1）整合存货分析账表，优化处理流程。常见的存货分析账表有存货明细账表、出入库汇总表、ABC 存货成本分析表等。存货分析账表可以提供企业仓储管理中的真实数据，加强采购部、生产部、销售部等各个部门的横向交流，优化仓储作业流程，以较合理的成本进行仓储经营管理。

（2）充分利用现代仓储技术和设备，提高各工作环节的作业效率。在仓储作业过程中要利用现代仓储技术和设备，如采用计算机管理技术、仓储条码技术、自动化货架等提高仓储作业的效率，创造经济效益。

（3）加强材料、成品在库质量管理，减少保管中非正常损耗。库场储存的物品质量完好，数量准确，一定程度上反映了仓储管理质量。为了避免或降低货物耗损，应严格验收入库物品，做到不合格材料、成品不进库，手续不全时绝不发料，质量有问题的产品绝不出厂。

（4）采用有效的"先进先出法"方式。有效的"先进先出"方式主要有两种。一是采用计算机存取系统。采用计算机管理系统，根据物品入库时的时间，依靠按时间排序的软件，可以自动排列出货的顺序，从而实现"先进先出"。二是在仓储中采用技术流程系统的办法保证"先进先出"。最有效的方法是仓库中的技术流程采用贯通式货架系统，既可提高仓库利用率，又能使仓库管理实现机械化、自动化。它能保证每个被储物的储存期不至于过长，减少仓储物的保管风险。

（5）加强劳动管理，降低经营管理成本。工资是仓储成本的重要组成部分，劳动力的合理使用，能有效避免人工成本浪费。同时，经营管理成本是企业经营活动和管理活动的费用和成本支出，包括管理费、业务费、交易成本等，加强该类成本管理，减少不必要支出，也能实现成本降低。

▶ **任务实施**

1．任务描述

某单一仓储企业在 2010 年 9 月的 A 商品的出入库记录如下。

上期盘点：8 月 31 日　1000 件　单价 10 元

入库业务：9 月 8 日　　1200 件　单价 10.5 元

9 月 15 日　1100 件　单价 11 元

9 月 18 日　1400 件　单价 11.5 元

出库业务：9 月 10 日、20 日、30 日均为 1200 件，即为当月销售数量。

另该仓储部门预计 10 月份 A 商品入库货量为 5000 件，销售数量为 4500 件，库存结余为 800 件，核算单价与 9 月份销售单价一致。允许入库货量在 70% ~ 120% 按间隔 10% 变动，要求按表 7-1-4 所示的各项成本费用的标准编制该仓储部门的弹性预算表。仓储企业 9 月份消耗的销售数量的变动总费用刚好为 10 月份预计的最低入库标准的变动总费用，库存结余引起的变动成本总额和固定成本总额均为 2000 元。

表 7-1-4　　　　　　　　　　　　仓库各项成本费用的标准

成本项目	费用和库存量之间的关系
管理人员工资	固定基本工资 1800 元/月，另按入库津贴 0.1 元/件
装卸搬运费用	装卸搬运人员的基本工资为 600 元/月，另按入库商品每件支付 0.1 元
仓库及堆场费用	每个月 1000 元
机器维修保养费用	平均每个月的维修保养费用为 500 元
验收费用	验收人员的基本工资为 800 元/月，另按每件入库商品支付 0.5 元
保险费用	每件商品消耗的固定费用为 0.5 元
条码打印机折旧费用	每个月 200 元
叉车、货架折旧费用	每个月 600 元

（1）确定企业仓储成本构成以及各项成本对仓储管理重要性分析。

（2）按要求填写仓储成本相关表格，见表 7-1-5、表 7-1-6、表 7-1-7。

（3）成本、利润分析结果的处理。

（4）分析企业经营状况并提出降低仓储成本的建议。

2. 准备工作

（1）以小组为单位，将学生分成 6 人 1 个小组，1 名为小组长，负责小组人员分工，完成成本分析及收入、成本、利润的处理任务。

（2）以小组为单位，教师组织学生共同对仓储成本项目进行确定（尤其要指导学生特殊的成本项目确定）及效果进行分析，提出降低仓储成本的策略。

（3）准备仓储相关表格，见表 7-1-5、表 7-1-6、表 7-1-7。

表 7-1-5　　　　　　　　　　　　物资出入库情况表

加权平均法										
XX 年		摘　要	入　库			出　库			结　存		
月	日		数量	单价	金额	数量	单价	金额	数量	单价	金额

表 7-1-6 仓储成本管理表

费用项目	按比例分配的库存量（单位：件）				
变动费用：（单位：元）					
固定费用：（单位：元）					

表 7-1-7 收入、成本、利润完成情况表

项目	9月销售数量	9月库存结余	10月预计销售数量	10月预计库存结余	销售成本差异	库存成本差异
	①	②	③	④	⑤=③-①	⑥=④-②
物资收入						
变动成本						
边际贡献						
固定成本						
利润						

3. 完成情况评价

完成任务的过程记录与自我评价

（1）为完成这个任务，我做了（按工作顺序列出）：

（2）经过努力后，我完成了下列任务：

（3）在完成任务过程中，我遇到了下面的障碍：

（4）通过完成任务，我得到的经验和教训

任务完成状况的自我评价（在对应等级上划圈）

A. 未完成　　B. 基本完成　　C. 完成

➤ 案例及思考

雅芳物流成本管理

雅芳公司于 1990 年进入中国。雅芳（中国）有限公司现有 74 家分公司，覆盖国内 23 个省、5 个自治区及 4 个直辖市。雅芳（中国）有限公司为中国女性提供数百种各类产品，包括护肤品、彩妆品、个人护理品、香品、流行饰品、时尚内衣和健康食品等。

目前，雅芳的营运成本占销售总额的比例从 8% 降到了 6%，这是个非常惊人的转变。那么，是从哪些方面节省呢？

雅芳的物流功能成本除了运输占 6% 外，很大一部分被仓储成本占据，大约占到物流总成本的 90%。其中，存货成本占 30%，仓库消耗成本占 40%，仓库其他成本占 20%。因此，仓库成本中人力成本和仓库租金等都是可下降的成本项目。

在雅芳实施的区域物流系统战略中，充分利用第三方仓储服务来为企业服务。通过这样的方式，以前由 600 个员工负责的出入库管理、在库管理、单据处理等运营工作被 192 人所取代，从很大程度上节约了仓储管理成本。此外，雅芳还实行了供应链管理，实现了企业的赢利增收，提高了企业的国际地位。

（资料来自 http://www.yn56.com，经本书作者重新整理。）

【思考】

（1）在降低仓储成本中，雅芳采用的削减仓储人员数量意味降低了企业哪些费用？对企业的发展是否有影响？说明原因。

（2）结合实际，请谈谈雅芳成本控制的优势并提出合理的节约成本的途径。

➤ 能力扩展

1. 选择题

（1）下列成本属于固定成本的是（　　　）。

A. 仓储机械设备折旧　　　B. 保管成本　　　C. 大修基金　　　D. 资金利息

（2）下列哪些属于仓储保管员应享受的福利（　　　）？

A. 住房公积金　　　B. 养老保险　　　C. 失业保险　　　D. 工伤保险

（3）下列哪些属于仓储运作成本（　　　）？

A. 抽验成本　　　B. 复盘成本　　　C. 保险成本　　　D. 装卸成本

（4）资金占用成本、库存商品贬值、损坏、丢失、变质等不可控成本应占的库存的商品比例是多少（　　　）？

A. 2%　　　B. 6%　　　C. 20%　　　D. 30%

（5）下列费用中哪些属于仓储能源费用（　　　）？

A. 燃料费用　　　B. 电力费用　　　C. 包装费用　　　D. 装卸费用

2. 思考题

（1）仓储成本控制的内容有哪些？

（2）如果企业发生外部短缺将会面临哪些困难？

（3）有效控制仓储成本应采取哪些措施？

（4）订货成本通常是由哪些相关活动产生？

（5）仓储持有成本有哪些？

3．计算题

某物流公司在4月份为A客户进行3天的货物储存，4月份的仓储费用基本资料如下：

（1）仓库操作人员日工资为（包括工资和福利费）41.55元；

（2）场地单日折旧费为（通过仓库建造投资额和使用年限测算）25.20元；

（3）设备（叉车）3日折旧总费用为1200元；

（4）办公设备日折旧费（打印机、计算机、办公桌椅设备）350.88元；

（5）管理费为以上总计费用的20%作为中、高层领导的管理费用支出。

根据上述资料计算该物流公司为A客户保管期间所消耗的仓储费用。

任务二　配送成本分析与控制

➤ 学习任务

对某专业配送企业或制造型企业的配送成本进行分析与控制。

➤ 学习目标

（1）掌握企业配送成本基本构成及配送成本的控制方法。

（2）会运用配送各环节的成本控制及标准成本差异法。

（3）能填写各种配送成本分析的表格，并对配送成本进行优化。

➤ 学习引导

一、配送成本分析

配送成本是指在配送活动的备货、储存、分拣、配货、配装、送货服务及配送加工等环节所支付的各项费用总和，是配送过程中所消耗的活劳动和物化劳动的货币表现。其成本应由以下费用构成。

1．配送运输费用

配送运输费用主要包括以下方面。

（1）车辆费用

车辆费用指从事配送运输生产而发生的各项费用。具体包括驾驶员及助手等工资及福利费、燃料、轮胎、修理费、折旧费、养路费、车船使用税等项目。

（2）营运间接费用

这是指营运过程中发生的不能直接计入各成本计算对象的站、队经费，包括站、队人员的工资及福利费、办公费、水电费、折旧费等内容，但不包括管理费用。

2．分拣费用

（1）分拣人工费用

这是指从事分拣工作的作业人员及有关人员工资、奖金、补贴等费用的总和。

（2）分拣设备费用

这是指分拣机械设备的折旧费用及修理费用。

3．配装费用

（1）配装材料费用。常见的配装材料有木材、纸、自然纤维和合成纤维、塑料等。这些包装材料功能不同，成本相差很大。

（2）配装辅助费用。除上述费用外，还有一些辅助性费用，如包装标记、标志的印刷，拴挂物费用等的支出。

（3）配装人工费用。从事包装工作相关人员的工资、奖金、补贴等费用总和即配装人工费用。

4．配送加工费用

（1）配送加工设备费用。配送加工设备因配送加工形式不同而不同，购置这些设备所支出的费用，以配送加工费用的形式转移到被加工产品中去。

（2）配送加工材料费用。在配送加工过程中，投入到加工过程中的一些材料消耗所需要的费用，即配送加工材料费用。

（3）在配送加工过程中从事加工活动的管理人员、工人及有关人员工资、奖金等费用的总和。

实际应用中，应该根据配送的具体流程归集成本，不同的配送模式，其成本构成差异较大。相同的配送模式下，由于配送物品的性质不同，其成本构成差异也很大。

二、配送成本控制

配送成本控制是指在配送经营过程中，按照规定的标准调节影响成本的各种因素，使配送各环节生产耗费控制在预定的范围内。

配送成本控制是运用一定的方法对配送过程中构成配送成本的一切耗费，进行合理的计算、控制和监督，将各项实际耗费限制在预定、计划和标准的范围内，并通过分析实际偏离计划或标准的原因，积极采取合适的措施，以实现全面降低配送成本目标的一种管理工作。

1．配送成本控制的方法

（1）绝对成本控制

绝对成本控制是把配送成本支出控制在一个绝对金额以内的成本控制方法，是企业经营管理的全面反映。绝对成本控制从节约各种配送环节费用支出，杜绝浪费的途径进行配送成本控制，要求把营运生产过程发生的一切费用支出都列入成本控制范围。

例如，某配送企业提供的配送服务有配送运输服务、分拣服务及加工服务等。按照企业的预算要消耗运输服务150元、分拣相关成本80元、加工服务费用50元、管理成本40元等，在配送服务过程中必须按照核算出的相关成本执行，不能有任何的改变。因此，配送的总成本就在预定的范围内，相关人员只需按部就班的工作，不需要考虑技术创新等，减轻了配送人员的工作压力，但配送计划缺乏弹性。

（2）相对成本控制

相对成本控制是通过配送成本与收入、利润、服务质量和配送功能等因素的对比分析，寻求在一定制约因素下取得最有经济效益的一种控制方法。相对成本控制扩大了配送成本控制领域，要求员工在努力降低配送成本的同时，充分注意与成本关系密切的因素，诸如服务领域、配送环节、配送质量管理等方面的工作，目的在于提高控制成本支出的效益，既减少单位产品（服务）成本投入，又提高整体经济效益。

例如，某配送企业提供的配送服务有配送运输服务、分拣服务及加工服务等。按照企业的预算要消耗运输服务 150 元、分拣相关成本 80 元、加工服务费用 50 元、管理成本 40 元等，在配送服务过程中如果发现有可以改进的地方且成本低于标准成本，同时有利于配送流程的进一步优化且改进流程较简便，就应该及时选用改进方案进行配送活动。因此，配送的总成本是柔性的，有利于激发员工技术创新的积极性，很大程度上节省了时间和成本，但随着工作流程不断创新势必会导致企业员工的同步协调性变差。

2．配送成本控制的基本程序

（1）确定控制标准

配送成本控制标准的确定应按实际的配送环节分项制定。在确定标准时，业务量标准通常由技术部门依据历史数据、市场供需情况、消费者偏好等因素研究确定，费用标准由财务部门和相关责任管理部门确定，同时人力资源要督促员工参加标准化培训，使员工通过执行标准化的工作流程顺利完成企业的配送活动。

（2）揭示成本差异

成本的控制标准制定后要与发生的实际费用比较，当实际费用大于企业预算费用应及时分析成本差异。在进行成本差异分析时应考虑所制订的成本项目。

（3）成本反馈

在成本控制中的不利成本差异应及时反馈到相应的责任成本单位，以便及时控制与纠正；同时分析创造有利成本差异的原因，并及时与各个责任单位共享节约成本方法和策略。

3．配送各环节成本控制的选择

配送各环节的成本控制应该在控制配送总成本的基础上分项控制，由于各环节的成本项目差异很大，在选用成本控制标准时应遵循技术经济的原则，对不同的配送环节应采取不同的成本控制标准。

（1）配送主要环节成本控制

运输是配送的主要环节，其主要选择公路运输方式，一般按优化的配送路线进行配送，但受驾驶员自身条件、道路及交通条件、车辆性能等的影响较大。因此，对配送运输成本应建立定额管理制度，如燃料材料消耗定额、车胎摊提定额、保养间隔里程定额等，这些数据都是进行配送成本预算管理的基础。

（2）配送其他环节成本控制

配送加工环节、分拣环节及配装环节应采用标准成本法控制，虽然每个环节成本项目有一定的差异，其控制标准可按直接材料费用、直接人工费用及制造费用分别制定。应注意的是，在考虑每一项成本标准时都应考虑商品数量（服务频次）与单价这两个重要因素。

（3）标准成本差异法在配送环节中的运用

配送标准成本差异是指配送实际成本与标准成本之间的差额。实际成本小于标准成本的差异，称之为有利差异；凡实际成本大于标准成本的差异，称为不利差异。其计算式的推导过程为：

成本差异=实际成本–标准成本

＝实际数量×实际价格–标准数量×标准价格

在上式中引入标准价格×实际数量这个乘积因子，将上式变形为：

成本差异=（实际数量–标准数量）×标准价格+实际数量×（实际价格–标准价格）

从上式中可知，（实际数量–标准数量）×标准价格被称为数量差异，实际数量×（实际价格–标准价格）被称为价格差异。所以成本差异就等于数量差异与价格差异之和，即：

$$成本差异=数量差异+价格差异$$

配送标准成本差异通常由材料成本差异、直接人工成本差异和配送服务费用差异3部分构成。

① 材料成本差异计算和分析

配送材料成本差异由材料价格差异和材料用量差异组成，可用公式表示为：

材料成本差异=材料实际成本−材料标准成本

材料用量差异=（材料实际用量−材料标准用量）×材料标准价格

材料价格差异=（材料实际价格−材料标准价格）×材料实际用量

有很多原因造成配送材料用量差异，如采用新的包装技术，而用量标准没有随之改变，操作人员技术不过关，责任心较差等。这类差异的责任一般要由生产部门承担。导致材料价格差异的原因也有很多，如没有按照供需关系导致企业的缺货等，这类差异一般要由采购部门承担。

② 直接人工成本差异计算和分析

直接人工成本差异由直接人工效率差异和直接人工工资率差异组成，可用公式表示为：

直接人工成本差异=直接人工实际成本−直接人工标准成本

直接人工效率差异=（实际人工工时−标准人工工时）×标准工资率

直接人工工资率差异=（实际工资率−标准工资率）×实际人工工时

直接人工成本差异产生的原因也很多，例如，作业人员经验不足、操作不当、路况差导致额外的仓储与配送时间、机械设备的折旧、低效等。这类差异的责任一般由操作部门承担。导致直接人工工资率差异的原因有企业工资制度改革、工时的弹性等，这类差异的责任一般由人力资源部门承担。

③ 配送服务费用成本差异计算和分析

配送服务费用差异分为变动配送服务费用成本差异和固定配送服务费用成本差异。

a. 变动配送服务费用成本差异分析

变动配送服务费用成本差异由变动配送服务费用效率差异和耗费差异组成，其公式为：

变动配送服务费用成本差异 = 变动配送服务费用实际成本 − 变动配送服务费用标准成本

变动配送服务费用效率差异=（实际工时−标准工时）×变动配送服务费用标准分配率

变动配送服务费用耗费差异=（实际分配率−标准分配率）×实际工时

引起变动配送服务费用效率差异的原因与引起直接人工效率差异的原因基本相似，变动配送服务费用耗费差异的形成一般是由变动配送服务费用开支额或工时耗费发生变化，责任部门为配送操作部。

b. 固定配送服务费用的成本差异

固定配送服务费用成本差异由固定配送服务耗费差异、闲置能量差异和效率差异组成，其公式为：

固定配送服务费用成本差异 = 固定配送服务费用实际成本 − 实际配送作业量标准成本

固定配送服务费用耗费差异 = 固定配送服务费用实际成本 − 固定配送服务费用标准成本

固定配送服务费用闲置能量差异
=（计划配送作业量标准工时−实际配送作业量实际工时）×标准费用分配率

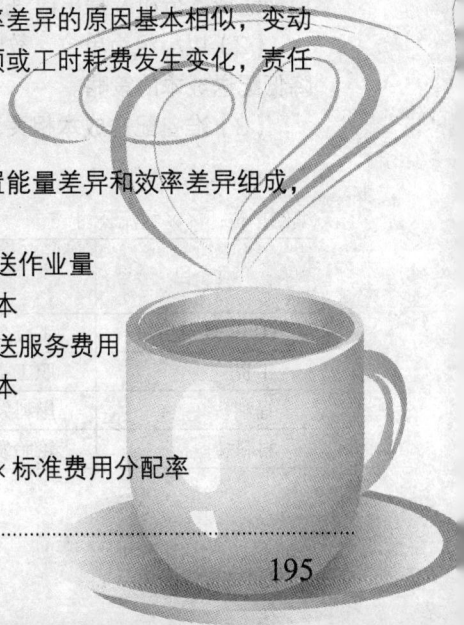

固定配送服务费用效率差异

=（实际配送作业量标准工时-实际配送作业量实际工时）×标准费用分配率

固定服务费用效率差异产生的原因往往是开工不足、分拣等设备的利用率较低和仓容利用率较低，责任部门为管理部门。耗费差异的原因往往是标准成本制定不符合企业当前实际，实际配送量低于计划配送量等，责任部门归属需深入分析后才能确定。

【小结】凡需求出用量差异，必然是用实际与标准用量之差再乘以标准价格；凡需求出价格差异，必然是实际与标准价格之差再乘以实际用量。在此计算差异之前，应判断所求的变量是与数量有关，还是与价格有关。

➤ 任务实施

1. 任务描述

远达物流公司配送中心生鲜产品 2010 年 11 月配送成本的相关数据如表 7-2-1 所示。

表 7-2-1　　　　　　　　　远达物流公司配送中心配送成本的相关数据

项　　目	合计（单位：元）
配送运输成本	41000
分拣成本	20000
配装成本	21000
流通加工成本	23800
总配送成本	105800

该配送中心在 2010 年 12 月的货物周转量为 500 吨，单位运价为 80 元/千吨公里。根据 4 个配送明细表，完成以下任务。

（1）确定企业配送成本构成以及重要性分析。

（2）完成配送成本相关表格，见表 7-2-2、表 7-2-3、表 7-2-4 和表 7-2-5。

（3）完成配送成本分析结果的处理。

（4）根据所填写的表格分析企业经营状况并提出降低配送成本的对策建议。

2. 准备工作

（1）以小组为单位，将学生分成 6 人 1 个小组，1 名为小组长，负责小组人员分工，完成配送成本分析及提出改进建议。

（2）以小组为单位，教师组织学生共同对配送成本项目进行确定及效果进行分析，提出降低配送成本的策略。

（3）准备配送成本相关表格，见表 7-2-2、表 7-2-3、表 7-2-4 和表 7-2-5。

表 7-2-2　　　　　　　　　　　　配送运输成本计算表

编制单位：××物流公司　　　　　　2010 年 12 月　　　　　　单位：元

项　　目	计算依据	配送车辆合计	配送营运车辆			
			A1	A2	A3	A4
① 车辆费用	工资分配汇总表					
工资	职工福利费计算表		3500	3500	3500	3500
福利费	燃料发出凭证汇总表		500	500	500	500
材料费	轮胎发出凭证汇总表		600	500	550	700

项 目	计算依据	配送车辆合计	配送营运车辆			
			A1	A2	A3	A4
轮胎	辅助营运费用分配表		1000	800	900	1100
修理费	固定资产折旧计算表		500	600	700	600
折旧费	配送营运车辆应缴纳养路费及管理费计算表		1300	1000	1250	1300
养路费	材料发出凭证汇总表		800	800	800	800
车船使用税	材料发出凭证汇总表		500	500	500	500
行车事故损失	材料发出凭证汇总表 低值易耗品发出凭证		500	800	600	500
其他	营运间接费用分配表		125	160	180	135
② 营运间接费用			500	600	500	650
③ 配送运输总成本						
④ 周转量（千吨公里）						
⑤ 单位成本（元/千吨公里）						
⑥ 成本降低率						

成本计算公式如下：

成本降低额=上年度实际单位成本×本期实际周转量-本期实际总成本

成本降低率=成本降低额/（上年度实际单位成本×本期实际周转量）×100%

表7-2-3　　　　　　　　　　分拣成本计算表

编制单位：××物流公司　　　　　2010 年 12 月　　　　　单位：元

项 目	计算依据	合计	分拣品种			
			B1	B2	B3	B4
① 分拣直接费用						
工资			1500	1500	1500	1500
福利费			600	600	600	600
修理费			1250	1300	1160	1800
折旧			290	310	275	263
其他			180	196	225	241
② 分拣间接费用			800	900	690	860
分拣总成本						

表7-2-4　　　　　　　　　　配装成本计算表

编制单位：××物流公司　　　　　2010 年 12 月　　　　　单位：元

项 目	计算依据	合计	装配品种			
			C1	C2	C3	C4
① 配装直接费用						
工资			1800	1800	1800	1800
福利费			600	600	600	600

续表

项　目	计算依据	合计	装配品种			
			C1	C2	C3	C4
材料费			1200	1300	1520	1400
辅助材料费			560	580	450	610
其他			360	350	290	390
② 配装间接费用			560	580	490	500
配装总成本						

表 7-2-5　　　　　　　　　流通加工成本计算表

编制单位：××物流公司　　2010 年 12 月　　　　　单位：元

项　目	计算依据	合计	流通加工品种			
			D1	D2	D3	D4
直接材料			2680	3690	410	3960
直接人工			1900	1900	1900	1900
制造费用			1250	1300	1460	1390
合　计						

3. 完成情况评价

完成任务的过程记录与自我评价
（1）为完成这个任务，我做了（按工作顺序列出）：
（2）经过努力后，我完成了下列任务：
（3）在完成任务过程中，我遇到了下面的障碍：
（4）通过完成任务，我得到的经验和教训

任务完成状况的自我评价（在对应等级上划圈）
A. 未完成　　　B. 基本完成　　　C. 完成

➤ 案例及思考

沃尔玛利用物流配送节约成本

　　沃尔玛的年销售额连续 3 年在福布斯排名冠军，相对于汽车制造、IT、高科技电子等高利润行业，它是一个利润率极低的零售商，能连续 3 年第一，堪称奇迹。沃尔玛之所以能够迅速增长，并且成为世界 500 强之首，这些成绩的取得与沃尔玛在节省成本以及在物流运送、配送系统方面的成就是分不开的。沃尔玛把注意力放在物流运输和配送系统方面，使其成为沃尔玛公司的焦点业务。

沃尔玛的物流循环系统当中的可变性使得这些卖方和买方（工厂与商场）对于这些顾客所买的东西和订单能够进行及时的补货，配送中心从供货商那里就可以直接拿到货。这个系统与配送中心联系在一起，沃尔玛的配送中心实际上是一个中枢，由供货方的产品，然后提供给商场。供货商只提供给配送中心，不用直接给每个商店，因此，这个配送中心可以为供货商减少很多成本。

沃尔玛降低配送成本的方法就是与供应商一起来分担。供货商们可以送货到沃尔玛的配送中心，也可以直接送到商店当中，这两者进行比较，如果供货商们采用集中式的配送方式，就可以节省很多钱，而供货商就可以把省下来的这部分利润，让利于消费者。而且这样做，这些供货商们也可以为沃尔玛分担一些建立配送中心的费用。所有这些做法的最终目的都是为向消费者进行让利。通过这样的方法，沃尔玛就从整个供应链中，将这笔配送中心的成本费用节省下来，实现了低投入高产出。

沃尔玛在运输方面有一些什么样的战略和策略呢？第一，提高实载率，沃尔玛都把卡车装得非常满；第二，注重时间管理，一些商场，只在白天开门，但是物流部门却是 24 小时地在进行工作。在配送中心，沃尔玛也和这些供货商都定好时间，按照运行的时间表来进行。沃尔玛对时间的管理，就可以节省时间、提高效率。

另外，让供应商采用沃尔玛的运输系统，由他们自己完成运输，因为沃尔玛的运输成本比供货商低。采用沃尔玛的物流配送系统可以对供货商进行成本上的节省，而且从厂商到货架的过程，沃尔玛增加的部门并不会增加运作的成本，合理安排反而会降低运作的成本。

（资料来自 http:// www.51test.net，经本书作者重新整理。）

【思考】

（1）沃尔玛的核心竞争力是什么？它是通过何种方式来降低配送成本的？

（2）沃尔玛是采取何种方法进行有效的运输管理的？

➤ 能力扩展

1. 选择题

（1）下列配送成本属于营运间接费用的是（　　）。

A. 场站人员工资　　　B. 办公费　　　　C. 燃料费　　　　D. 修理费

（2）下列哪些属于配装辅助费用（　　）？

A. 包装标记　　　　　B. 补货人员津贴　　C. 印刷费用　　　D. 纤维耗费

（3）下列哪些数据属于配送成本预算管理的基础（　　）？

A. 燃料材料消耗定额　　　　　　　　　B. 车胎摊提定额

C. 保养间隔里程定额　　　　　　　　　D. 车胎里程定额

（4）下列对有利差异解释正确的是（　　）。

A. 实际成本小于标准成本的差异　　　　B. 实际成本大于标准成本的差异

C. 实际成本等于标准成本的差异　　　　D. 以上都是

（5）下列费用中哪些属于配装费用（　　）？

A. 配装材料费用　　　　　　　　　　　B. 补货配装辅助费用

C. 配送加工设备费用　　　　　　　　　D. 配装人工费用

2. 思考题

（1）配送加工费用的内容有哪些？

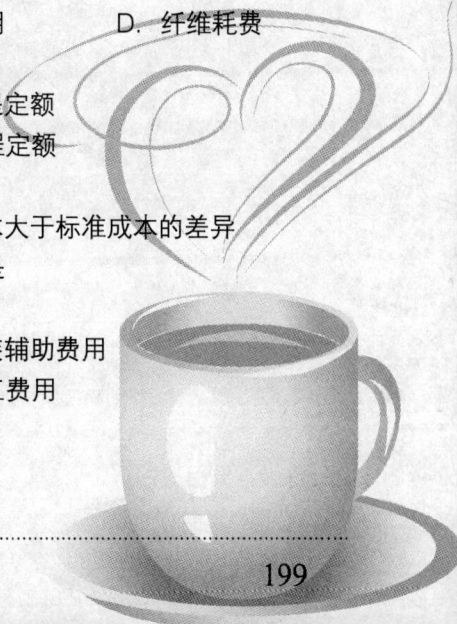

（2）配送成本控制的方法有哪些？

（3）配送成本控制的基本程序有哪些？

3．计算题

某企业为客户提供为期一个季度的个性化的配送服务。期间消耗的具体费用如下所示：

（1）单台配送车辆总的折旧费用为 800 元/月，燃料、修理费用预计消耗 2000 元/月，驾驶员的工资及福利平均每月为 1800 元，办公水电费平均每月 300 元；

（2）单台分拣设备总的折旧费用为 1100 元/月，设备的维护保养费每个季度 900 元，分拣人员的基本工资为 800 元/月，其每月的福利费为基本工资的一半；

（3）配装材料费每个季度固定消耗 2000 元，本季度配装人员的收入总计为 3500 元；租赁配送加工设备的费用为 500 元/月，配送加工人员在本季度的收入总计为 2400 元；

（4）总管理费用为上述员工收入的 30%（企业有 3 辆配送车、1 台分拣设备、3 名驾驶员、2 名分拣员、配送加工人员和配装人员各 1 名）。

根据上述资料计算该企业为客户提供配送服务期间所消耗总费用。

项目八　仓储与配送绩效评价

任务一　仓储作业的绩效评价与考核

➤ 学习任务

仓库或配送中心的仓储作业绩效考核方案的制订。

➤ 学习目标

（1）能够描述制定仓储作业绩效考核指标的原则。
（2）能够编制仓储作业绩效考核指标和方案。

➤ 学习引导

一、制定仓储作业绩效考核指标的原则

1．系统性原则

一般单个指标只能反映评价目标的某一方面，所以选取的指标应能全面、科学地反映仓库或配送中心的全貌，以达到全面、系统、科学的评价。

2．科学性原则

指标评价体系的设计要符合物流活动的客观规律，评价的方法、内容要和评价体系相适应，能够获得客观真实的评价结果。

3．与目标一致性原则

行动方案所能达到目标程度的信息是决策者决策时关心的最主要信息，也是衡量一个行动好坏的主要标准之一。因此，所选取的指标必须能够反映出所能达到目标程度的信息。

4．可操作性原则

评价采用的指标应含义明确且容易理解，指标量化所需要的资料搜集方便，能够用现有的方法和模型求解。

5．协调性原则

协调性原则要求各项指标之间相互联系，互相制约，但是不能相互矛盾和重复。

二、仓储作业绩效考核的内容与指标

1．入库验收作业

（1）评价的项目及要求（如表8-1-1所示）

表 8-1-1 　　　　　　　　　　　入库验收作业评价的项目及要求

评 价 项 目	表 现 要 求
验收前准备工作	熟悉入库物资，文件单证准备齐全
	仓库库场的安排恰当
	货位准备和安排合理、恰当
	验收工具和苫垫材料准备齐全、到位
验收工作	单据填写正确、规范
	验收前准备充分，与各部门配合好
	检验内容全面
	对发生的问题处理恰当、到位
入库作业	凭证审核认真
	登账规范、正确
	立卡标识填写正确，货物码放规范
	建档内容全面、整洁、编号有序、装订完好
	签单准确、无误

（2）常见的量化指标

① 差错率 $=\dfrac{计算期内某作业差错量}{同期该作业总量}\times100\%$

注：作业量可按票数计，也可按件数计。

② 破损率 $=\dfrac{计算期内某作业破损量}{同期该作业总量}\times100\%$

注：差错率、破损率也可用于衡量装卸搬运作业、在库保管作业、出库作业、盘点作业、订单处理作业、拣选与补货作业、配货和送货作业的绩效。

③ 入库品合格率 $=\dfrac{入库品合格数量}{入库货物总量}\times100\%$

④ 实际磅差率 $=\dfrac{应收重量-实收重量}{应收重量}\times100\%$

⑤ 抽样磅差率 $=\dfrac{\sum 抽样重量-\sum 抄码重量}{\sum 抄码重量}\times100\%$

2．装卸搬运作业

（1）评价的项目及要求（如表 8-1-2 所示）

表 8-1-2 　　　　　　　　　　　装卸搬运作业评价的项目及要求

评 价 项 目	表 现 要 求
作业前	检查装卸地点，清除周围障碍物，保证在安全环境下工作
	检查所使用的机械和工具，若有损坏，应修好后才能使用
装卸搬运作业	要穿戴好劳动防护用品，物件轻拿轻放，禁止乱摔乱砸。严禁野蛮操作、在搬运时将货物抛上抛下、在地上或车厢上拖动货物
	按照仓库管理人员要求收发货物、入库位、整理货位。不可私自更改收发货库位，更换货物，无指令收发货
	货物装车时，装卸搬运工人遵循"重在下，轻在上"和"车位空余空间最小"的原则。货物不可倒置、倾斜。堆放时将面积较大的一面向下

评 价 项 目	表 现 要 求
装卸搬运作业	在装卸成堆物品时，要防止货物倒塌伤人
	作业工具（叉车、拖车）是否定位停放，仓管员是否有力监督
	装卸易燃易爆物品时，随身严禁带火柴、打火机及作业时吸烟。装卸有毒物品及有粉尘材料时，要穿戴好防护用品
	多人同时搬运货物时，要协同动作，专人指挥，防止砸伤手脚

（2）常见的量化指标

① 装卸搬运劳动率 $= \dfrac{装卸搬运作业人数}{仓库作业总人数} \times 100\%$

② 装卸搬运装备利用率 $= \dfrac{每小时搬运单元数或重量}{理论生产量} \times 100\%$

③ 移动/作业比率 $= \dfrac{移动的数量}{生产性作业的数量} \times 100\%$

移动/作业比率，是用以反映装卸搬运作业的全面效率的指标。要获得高比率，需要通过减少搬运步骤或者采用机械化或自动化的搬运来改善。

3．在库保管作业

（1）评价的项目及要求（如表8-1-3所示）

表8-1-3   在库保管作业评价的项目及要求

评 价 项 目	表 现 要 求
温、湿度管理	正确读出干湿表的温度
	正确读出相对湿度，查出绝对湿度
	正确填写温湿度记录表
物资防锈、除锈处理	正确涂防锈油防锈
	选择合适的气相纸，正确包装物资
	正确用手工除锈
	正确涂防锈材料
	正确用防锈材料包装物资
物资防霉、除霉处理	正确涂刷防霉剂
	正确喷洒防霉剂
	正确放置防霉剂
	找出库内长霉物资
	正确晾晒
	正确除去霉迹
防火工作	能及时查出仓库内的消防隐患，并提出整改措施
	正确检查仓库的消防设施是否齐全有效
	能够根据检查情况对仓库的消防工作提出整改意见
防盗工作	能及时发现仓库防盗隐患，并提出整改措施
	正确填写门卫放行登记表
	正确填写仓库巡查表
	正确填写交接班表

（2）常见的量化指标

① 货账相符率 $= \dfrac{\text{货账相符笔数}}{\text{储存物品总笔数}} \times 100\%$

② 货损率 $= \dfrac{\text{损失量}}{\text{总量}} \times 100\%$

注：货损率是指某段时间内，货物由于霉变、残损、丢失、短少等原因造成的损失量占总量的比率。

③ 库存准确率 $= \dfrac{\text{总库存数} - \text{库存差异数}}{\text{总库存数}} \times 100\%$

④ 设备完好率 $= \dfrac{\text{完好设备台数}}{\text{设备总台数}} \times 100\%$

⑤ 安全隐患整改率 $= \dfrac{\text{隐患整改个数}}{\text{应完成整改数}} \times 100\%$

⑥ 消防器材完好率 $= \dfrac{\text{完好消防器材数}}{\text{消防器材总数}} \times 100\%$

⑦ 呆废货品率 $= \dfrac{\text{呆废货品金额}}{\text{平均库存金额}} \times 100\%$

4. 出库作业

（1）评价的项目及要求（如表8-1-4所示）

表8-1-4　　　　　　　　　　　出库作业评价的项目及要求

评价项目	表现要求
出库前准备工作	选择好发货的货区、货位
	安排好出库货物的堆放场地
	认真检查出库货物
	妥善安排人力和机械设备
	准备好包装材料
出库作业	认真核对出库凭证
	准确备货或理货
	认真复核和正确登账
	包装、置唛正确
	交接手续清晰
	异常情况处理恰当

（2）常见的量化指标

$$\text{出货时间延迟率} = \dfrac{\text{延迟出货的货品总量}}{\text{出货总量}} \times 100\%$$

5. 盘点作业

（1）评价的项目及要求（如表8-1-5所示）

表8-1-5　　　　　　　　　　　盘点作业评价的项目及要求

评价项目	表现要求
盘点业务	盘点前期准备工作充分

续表

评价项目	表现要求
盘点业务	填写盘点卡准确、清晰
	填写盘点记录表认真、准确、熟练
	采用正确的方式修改填写错误的盘点表
	复核、填写复盘数据认真、准确
	采用正确的复核确认方式处理初盘复盘有差异的盘点数据
	盘点作业流程完整，没有遗漏
盘点后处理业务	账目核对严谨、认真、准确
	编制盈亏报表及时、认真、正确、熟练
	盈亏原因分析合理、全面
	采用正确的方式处理盘点盈亏数据
	对在盘点中发现的物资差额、错误、变质、损耗和呆滞等结果，能提出合理的处理意见及纠正、预防措施

（2）常见的量化指标

① 盘点品项误差率 $= \dfrac{盘点误差品项数}{盘点实际品项数} \times 100\%$

② 单位盘差品金额 $= \dfrac{盘点误差金额}{盘点误差量}$

三、仓储作业绩效评价的要求

（1）客观公正原则

（2）经常化、制度化原则

（3）目标与激励结合原则

四、仓储作业绩效考核标准示例（如表8-1-6所示）

表8-1-6　　　　　　　ANT物流公司仓储作业绩效考核标准

考核指标	考核内容	扣分标准及要求
收发货准确率	收发货准确率	每错一票扣3分
	异常及时发现与汇报	要求每票错误在12小时（不算晚上8:00～次日8:00之间的时间）内发现及汇报，每个错误点扣5分
盘点及时率和准确率	存卡完整率	要求一垛一卡，发现一处不符合，扣2分
	存卡与实物一致性	发现一处不符合，扣5分
库容库貌及基础管理执行	堆垛整齐程度	① 通道在非作业时有货物摆放 ② 所有靠通道边侧靠线货物距离不在-10cm内并超线 ③ 单垛货物中存在型号混杂的情况 ④ 货物堆垛倾斜变形无措施 ⑤ 存在明显货物倒置的 ⑥ 在通道侧可明显见到破损或者异常产品和正品一起摆放超过24h并未及时单独分类摆放 以上违规，存在一处扣1分

205

续表

考核指标	考核内容	扣分标准及要求
库容库貌及基础管理执行	卫生	① 有仓库、作业场地及仓库办公室卫生分区域负责的登记表和卫生打扫要求与规定 ② 登记表上有每次打扫卫生的负责人的签字并记录时间和检查人的检查登记 ③ 制度合理并执行 以上违规，存在一处扣 1 分
	作业工具（叉车/液压车/老虎车等设备）	① 仓库中有关于作业工具摆放的指定区域并予以标识和编号 ② 作业工具在非作业状态必须放置在指定区域 ③ 作业工具损坏不得超过 3 天维修 以上违规，存在一处扣 1 分
	地台板	① 好板与坏板分类摆放，挂存卡 ② 好板堆放高度和数量有标准 ③ 如堆在露天，有防雨、防霉措施 ④ 坏板不得超过 15 天维修 以上违规，存在一处扣 1 分
	仓库标识	① 各仓库有提货指引、安全和警示标识 ② 作业现场的标识清晰易见，且未过时或者严重损坏 ③ 各功能区有标识牌 以上违规，存在一处扣 1 分
	安全	① 仓库钥匙的管理有文件并与当前情况适用 ② 有消防安全检查登记表且有检查记录 ③ 所有不用的窗户和门有封条 ④ 外部人员进出仓库有登记表和记录 ⑤ 有防火和防潮（汛）的相关设备（如灭火设备和沙袋等）且未过期 ⑥ 门窗损坏或漏雨点不得超过 7 天处理 ⑦ 监控设备无法使用状态不得超过 3 天 ⑧ 保安严格登记车辆和人员进出 以上违规，存在一处扣 1 分
	货物分类别摆放	不同类别或客户的产品分不同区域进行摆放，违规一处扣 1 分
单据处理及传递	出入库确认及单证处理	① 当日的出入库作业不得超过次日 12:00 之前进行出入库确认并移交给核算人员 ② 不得有出入库确认数量与实际不符或者未收发货就进行确认的现象 以上违规，存在一处扣 1 分

➤ **任务实施**

1．任务描述

以操作篇项目一或项目二的学习任务为背景，或是以你所在地的仓储配送企业为对象，设计一份仓储作业绩效评价与考核方案。

2．准备工作

（1）以小组为单位，将学生分成 6 人 1 个小组，1 人为组长，负责小组成员分工；小组成员协同完成仓储作业绩效方案的设计。

（2）前往某仓库或配送中心实地调研，收集有关仓储作业绩效评价与考核方面的资料。

3. 完成情况评价

完成任务的过程记录与自我评价
（1）为完成这个任务，我做了（按工作顺序列出）：
（2）经过努力后，我完成了下列任务：
（3）在完成任务过程中，我遇到了下面的障碍：
（4）通过完成任务，我得到的经验和教训

任务完成状况的自我评价（在对应等级上划圈）
A. 未完成　　　B. 基本完成　　　C. 完成

➤ 案例与思考

B 公司仓库绩效考核办法及标准

根据企业发展的需要，为了提高生产力和仓库管理水平，完善原有的工作制度和模式，同时也是为了调动仓库部门人员的工作积极性和提高仓库部门人员的工作效率，特制订本方案。鉴于仓库部门的工作多为事务性工作，对该部门员工的考核，主要依据其基本职责的履行及工作目标的达成情况。

本方案主要由仓库部门主管负责监督执行。仓库部门主管根据每个员工每天的工作完成情况，依据本方案的相应标准予以打分。以一个月为一个考核期，每一个考核期内，各个员工的初始考核分数均为 100 分，每月的考核结果按照本方案的相应标准对各个员工给予相应的绩效工资。

1. 原材料入库流程考核细则

（1）原材料入库前，仓库保管员必须核对送货单与到货通知单或月采购计划单上的型号、数量是否相符，主材钢卷的称重误差是否在允许的范围内，辅材焊材类物资包装是否完好，随货是否有质保书。备品备件入库前必须核对送货单与月采购计划单上的型号、数量是否相符，以上各项都符合要求，保管员方可签收，否则追究保管员的责任，考核分数 15 分。

（2）保管员在收货时，发现送货单及物资与采购计划单型号或数量不符，或主材钢卷称重超过允许的误差范围，必须立刻向仓库部门主管如实汇报，经部门主管确认批示后，保管员方可签收，否则追究保管员的责任，考核分数 15 分。

（3）仓库保管员在签收物资后，必须及时把物资分类，摆放到固定位置，并在相应的账本上做好增减记录，以及办好 ERP 系统里的入库手续，新进物资没有编码的，应按照 ERP 系统规定的类别编新码，主辅材需在账本上建立新的账页并做好相应的增减记录，否则追究仓库保管员的责任，考核分数 5 分。

（4）保管员需在每月月底时将 ERP 系统的入库记录与送货单等收货凭证核对，检查入库记录与收货记录是否相符，确保入库记录无差错，方可打印入库单，交由部门主管、采购部、财务部签字，考核分数 5 分。

2. 原材料出库流程考核细则

（1）仓库保管员在物资出库前，必须核对生产部门开的物资领料单上的型号和数量，做到按计划凭单发料，考核分数 5 分。

（2）生产车间用劳保用品按照生产岗位发放，用不到防护用品的岗位上人员即使拿领料单来领，也要问明原因，没有领导批准不能发放；符合规定可以发放的，也必须由车间主任按岗按人一次性领出，统一发放，考核分数 5 分。

（3）维修部门维修工具的发放，也必须按岗位分配工具。在发放工具的同时，工具的领用人要在工具领用记录中签字，以旧换新领用时，也需在领用记录中注明，如有人离职时，须返还记录中所列领用的工具，考核分数 5 分。

（4）生产车间维修工具的发放，由车间主任按岗位分配，工具的领用人在工具领用记录中签字，以旧换新领用时，也需在领用记录中注明，如有人离职时，须返还记录中所列领用的工具，考核分数 5 分。

（5）仓库保管员要定期检查出库领料单与 ERP 系统上的出库记录是否一致，定期检查库存数，做到账物相符，考核分数 5 分。

3. 成品钢管、配件入库流程考核细则

（1）成品的钢管、配件入库时，必须有质检部的合格通知单，并且要到现场验收，考核分数 10 分。

（2）根据生产部入库单，做好台账的增减记录以及 ERP 系统入库单的录入工作，考核分数 5 分。

4. 成品钢管、配件发货流程考核细则

（1）成品钢管、配件发货时，凭销售部的发货申请单与计划单进行发货，并开好质保书随货同行，考核分数 10 分。

（2）根据每日发货单，做好台账的增减记录以及 ERP 系统出库单的录入工作，考核分数 5 分。

（3）根据每日成品钢管、配件的入库、发货记录做好明细表，考核分数 5 分。

【思考】

B 公司仓库绩效考核办法及标准是否合理？请说明理由。

➤ 能力扩展

1. 单选题

（1）仓库里若呆废货物多了，就会影响到库容的利用，因此设计了一个"呆废货品率"指标。该指标是属于（　　）评价指标的。

　　A. 进出库作业效率　　　B. 储存作业　　　C. 订单处理作业　　　D. 备货作业效率

（2）为评价装卸搬运的作业效率，一般需设计多个指标。若用以反映装卸搬运作业的全面效率，应采用（　　）指标。

　　A. 装卸搬运劳动率　　　　　　　　　B. 补货搬运装备利用率

　　C. 移动/作业比率　　　　　　　　　D. 通道空间百分比

2. 多选题

（1）为了使仓储绩效评价真正发挥作用，在制订其考核指标时应遵循（　　）原则。

A. 科学性　　　　　B. 补货系统性　　C. 与目标一致

D. 可操作性　　　　E. 协调性

（2）评价仓储作业绩效要求做到（　　　）。

A. 客观公正　　　　B. 补货经常化　　C. 制度化

D. 每周一次　　　　E. 目标与激励结合

3. 思考题

（1）制定仓储作业绩效考核指标应遵循哪些原则?

（2）仓储作业绩效考核的内容有哪些?

（3）常见的仓储作业绩效考核指标有哪些?

4. 实践题

实地调查或网络收集某公司仓储绩效考核方面的资料，请介绍该公司在仓储作业绩效考核方面有哪些成功的做法，尚存哪些不足。

任务二　配送中心的绩效评价与考核

➤ **学习任务**

配送中心绩效的考核、分析与评价。

➤ **学习目标**

（1）能够编制科学合理的配送中心绩效评价指标体系。

（2）能够运用合理的方法考核、评价配送中心的绩效。

➤ **学习引导**

一、配送中心绩效评价指标

从配送中心作业层、经营管理层、客户多个角度构建一套绩效评价指标体系，该体系通常包括作业指标、财务指标、管理指标、安全指标、服务指标（如图8-2-1所示）。

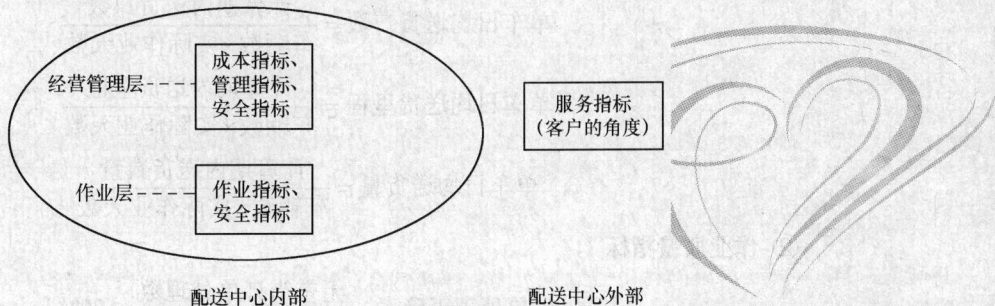

图 8-2-1　配送中心绩效评价指标体系

1. 作业指标

通过对订单处理作业、入库验收作业、在库保管作业、拣选与补货作业、配货和送货作业等的评价，使整个配送中心的运作流程化、标准化，减少运作中不必要的中间环节，提高效率，降低成本。这里只讨论订单处理、拣选与补货、配货与送货几个作业环节的绩效考核指标，其他作业的考核指标见本项目任务一。

（1）定性指标（如表8-2-1所示）

表8-2-1　　　　　　　　　　　　配送中心作业定性评价指标

序号	项　　目	表　　现
1	订单处理作业	① 与客户有效沟通，处理客户异常情况 ② 订单处理及时、正确 ③ 订单是否建档，负责单据的日常整理、装订、归档。保证所有出（入）库单据按日期、单据号从小到大的流水号逐月装订存档 ④ 交货是否及时，订单跟催工作是否到位
2	拣选与补货作业	① 自行设计拣货单信息全面，正确填写拣货单 ② 拣货设备操作正确 ③ 拣货作业时间符合要求 ④ 拣货操作完成质量良好
3	配货与送货作业	① 配送计划有效实施 ② 配送方式选择合理 ③ 发货单核对无误，无错装、漏装 ④ 保证人员、商品、车辆和货款安全 ⑤ 及时、准确为零售客户送货上门 ⑥ 送货线路合理、高效 ⑦ 货款结算准确、及时 ⑧ 确保配送商品信息的有效性、可追溯性 ⑨ 及时收集、传递、反馈客户意见

（2）定量指标

① 作业数量指标

$$日均受理订单数 = \frac{订单数量}{作业天数}$$

$$人均拣选数量 = \frac{计算期内拣选数量}{计算期内拣选作业人员数}$$

$$单车日均送货户数 = \frac{计算期内送货户数}{车辆数 \times 实际作业天数}$$

$$单车日均送货里程 = \frac{计算期内送货里程}{车辆数 \times 实际作业天数}$$

$$单车日均送货量 = \frac{计算期内送货数量}{车辆数 \times 实际作业天数}$$

② 作业质量指标

$$订单处理正确率 = \frac{无差错订单处理数}{订单总数} \times 100\%$$

差错率、破损率指标的计算见本项目任务一中的"入库验收作业"。

③ 作业效率指标

$$某作业效率 = \frac{计算期内该作业数量}{计算期该作业实际作业时间} \times 100\%$$

$$订单按时完成率=\frac{按时完成订单数}{订单总数}\times100\%$$

$$货物准时送达率=\frac{准时送达订单数}{订单总数}\times100\%$$

$$订单延迟率=\frac{延迟交货订单数}{订单总数}\times100\%$$

$$订单货件延迟率=\frac{延迟交货量}{出货量}\times100\%$$

$$紧急订单响应率=\frac{未超过12小时出货订单}{紧急订单总量}\times100\%$$

2．成本指标

成本指标主要包括直接成本、间接成本、综合成本以及各成本所占的比率，是衡量配送中心整体运作的定量性指标（详见项目七）。

3．管理指标

（1）定性指标

从基础管理、质量管理、队伍建设等方面对配送中心实际运营情况进行定性评价。

（2）定量指标

① 资源利用程度

$$仓库面积利用率=\frac{仓库可利用面积}{仓库建筑面积}\times100\%$$

$$仓容利用率=\frac{库存商品实际数量或容积}{仓库应存数量或容积}\times100\%$$

$$设备利用率=\frac{全部设备实际工作时数}{同期设备日历工作时数}\times100\%$$

$$全员劳动生产率=\frac{利润总额}{同期平均全员人数}\times100\%$$

② 经营管理综合指标

$$仓库坪数=\frac{仓库产值}{仓库总建筑面积}$$

$$人员作业能力=\frac{配送中心营业额}{配送中心总人数}$$

$$配送中心生产率=\frac{某时间装运的订单数}{每时期装运的平均订单数}\times100\%或\frac{同时期装运的订单数}{某时间接受的订单数}\times100\%$$

$$直间工比率=\frac{直接作业人数}{总人数-直接作业人数}\times100\%$$

$$固定资产周转率=\frac{配送中心产值}{配送中心固定资产总值}\times100\%$$

4．安全指标

配送中心的安全包括人员、设备、车辆、货物、货款、信息等方面的安全。安全指标可用发生的各种事故的大小和次数来表示，如人数伤亡事故、仓库失火事故、货物被盗事故、

货款丢失及被盗事故、机械损坏事故、保密信息泄露事故等。通常，安全指标是根据事故的损失大小进行确定。

5．服务指标

服务指标是企业内部为顾客提供全部服务行为的标准。仅有服务意识并不能保证有满意的服务，企业还要建立一套完整的服务指标作为服务工作的指导和依据。如果说服务意识是服务的软件保证，那么服务指标就是服务的硬件保证。衡量配送中心绩效的常用指标如下。

（1）有效投诉率

有效投诉率是指某段时间内客户有效投诉涉及订单数占订单总数的比率。

$$有效投诉率 = \frac{有效投诉涉及订单数}{订单总数} \times 100\%$$

（2）客户投诉及时处理率

客户投诉及时处理率是指对客户各种形式的投诉在合同规定的时间内及时处理的客户投诉事件数占总的客户投诉事件数的比率。

$$客户投诉及时处理率 = \frac{及时处理数量}{总数量} \times 100\%$$

（3）订单满足率

订单满足率是指某段时间内满足订单的数占订单总数的比率。

$$订单满足率 = \frac{满足订单数}{订单总数} \times 100\%$$

二、配送中心绩效评价方法

1．比较分析法

比较分析，是对两个或几个有关的可比数据进行对比，揭示差异和矛盾。比较是分析的最基本方法，没有比较，分析就无法开始。该方法可按不同标准进行划分。

（1）按比较对象分类分为与本企业历史比、与同类企业比、与计划数据比。

（2）按比较内容分类分为比较总量、比较结构百分比、比较比率。

2．功效系数方法

功效系数法又叫功效函数法。它是根据多目标规划原理，对每一项评价指标确定一个满意值和不允许值，以满意值为上限，以不允许值为下限，计算各指标实现满意值的程度，并以此确定各指标的分数，再经过加权平均进行综合，从而评价被研究对象的综合状况。功效系数法是配送中心绩效评价的基本方法，主要用于配送中心定量指标的计算分析。

3．综合分析判断法

综合分析判断法是指综合考虑影响配送中心绩效的各种潜在的或非计量的因素，参照评议参考标准，对评议指标进行印象比较分析判断的方法，主要用于定性分析。

➤ 任务实施

1．任务描述

实地考查你所在地的卷烟物流配送中心，收集一段时间（可以是一年，也可以是一季度，甚至可以是一个月）绩效考核所需的基础数据，参照各项指标（如表 8-2-2 所示）进行绩效考核与分析，并撰写一份绩效考核分析报告。

表8-2-2　　　　　　烟草行业商业企业卷烟物流配送中心绩效评价指标体系

一级指标	二级指标	规定得分	评价内容	评价规则
管理指标（25分）	组织机构	2分	按《地市级烟草公司卷烟销售网络业务规范》要求，以地市级公司为主体统一设置组织机构、主要工作岗位，各职能部门之间职责清晰，岗位设置与部门工作职能相匹配，岗位职责明确	按要求设置组织机构，得1分，否则得0分；岗位与职能匹配、职责明确得1分，否则得0分
	运行管理	3分	以地市公司为单位实现地区一体化配送，做好远程中转站、送货部管理，实现全地区作业流程、管理制度一体化。坚持自我配送的原则，对偏远地区的终端代业务要制订代送站（点）管理办法和服务标准，代送客户数量要严格控制	实现地市级公司一体化配送得2分，否则得0分；实现自我配送原则得0.5分，否则得0分；无代送站点得0.5分；设代送站点并制定代送站点办法和要求得0.5分，否则得0分
	质量体系建设	3分	按照质量管理体系要求，对物流各环节、各岗位开展评价，不断提高物流运行与管理水平	对质量管理提出具体要求得2分，否则得0分；对物流各环节、岗位开展质量评价工作得1分，否则得0分
	现场管理	3分	制定现场管理标准，保障作业现场安全、规范、有序	制定了现场管理标准得2分，否则得0分；现场管理安全、规范、有序得1分，否则得0分
	信息管理	5分	落实配送中心信息化项目的实施与应用	实施"一号工程"工作得1分；实施数字化仓储管理得1分；数字化仓储数据准确上传得1分；每实施一项物流管理信息软件得1分，最高不超过总分
	员工管理	3分	按照国家法律、政策规定及要求，规范用工行为；建立统一的绩效评价管理制度，做到评价过程和结果公开、公正、透明，绩效和收入挂钩；制订年度培训计划，开展员工培训	按国家法律、政策规范用工得1分，否则得0分；开展员工绩效评价得1分，否则得0分；制订培训计划，开展培训工作得1分，否则得0分
	运维保障	2分	建立完善的运行维护制度，做好设备年检工作，保障水、电、气、网络及设备的正常运行	建立完善的运行维护制度得1分，做好年检工作并记录完备得1分，未建立运行维护制度得0分
	规范经营	2分	遵守行业专卖内管要求，严格按客户订单送货到户，按规定签收	按专卖内管要求规范经营得2分，出现一项违反专卖内管要求的得0分
	应急管理	2分	建立应急工作预案，组织开展应急培训及演练，并做好相关记录	建立应急预案得1分，否则得0分；每年进行一次应急演练，并有相关记录，得1分，否则得0分
成本指标（25分）	成本核算	1分	按照《烟草行业商业企业卷烟物流费用管理办法和核算规程》（国烟财〔2006〕812号）进行成本核算和归集，并专人核算	按照《烟草行业商业企业卷烟物流费用管理办法和核算规程》（国烟财〔2006〕812号）进行成本核算得1分，否则得0分
	直接成本 万支仓储、分拣成本	5分	万支仓储、分拣成本=计算期仓储、分拣费用额（仓储、分拣员人工费+保管费+包装费+商品损耗+装卸费+与仓储、分拣作业直接相关费用）/计算期销售量（采用"万支"作为统计单位）	达到该省（市）公司考核期内指标平均值得3分，超出平均值按超出比例扣分，最低得分1分；低于平均值按低出比例加分，最多加2分

一级 指标	二级 指标	规定得分	评 价 内 容	评 价 规 则
成本指标 （25分）	间接成本	万支 送货 成本	5分	万支送货成本=计算期送货费用额（送货人员人工费+运输费+燃油费+过桥过路费+车辆维修费用+与作业直接相关费用）/计算期销售量	达到该省（市）公司考核期内指标平均值得3分；超出平均值按超出比例扣分，最低得分1分；低于平均值按低出比例加分，最多加2分
		万支 管理 成本	3分	万支管理成本=计算期管理费用额（管理人员人工费+折旧费+税费+无形资产摊销费+水电费+通信费+差旅费等管理费用）/计算期销售量	达到该省（市）公司考核期内指标平均值得2分；超出平均值按超出比例扣分，最低得分1分；低于平均值按低出比例加分，最多加1分
	综合成本	万支 物流 成本	3分	万支物流成本=计算期物流成本总额（仓储费用+分拣费用+配送费用+管理费用）/计算期销售量	达到该省（市）公司考核期内指标平均值得2分；超出平均值按超出比例扣分，最低得分1分；低于平均值按低出比例加分，最多加1分
		物流 费用 率	3分	物流费用率=计算期物流成本总额/计算期销售额×100%	达到该省（市）公司考核期内指标平均值得2分；超出平均值按超出比例扣分，最低得分1分；低于平均值按比例加分，最多加1分
		物流 费用 利润 率	3分	物流费用利润率=计算期利润总额/计算期物流成本总额×100%	达到该省（市）公司考核期内指标平均值得2分；超出平均值按比例加分，最多加1分；低于平均值按比例扣分，最低得1分
		万支 油费	2分	万支油费=计算期油费/计算期送货量	达到该省（市）公司考核期内指标平均值得1分；低于平均值按比例加分，最多加1分；高于平均值按比例扣分，最低得0.5分
运营指标 （30分）	仓储效率	仓储 破损 率	1分	仓储破损率=计算期仓储破损量/计算期总作业量×100%	卷烟破损率低于0.01‰得1分；卷烟破损率0.01‰~0.05‰得0.5分；卷烟破损率高于0.05‰得0分
		人均 收发 货数 量	3分	人均收发货数量=计算期收发货数量/计算期作业人员数	达到该省（市）公司考核期内指标平均值得2分；超出平均值按超出比例加分，最多加1分；低于平均值按低出比例扣分，最低得1分
		库存 周转 次数	3分	库存周转次数=计算期销售数量/平均库存数量=计算期销售数量×2/（期初库存数量+期末库存数量）	达到该省（市）公司考核期内指标平均值得2分；超出平均值按超出比例加分，最多加1分；低于平均值按低出比例扣分，最低得1分
	分拣效率	分拣 效率	3分	实现打码到条，分拣到户 分拣效率=计算期分拣数量/计算期实际总作业时间	实现打码到条，分拣到户得2分，否则得0分；分拣效率达到设计能力80%得1分，否则得0分
		人均 分拣 数量	3分	人均分拣数量=计算期分拣数量/计算期分拣作业人员数	达到该省（市）公司考核期内指标平均值得2分；超出平均值按比例加分，最多加1分，即最优地市级公司得满分3分；低于平均值按比例扣分，最低得1分
		分拣 差错 率	1分	分拣差错率=计算期分拣差错数量/计算期总作业量×100%	卷烟差错率低于0.01‰得1分；卷烟差错率高于0.01‰得0分

续表

一级指标	二级指标	规定得分	评价内容	评价规则
运营指标（30分）	送货效率	分拣破损率 1分	分拣破损率=计算期分拣破损量/计算期总作业量×100%	卷烟破损率低于0.01‰得1分；卷烟破损率0.01‰～0.05‰得0.5分；卷烟破损率高于0.05‰得0分
		单车日均送货户数 3分	单车日均送货户数=计算期内送货户数/（车辆数×实际作业天数）	达到该省（市）公司考核期内指标平均值得2分；超出平均值按比例加分，最多加1分；低于平均值按比例扣分，最低得1分
		单车日均送货里程 3分	单车日均送货里程=计算期内送货里程/（车辆数×实际作业天数）	达到该省（市）公司考核期内指标平均值得2分；超出平均值按比例加分，最多加1分；低于平均值按比例扣分，最低得1分
		单车日均送货量 3分	单车日均送货量=计算期送货数量/（车辆数×实际作业天数）	达到该省（市）公司考核期内指标平均值得2分；超出平均值按比例加分，最多加1分；低于平均值按比例扣分，最低得1分
		百公里油费 2分	百公里油费=计算期油费/计算期行驶里程数（以百公里计）	达到该省（市）公司考核期内指标平均值得1分；低于平均值按比例加分，最多加1分；高于平均值按比例扣分，最低得0.5分
		送货破损率 1分	送货破损率=计算期送货破损量/计算期总作业量×100%	卷烟破损率低于0.02‰得1分；卷烟破损率0.02‰～0.05‰得0.5分；卷烟破损率高于0.05‰得0分
		送货准确率 1分	送货准确率=计算期送货准确量/计算期总作业量×100%	送货准确率达到100%得1分，否则得0分
		货款回收率 2分	货款回收率=计算期收回货款笔数/计算期应收货款笔数×100%	货款回收率达到100%得2分，否则得0分
服务指标（10分）	服务标准建设	2分	建立统一完善的客户服务标准，制订服务质量控制办法，对客户服务项目、服务程序、服务标准的执行情况严格监控，不断提高服务水平	建立统一完善的客户服务标准得1分，否则得0分；能够对客户服务标准进行严格监控得1分，否则得0分
	客户投诉处理率	2分	及时处理客户投诉，并对处理结果进行详细登记、管理	对客户投诉处理率达到95%（含95%）以上得2分；对客户投诉处理率达到90%～95%（含90%）得1分；对客户投诉处理率低于90%得0分
	零售客户满意率	3分	全力做好对客户的服务工作，提高零售客户的满意度	对零售客户满意率达到90%（含90%）以上得3分；对零售客户满意率达到85%～90%（含85%）得2分；对零售客户满意率达到75%～85%（含75%）得1分；对零售客户满意率低于75%得0分
	工业客户满意率	3分	做好货物交接及市场信息的反馈工作，进一步提高工业客户的满意度	对工业客户满意率达到90%（含90%）以上得3分；对工业客户满意率达到85%～90%（含85%）得2分；对工业客户满意率达到75%～85%（含75%）得1分；对工业客户满意率低于75%得0分

续表

一级 指标	二级 指标	规定 得分	评 价 内 容	评 价 规 则
安全 指标 （10 分）	安全 管理	5分	按照物流环节的作业需要,建立设备、车辆、人员、货物、货款、信息等相关各项安全管理制度,严格执行制度,加强过程管理。特殊岗位员工执证上岗	建立相关安全制度的得3分,否则得0分;按制度执行,并加强过程管理得1分,否则得0分;特殊岗位员工执证上岗得1分,否则得0分
	重大安全责任事故发生率	5分	重大安全责任事故发生率为零	未发生重大安全责任事故得5分;凡发生重大安全责任事故,一票否决制,安全指标得0分

（资料来自《烟草商业企业卷烟物流配送中心绩效评价》中国标准出版社,2009年5月,国家烟草专卖局发布,经本书作者重新整理。）

2. 准备工作

（1）将学生分成4~8人1组。每组指定1人任小组长,负责小组人员分工。

（2）安排学生熟读表8-2-2。

3. 完成情况评价

完成任务的过程记录与自我评价
（1）为完成这个任务,我做了（按工作顺序列出）:
（2）经过努力后,我完成了下列任务:
（3）在完成任务过程中,我遇到了下面的障碍:
（4）通过完成任务,我得到的经验和教训
任务完成状况的自我评价（在对应等级上划圈）
A. 未完成　　　B. 基本完成　　　C. 完成

➤ **案例与思考**

吉列公司在拉美地区的业务网点,包括设在墨西哥、智利、巴西、哥伦比亚、阿根廷、委内瑞拉、厄瓜多尔及秘鲁的产品制造中心和配送中心。在每一年,各个网点工作人员的物流业绩考核是采用12项物流绩效指标测评的。这些指标是:装运准确性、库存准确性、库存周转率、订单周转时间、供应率、配送中心效率、配送中心储存密度及订单执行绩效等。吉列公司为每个指标设置年度个人奖和集体奖。在颁奖时,每个获奖个人或单位必须向其他人讲授自己怎样经过一年来的努力而获得成功。这样一来,每个配送中心的配送管理水平都得到了提高。

【思考】

（1）吉列公司各网点绩效评价涉及哪些指标？该指标体系是否合理？请说明理由。

（2）通过实地调查，或是通过网络、图书收集某配送中心绩效考核方面的资料。请介绍该配送中心绩效考核指标体系、考核办法。

➤ 能力扩展

1. 单选题

（1）直间工比率是衡量（　　　　）。

A. 仓库单位面积的营业收入

B. 仓库的人员单产水平

C. 仓库作业人员及管理人员的比率是否合理

D. 仓库固定资产的运行绩效

（2）（　　　　）是指对客户各种形式的投诉在合同规定的时间内及时处理的客户投诉事件数占总的客户投诉事件数的比率。

A. 客户投诉有效处理率 　　　　　　B. 补货客户投诉处理及时率

C. 客户投诉处理完成率 　　　　　　D. 客户满意率

2. 多选题

（1）衡量配送中心作业效率的指标有（　　　　）。

A. 订单按时完成率 　　　B. 补货货物准时送达率 　　　C. 订单延迟率

D. 订单货件延迟率 　　　E. 紧急订单响应率

（2）比较分析法按对象分，可分为（　　　　）。

A. 与本企业历史比 　　　B. 补货与同类企业比 　　　C. 与计划数据比

D. 总量的比较 　　　E. 比率的比较

3. 思考题

（1）配送中心绩效考核的内容有哪些？

（2）常见的配送中心绩效评价指标有哪些？

（3）评价配送中心绩效的方法有哪些？

4. 实践题

（1）某配送中心在2010年12月收到订单800份，总出货量为1.8万吨，其中按订单要求的发货时间交货有624份。由于种种原因延迟发货量为950吨。客户为解决货物的短缺，又向该中心补充紧急订单50份。配送中心组织人力，在12小时内发出了36份。现对该中心的订单处理进行评价，请计算订单延迟率、订单货物延迟率和紧急订单响应率，并提出提高紧急订单响应率的主要措施。

（2）某配送中心在2010年年营业额为810.5万，该中心在这期间共接受订单560份，但由于运输车辆等问题，实际装运了485份。该中心管理人员有36人，技术和作业人员共260人，其中，直接作业人数为140人。请计算该中心2010年的仓库生产率、人员作业能力和直间工比率。

参 考 文 献

[1] 王之泰. 现代物流学 [M]. 北京：中国物资出版社，2002.

[2] 邹晓春. 仓储部规范化管理工具箱 [M]. 北京：人民邮电出版社，2010.

[3] 全琳琛. 物流管理工作细化执行与模板 [M]. 北京：人民邮电出版社，2008.

[4] 朱文涛. 仓储与配送管理 [M]. 北京：冶金工业出版社，2009 .

[5] 王登清. 仓储与配送管理 [M]. 北京：北京大学出版社，2009 .

[6] 袁长明，刘梅. 物流仓储与配送管理 [M]. 北京：北京大学出版社，2007.

[7] 薛威. 物流仓储管理实务 [M]. 北京：高等教育出版社，2006.

[8] 郑文岭，赵阳. 仓储管理 [M]. 北京：机械工业出版社，2008.

[9] 人力资源和社会保障部职业技能鉴定中心. 仓储管理[M]. 北京：科学出版社，2010.

[10] 马毅. 物流仓储与配送 [M]. 北京：交通大学出版社，2009.

[11] 邹晓春. 仓储部规范化管理工具箱 [M]. 北京：人民邮电出版社，2008.

[12] 现代物流管理课题组. 保管与装卸管理实操版[M]. 广州：广东经济出版社，2007.

[13] 沈文，邓爱民. 国内外物流经典案例 [M]. 北京：人民交通出版社，2001.

[14] 姚城. 物流配送中心规划与运作管理 [M]. 广州：广州经济出版社，2004.

[15] 国家邮政局职业技能鉴定中心指导中心编写. 快递业务员（初级）快件收派[M]. 北京：人民邮电出版社，2009.

[16] 国家邮政局职业技能鉴定中心指导中心编写. 快递业务员（初级）快件处理[M]. 北京：人民邮电出版社，2009.

[17] 陈文. 物流成本管理 [M]. 北京：北京理工大学出版社，2009.

[18] 邓海涛，阳志琼. 物流成本管理 [M] 湖南：湖南人民出版社，2007.

[19] 朱伟生. 物流成本管理 [M]. 北京：机械工业出版社，2009.

[20] 武涛. 物流企业会计 [M] 上海：上海交通大学出版社，2008.

[21] 秦英，包红霞. 仓储配送管理 [M] 北京：北京师范大学出版社，2007.

高等职业教育课改系列规划教材目录

书 名	书 号	定 价
高等职业教育课改系列规划教材（公共课类）		
大学生心理健康案例教程	978-7-115-20721-0	25.00 元
应用写作创意教程	978-7-115-23445-2	31.00 元
演讲与口才实训教材	978-7-115-24873-2	30.00 元
高等职业教育课改系列规划教材（经管类）		
电子商务基础与应用	978-7-115-20898-9	35.00 元
电子商务基础（第3版）	978-7-115-23224-3	36.00 元
网页设计与制作	978-7-115-21122-4	26.00 元
物流管理案例引导教程	978-7-115-20039-6	32.00 元
基础会计	978-7-115-20035-8	23.00 元
基础会计技能实训	978-7-115-20036-5	20.00 元
会计实务	978-7-115-21721-9	33.00 元
会计岗位综合实训	978-7-115-25845-8	32.00 元
小企业会计实务	978-7-115-26720-7	28.00 元
人力资源管理案例引导教程	978-7-115-20040-2	28.00 元
市场营销实践教程	978-7-115-20033-4	29.00 元
市场营销与策划	978-7-115-22174-2	31.00 元
商务谈判技巧	978-7-115-22333-3	23.00 元
现代推销实务	978-7-115-22406-4	23.00 元
公共关系实务	978-7-115-22312-8	20.00 元
市场调研	978-7-115-23471-1	20.00 元
推销实务	978-7-115-23898-6	20.00 元
物流设备使用与管理	978-7-115-23842-9	25.00 元
电子商务实践教程	978-7-115-23917-4	24.00 元
国际贸易实务	978-7-115-24801-5	24.00 元
网络营销实务	978-7-115-24917-3	29.00 元
经济法	978-7-115-24145-0	36.00 元
银行柜员基本技能实训	978-7-115-24267-9	34.00 元
商品学知识与实践教程	978-7-115-24838-1	31.00 元
电子商务网站设计与建设	978-7-115-25186-2	33.00 元
货物储存与配送	978-7-115-26780-1	28.00 元
物流英语	978-7-115-26946-1	29.00 元

书　名	书　号	定　价
高等职业教育课改系列规划教材（计算机类）		
网络应用工程师实训教程	978-7-115-20034-1	32.00 元
计算机应用基础	978-7-115-20037-2	26.00 元
计算机应用基础上机指导与习题集	978-7-115-20038-9	16.00 元
C 语言程序设计项目教程	978-7-115-22386-9	29.00 元
C 语言程序设计上机指导与习题集	978-7-115-22385-2	19.00 元
计算机网络项目教程	978-7-115-25274-6	28.00 元
项目引领式 SQL Server 数据库教程	978-7-115-25711-6	28.00 元
网页设计综合应用技术	978-7-115-26107-6	32.00 元
Linux 系统及网络管理	978-7-115-26665-1	32.00 元
高等职业教育课改系列规划教材（电子信息类）		
电路分析基础	978-7-115-22994-6	27.00 元
电子电路分析与调试	978-7-115-22412-5	32.00 元
电子电路分析与调试实践指导	978-7-115-22524-5	19.00 元
电子技术基本技能	978-7-115-20031-0	28.00 元
电子线路板设计与制作	978-7-115-21763-9	22.00 元
单片机应用系统设计与制作	978-7-115-21614-4	19.00 元
PLC 控制系统设计与调试	978-7-115-21730-1	29.00 元
微控制器及其应用	978-7-115-22505-4	31.00 元
电子电路分析与实践	978-7-115-22570-2	22.00 元
电子电路分析与实践指导	978-7-115-22662-4	16.00 元
电工电子专业英语（第 2 版）	978-7-115-22357-9	27.00 元
实用科技英语教程（第 2 版）	978-7-115-23754-5	25.00 元
电子元器件的识别和检测	978-7-115-23827-6	27.00 元
电子产品生产工艺与生产管理	978-7-115-23826-9	31.00 元
电子 CAD 综合实训	978-7-115-23910-5	21.00 元
电工技术实训	978-7-115-24081-1	27.00 元
手机通信系统与维修	978-7-115-24869-5	17.00 元
高等职业教育课改系列规划教材（动漫数字艺术类）		
游戏动画设计与制作	978-7-115-20778-4	38.00 元
游戏角色设计与制作	978-7-115-21982-4	46.00 元
游戏场景设计与制作	978-7-115-21887-2	39.00 元
影视动画后期特效制作	978-7-115-22198-8	37.00 元

书　名	书　号	定　价
高等职业教育课改系列规划教材（通信类）		
交换机（华为）安装、调试与维护	978-7-115-22223-7	38.00 元
交换机（华为）安装、调试与维护实践指导	978-7-115-22161-2	14.00 元
交换机（中兴）安装、调试与维护	978-7-115-22131-5	44.00 元
交换机（中兴）安装、调试与维护实践指导	978-7-115-22172-8	14.00 元
综合布线实训教程	978-7-115-22440-8	33.00 元
TD-SCDMA 系统组建、维护及管理	978-7-115-23760-8	33.00 元
光传输系统（中兴）组建、维护与管理	978-7-115-24043-9	44.00 元
光传输系统（中兴）组建、维护与管理实践指导	978-7-115-23976-1	18.00 元
光传输系统（华为）组建、维护与管理	978-7-115-24080-4	39.00 元
光传输系统（华为）组建、维护与管理实践指导	978-7-115-24653-0	14.00 元
网络系统集成实训	978-7-115-23926-6	29.00 元
高等职业教育课改系列规划教材（汽车类）		
汽车空调原理与检修	978-7-115-24457-4	18.00 元
汽车传动系统原理与检修	978-7-115-24607-3	28.00 元
汽车电气设备原理与检修	978-7-115-24606-6	27.00 元
汽车动力系统原理与检修（上册）	978-7-115-24613-4	21.00 元
汽车动力系统原理与检修（下册）	978-7-115-24620-2	20.00 元
高等职业教育课改系列规划教材（机电类）		
电工电子应用技术	978-7-115-25846-5	33.00 元
钳工技能实训（第 2 版）	978-7-115-22700-3	18.00 元
机电一体化与数控专业英语（第 2 版）	978-7-115-25679-9	25.00 元
模具制造工艺与制作	978-7-115-25659-1	29.00 元

　　如果您对"世纪英才"系列教材有什么好的意见和建议，可以在"世纪英才图书网"（http://www.ycbook.com.cn）上"资源下载"栏目中下载"读者信息反馈表"，发邮件至 wuhan@ptpress.com.cn。谢谢您对"世纪英才"品牌职业教育教材的关注与支持！